사주속 자연이야기

사주속 자연이야기

초판인쇄 | 2022년 6월 10일
초판발행 | 2022년 6월 15일

지은이 | 홍사명
펴낸이 | 김경옥
디자인 | 김현림
펴낸곳 | 도서출판 온북스

등록번호 | 제 312-2003-000042호
등록일 | 2003년 8월 14일

주소 | 서울시 은평구 은평로 194-6, 502호
전화번호 | 02-2263-0360
팩스 | 02-2274-4602

ISBN 979-11-92131-15-3 93150

잘못 만들어진 책은 교환해드립니다.
이 출판물은 저작권법에 의하여 보호받는 저작물이므로
무단 전재와 무단 복제를 할 수 없습니다.

사주속 자연이야기

김석택 지음

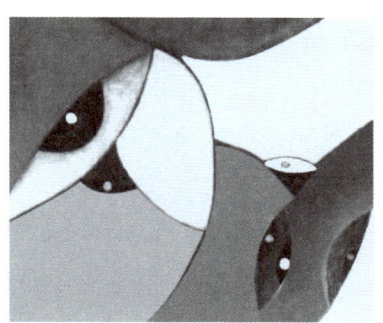

온북스
ONBOOKS

머리글

나는 기(氣)수련으로 쿤달리니(kundalini)를 경험하고 마음으로 5억6천만 광년 떨어져 있는 사하스라 차크라(연화좌대)까지 다녀왔다. 그리고 자연으로 들어가 육신이 중성(中性)으로 진화하는 것을 경험하였다. 이후 숙명통(宿命通)을 통하여 천간과 지지의 부호(符號)가 전하는 의미를 알았으며, 천안통(天眼通)의 지혜안(智慧眼)으로 자연을 알게 되었다. 자연에서 보면 인간은 욕망을 가진 짐승이며 욕심을 채우려고 문화(文化)를 만든 것이다.

문화를 체계적으로 정리하여 지식을 만들고 그 지식이 쌓이고 쌓여 과학이라는 흉기를 만들어 자연을 지배하려고 한다. 그런데 자연은 어떠한 의욕을 가지지 않고 그냥 궁하니까 변하고, 변하면 통하고 통하니 무한하다. 이를 알고 인간은 자연을 파괴하여 이익을 가져가니 기후변화로 공포를 경험한다. 하여 과학으로 풀지 못한 인간의 미래를 예측하고자 다양한 방법으로 접근하여 보지만 적중률이 더욱 떨어지고 있다.

자연에서 음양(陰陽)의 이치를 알고 오행(五行)을 만들어 양의 부호(符號) 10개와 음의 부호 12개를 설정하여 다시 음양으로 분리하여 60개의 통합된 부호를 이용하여 사주팔자를 그려낸 것이다. 이는 중국의 황하 문명이 발달하면서 복희라는 사람이 만들었다고 기록하였다. 우리는 중국에서 수입된 지식을 그대로 고장 난 벽시계처럼 고쳐서 쓰지 못하고 아득한 어제의 이야기를 지금까지 듣고 전하고 있다.

  필자는 무쇠 같은 음양오행과 천간지지 그리고 대운까지 자연을 통하여 생각하고 궁리하여 원리를 찾고 현실에 적합하게 조명하고 싶었다. 하여 고정된 문자를 부드러운 자연으로 전환하여 스마트하게 정리하고 후학에게 전하고자 한다. 인간은 자연의 부산물이지 지배자는 아니다. "자연의 주인은 자연이고 자연의 지배자도 자연이며, 과학으로 자연을 지배하는 것은 재앙이다." 만(萬) 가지 법도 시작은 자연이며 자연스럽게 돌아가야 한다.

　자연 속에 사주로 집을 지어놓고 이를 숙명(宿命)으로 알고 환경에 맞게 팔자를 선택하여 인생을 장식하면 운명(運命)이다. 자연의 시조는 우주가 폭발하여 원소가 물에 녹아들면서 생명이 시작되었기에 인간을 소우주라고 하며 자연의 축소판이라고 한다. 그래서 사주는 우주를 품고 팔자는 별들의 고향이다. 우주에는 헤아릴 수 없이 많은 별 들이 존재하고 여기서 5억6천만 광년 떨어진 그 어느 곳이 인간의 고향이다.

　태양과 나는 빛의 속도로 대충 8분 거리다. 이곳은 기울어져 있어서 상당히 불안하기에 점(占)이 발달하였고 이를 미신(迷信)이라고 하면서 남몰래 찾는 곳이 철학관이나 점집이다. 자연은 인간의 오감을 자극하여 명줄을 잡고, 선인은 이를 피하려고 신(神)을 부호로 표현하였다. 이를 미래예측의 도구로 사용하고 이를 십신(十神)이라는 언어를 사용한다. 그리고 이 책을 통하여 보이지 않는 신(神)의 인연을 발표하고 해법까지 밝혀 두었다.

하여 잘못된 인연을 풀어주면 신(神)의 도움을 받게 된다. 끝으로 편집과 문맥 그리고 오탈자를 끝까지 수정하여 주신 이춘영 님께 고개 숙여 감사드리며, 끝까지 읽어주신 좋은 인연에 항상 고개를 숙입니다. 이 책을 끝으로 연필을 놓고, 자연과 사주팔자의 관계를 더 연구하고자 한다. 그리고 글로 다하지 못한 이론과 예문은 홈페이지 "다물 사주"에서 동영상을 시청하시면 공부에 많은 도움이 될 것입니다.

壬寅年 송화가루 쌓여가는 송화산방에서
청암(淸暗) **김 석 택** (다물사주)

사주속 자연이야기

| 목차 |

머리글 04

1장 | 우주(宇宙)는 인간의 고향 14
2장 | 무극(無極) 18
3장 | 태극(太極) 22
4장 | 삼태극(三太極) 26
5장 | 음양(陰陽) 30

   1) 음양의 시작   2) 음양과 오행   3) 음양과 인간
   4) 음양의 중심   5) 음양의 상대성

6장 | 오행(五行) 34

   1) 목(木) 2)화(火) 3)토(土) 4)금(金) 5)수(水)

7장 | 천간(天干) 66

   1) 부호(符號)   2) 부호와 수리관계   3) 천간합(天干合)
   4) 천간 충(沖)   5) 천간 극(剋)   6) 천간 합의 결론(結論)

8장 | 지지(地支) 104

1) 지지와 천간 관계 2) 子水에서 시작하는 이유
3) 亥水에서 마감하는 이유 4) 지지 부호(符號)

9장 | 십신(十神) 138

1) 십신으로 보는 오행의 성향 2) 십신해석

10장 | 지장간(地藏干) 162

11장 | 합(合) 그리고 형(刑) 충(沖) 파(破) 해(害) 원진(怨嗔) 186

1) 합(合) 2) 형(刑) 3) 충(沖) 4) 파(破) 5) 해(害) 6) 원진(怨嗔)

12장 | 이십사절기(節氣) 260

13장 | 십이운성(運星) 264

1) 木과 12운성 해석(解釋) 2) 火와 12운성 해석(解釋)
3) 土와 12운성 해석(解釋) 4) 金과 12운성 해석(解釋)
5) 水와 12운성 해석(解釋)

14장 | 삼재(三災) 294

15장 | 공망(空亡) 298

16장 | 이사 방위(方位) 306

17장 | 사주(四柱)와 팔자(八字) 310

1) 사주풀이 상식(常識) 2) 년월일시 3)재물
4) 직업 5) 건강 6) 인연 7) 쌍둥이 사주풀이

18장 | 동일한 사주가 다르게 살아가는 원인 326

   1) 음덕(蔭德) 2)환경(環境) 3)인연(因緣) 4)선택(選擇) 5)시간(時間)

19장 | 동일한 십신 해석하기 330

   1) 비겁(比劫) 2)식상(食傷) 3)재성(財星) 4)관성(官星) 5)인성(印星)

20장 | 사주풀이 하는 방법 338

   1) 년주(年柱) 2) 월주(月柱) 3) 일주(日柱) 4) 시주(時柱) 5) 예문

21장 | 대운(大運) 348
22장 | 세운(歲運) 352
23장 | 사주팔자와 군주(君主) 356
24장 | 신살(神殺) 영가(靈駕) 장애 362

   1) 전생(前生) 영가장애
      원앙살(鴛鴦殺). 원진살(怨嗔殺). 백호살(白虎殺). 수자령(낙태(落胎)) 장애
   2) 현생(現生) 영가장애
      공줄(세존탈). 한(恨). 친가(親家) 할머니 두 분. 외가(外家) 할머니 두 분
   3) 조상묘지(墓地) 장애
      산(山) 바람. 수맥(水脈). 나무뿌리 침범. 관(棺)속에 미물(微物)
   4) 후천적 영가장애
      파묘(破墓)와 이장(移葬). 노중(路中). 넋. 수살고(水殺苦)

25장 | 예문 386

   1) 남편은 어디에서 찾나요.
   2) 영업인으로 성공할까?

3) 남자 인연과 직업과 재복이 있나요?
4) 내 인생에 장애가 무엇일까?
5) 재물보다 명예를 선택하면 좋다.
6) 아궁이에 불 지피는 사주
7) 비견이 모여드는 사주
8) 숯 굽는 처녀
9) 친구를 따라가면 안되요.
10) 내 인생은 어디로 흘러가나요?
11) 이 사람 성격을 알고 싶어요.
12) 우리 형제의 인생이 난감해요.
13) 사업일까? 직장인일까?

부록 416

계절(季節)과 오행(五行)의 흐름
자연으로 생각하여보는 60甲子
다양한 합(合)의 비교
삼합(三合)의 물상
자연에서 자형(自刑)의 역할

"사주속 자연이야기"는 영상으로 볼 수가 있습니다.

제1장

우주(宇宙)는 인간의 고향

제1장
우주(宇宙)는 인간의 고향

    우주는 알 수가 없으며 인간의 상상력으로 그려낼 수도 없다. 인간이 바라보는 우주는 피자 한 조각 위에 올려져 있는 치즈보다 작은 은하계의 한 부분이며, 우주는 우리가 바라보고 있는 태양이 수억 개가 있다. 하나의 태양을 중심으로 하여 이루어지는 은하가 헤아릴 수도 없을 것이다. 그 속에 푸른 행성의 지구가 어떠한 중력에서 벗어나지 않고 돌고 있다. 또 한 인간의 능력으로 감히 우주를 알아차릴 수 없기에 항상 미래에 대하여 불안한 것이다.

    우주 공간 속에 수많은 별이 충돌하거나 자연적으로 파괴되고 흩어지면서 생겨나는 원소가 우리 은하계로 들어와서 물에 녹아들어 있다. 이러한 원소는 지금도 앞으로도 계속 물속에 스며들 것이다. 이 물을 마시는 생명체들이 우주의 어느 별에서 떨어져 나온 원소로부터 시작된 것들이다. 그래서 인간을 소우주라고 일컬으며, 인간 이외의 생명체들도 모두가 별에서 온 것들이다. 이들 원소는 고유 파동에 따라서 오고 가면서 진화하고 있다.

원소가 녹은 물을 남자가 마시면 정자가 되어 영혼으로 진화하고, 여자가 마시면 난세포가 되어 육신을 진화시킨다. 부모가 같은 물을 마시기에 형제들이 비슷한 성격과 모습을 하고 있다. 하여 산 좋고 물 맑으면 인재가 태어나는 명당이다. 인간의 수명이 다하면 육신은 흙으로 돌아가고 영혼은 흩어져서 본래 온 곳으로 간다. 하지만 살아있는 동안 영성(靈性)이 진화하지 못하면 영혼이 흩어지지 못하여 혼귀(魂鬼)가 된다.

제 2 장

무극(無極)

제2장
무극(無極)

　무극이란 크게는 우주요, 작으면 인간의 육신이다. 본래 아무것도 없고 아무런 불편함이 없는 고요한 곳이지만 깊이 들어가 보면 항상 소용돌이치고 있다. 나는 이러한 우주를 쿤달리니를 통하여 5억 6천만 광년까지 다녀온 경험이 있다. 그리고 일천 개의 연꽃잎이 활짝 핀 연화대에 발을 들여보았다. 사람이 앉을 수 있도록 잘 정돈된 상태였고 주인은 없었으며, 느낌에 주인을 기다리고 있는 것 같았다.

　쿤달리니를 경험하고 나는 자연 명리 공부를 시작하였다. 사람은 누구나 육신을 이완하고 생각을 한곳으로 모이면 몸과 마음이 하나가 되면서 뇌의 파동이 떨어지면서 내 고향 우주로 여행할 수가 있다. 나와 파동이 일치하는 우주 그곳에 연꽃으로 만든 나의 자리가 있다. 우주의 끝은 알 수 없으며, 인간이 자연을 따라가야 하듯이 우주도 중력에 의하여 서로 잡아당기는 만유인력(萬有引力)이 작용할 것이다.

　사주팔자는 사방팔방으로 잡아당기는 중력(重力)이나 관성(慣性) 질

량(質量)을 가지고 있다. 어떠한 질서보다는 물리에 따라 자유롭게 욕심을 채우려고 한다. 하여 알 수 없는 방향으로 따라가는 유성처럼 끝없는 추락을 경험한다. 사주는 우주보다 더 큰 욕심을 가지고 팔자가 당기는 중력보다 더 강한 욕망이 있다. 하여 공간 속에 작용하는 중력을 시간 속의 물질로 변화하여 사주 욕심과 팔자 욕망을 채우기 위해 사주팔자는 끊임없이 돌아가는 태극과 같다.

제3장

태극(太極)

제3장
태극(太極)

    태극은 질서(秩序)도 아니고 원리(原理)도 아니다. 자연스럽게 돌아가는 바람 같은 것이다. 그래서 자연을 이루는 모든 것은 2분법으로 이루어진다. 이를 음과 양이라고 하며 항상 하나가 되어 돌아간다. 하늘의 모든 색(色)을 합치면 흰색이 되고, 땅에 있는 모든 색을 합치면 검은색이 되듯이 자연도 어떠한 힘에 따라서 질서와 원리가 생겨난다. 하여 경계는 끊임없이 움직이기에 오행이 생겨나는 것이다.

    만약 태극의 경계가 고정되어 있다면 오행이 생성(生成)되지 못하고 그냥 태극이 나타났다가 사라질 뿐이다. 태극에서 오행이 생성되기 위해 일정한 경계가 없는 중력(重力)과 관성(慣性)에 의하여 다양한 것이 생겨나며, 비슷한 성질을 가진 것끼리 뭉치면서 오행이 만들어진다. 물론 태극문양이 절대적으로 정하여진 것은 아니다. 태극은 음양이고 삼태극은 오행이 생겨나는 곳이다. 하여 사주는 음양이고 팔자는 태극이다.

태극을 확장하여보면 서로 다툼이 일어나는 중간지점이 있다. 하여 태극에는 세 개의 공간으로 나누어져 있다. 이를 두고 삼태극이라고 하며, 오행의 어머니가 된다. 하여 태극은 음양(陰陽)이고 음양은 암수가 된다. 음과 양의 결합에서 오행이 생겨나는데 이러한 과정을 설명하는 것이 난감하지만 태극은 문양에서 오행의 생성과정을 설명하였다. 하여 문양으로 나타내면 태극이고 문자로 나타내면 음양이다.

제 4 장

삼태극(三太極)

제4장
삼태극(三太極)

　태극의 문양 가운데에 선명한 선을 두고 있는데 여기에서 밀고 당기는 경계를 또 하나의 공간으로 보고 이를 삼태극이라고 한다. 즉 엄청난 속도로 태극이 회전하면 중간에 어떠한 공간이 형성되고 여기에서 오행이 생겨나면서 또 다른 음양으로 나누어지는 원리에 의하여 자연은 영원한 것이 된다. 삼태극은 하나는 음수(陰水)이고 반대편은 양화(陽火)이며, 중간은 중토(中土)이다. 하여 자연은 음양이 결합하는 공간에서 파생(派生)된다.

　삼태극은 태극에서 끝없는 세력다툼으로 미묘한 경계가 만들어지고 이 경계 안에도 다툼은 영원히 일어나는 곳이다. 여기서 생겨난 오행은 또 다른 태극이 시작되고 그 속에 더 작은 오행이 연속으로 이어진다. 즉 음양이 오행을 낳고 오행이 음양으로 나누어지는 것이 영원히 이어진다. 부모가 자식을 낳고 자식이 또 자식을 낳으면서 만대를 이어간다. 하여 자연의 바탕이 土이며, 사주팔자에 土가 없으면 불안하다.

사주팔자가 무극이면 음양은 태극이고 오행은 삼태극이다. 이를 다양한 표현으로 문자가 변화하는 것이지 원리가 바뀌는 것이 아니다. 이미 정해진 사주팔자는 변함이 없으나 자연의 흐름에서 오행의 생극제화는 변화무상하다. 어떠한 사물이라 하여도 알고 보면 태극이 아닌 삼태극에서 만들어지고 다듬어지는 것이다. 하여 삼태극 이후부터 오행이 만들어지고 이를 완전하게 갖추어지면 고등동물로 표현한다.

제 5 장

음양(陰陽)

1) 음양의 시작
2) 음양과 오행
3) 음양과 인간
4) 음양의 중심
5) 음양의 상대성

제5장
음양(陰陽)

1) 음양의 시작

음양은 학술적 용어이며, 무극 속에서 양분(兩分)되는 것이 음양이다. 즉 무극의 깊은 내면으로 들어가면 음의 파동이 강하기에 양의 파동은 겨우 흔적만 있다. 보이지 않은 파동은 기운으로 드러내면서 모이기 시작하고 세력을 키워간다. 억압된 양의 기운이 음의 기운에 대항하기 시작하면서 세력다툼이 일어나고 혼돈이 시작된다. 이때 음과 양을 정확하게 구분을 하지 못하고 상대성과 환경에 따라서 음과 양이 완전히 다를 수가 있다.

2) 음양과 오행

음양의 다툼에서 다양한 환경이 만들어지면서 오행이 생겨난다. 즉 水火의 대립에서 음의 세력이 강하면 水金이 생겨나고 양의 세력이 강하면 火木이 생겨난다. 土는 본래 무극의 공간으로 음양이 대립하는 곳이다. 하여 음양과 오행은 부모와 자식의 관계처럼 영원히 이어지며, 이들은 더 작은 오행의 음양으로 분리되어 또 다른 오행을 생산하는데 이들의 종점은 원소가 되어 다시 무극으로 돌아가는 것이다.

3) 음양과 인간

자연의 모든 것은 음양으로 짝을 이루고 있다. 인간도 음과 양의 이치처럼 남자와 여자로 이루어져 있다. 이들이 결합하여 자식을 낳고 아들과 딸들이 다시 결합하여 자식을 낳으면서 만(萬)대를 이어가는 것이다. 남녀를 떠나서 음양을 분리한다면 기혼과 미혼으로 나누어지고 늙은이와 젊은이로 나눌 수가 있다. 사람의 육체는 왼쪽은 양, 오른쪽은 음이다. 또 한 상체가 양이면 하체가 음이다. 관상이 양이면 사주는 음에 해당한다.

4) 음양의 중심

음양은 무극의 씨앗이다. 끊임없이 움직이는 무극의 중심은 알 수가 없다. 하여 음과 양에서 중심을 이야기한다면 중도(中道)이다. 이를 土라고 하며, 태극에서 중심은 삼태극이다. 오행 역시 土를 중심으로 하여 상하로 水火가 있고 좌우로 木金이 존재한다. 사람은 인중(人中) 위로는 구멍이 두 개이며, 안으로 들어가면 하나로 연결되어 있다. 인중(人中) 아래는 구멍이 하나인데 안으로 들어가면 두 개로 나누어진다.

5) 음양의 상대성

음과 양은 다양한 방법으로 나누어져 있다. 하여 이것은 음이고 이는 양이라고 할 수가 없다. 태초에 水火를 음양으로 하여 오행이 생기지만 다음 단계에서 바라보면 水火는 부모가 되니 양으로 설정하고 木金이 자식에 해당하니 음으로 설정할 수가 있다. 이러한 현상은 음양이 혼합되는 공간 土에서 음과 양이 나누어지기 때문이다. 하여 상대성에 따라 음양이 바뀐다고 생각하여야 할 것이다. 이를 무시하고 음양을 결정하면 안 된다.

제6장

오행(五行)

1) 목(木)
2) 화(火)
3) 토(土)
4) 금(金)
5) 수(水)

제6장
오행(五行)

　오행이라고 하는 것은 물질과 비 물질계를 다섯 가지로 나누어서 이름한 것이다. 이를 두고 목(木), 화(火), 토(土), 금(金), 수(水)라 한다. 과연 어떤 성질을 가진 것을 중심으로 나누어진 것인지 아니면 비슷한 모양을 가진 것끼리 분리한 것인지 알 수가 없다. 하여 하나의 오행을 다시 여섯 가지로 분류하여 한 묶음으로 만들어두었다. 그래야 자연을 알 수 있고 다양한 사물을 분리하여 하나의 오행으로 명명할 수가 있다.

　태초에 오행의 시작은 土이다. 그 속에서 다양한 오행이 존재하였지만 응집할 힘이 부족하였다. 하여 뭉쳐지는 힘이 강한 水가 먼저 생겨난 것이다. 그리고 흩어지는 힘이 강한 火가 두 번째로 생겨난 것이다. 이는 강력한 응축에서 벗어난 것들이 다시 모여지면서 강력한 충돌이 발생한다. 하여 水기운이 강하면 木이 생겨나고, 火기운이 강하면 金이 생겨나기 시작한 것이다. 이렇게 생성된 오행 속에는 또 다른 음양이 존재한다.

오행의 시작은 있어도 끝이 없다고 할 수가 있다. 즉 생겨나면 어떠한 오행에 배속하면서 음양이 공존하게 되고 이어서 또 다른 오행이 생겨나고 이렇게 연속적으로 분열한다. 물질계의 끝에서 완전히 분해되면 비 물질계로 들어간다. 이것을 원소라 하며 적당한 환경이 이루어지면 원소들이 水를 통하여 흐르면서 미세한 중력에 이끌려 새로운 오행을 만들기 시작한다. 윤회 또는 재생 부활 등으로 표현을 한다.

 오행이 생겨난 순서와 관계없이 사주팔자는 인간학이기에 木을 가장 우선으로 하는데 이는 번식하기 때문이다. 그리고 火를 두 번째에 둔 것은 흩어지기 위함이고, 세 번째 土는 공간을 확보하기 위함이다. 네 번째에 金은 결과와 보전하기 위함이고, 마지막에 水를 둔 것은 다시 木으로 윤회하기 위함이다. 이는 인간을 중심으로 하는 과정으로 어디서 왔다가 어디로 가는지 모르고 시작과 끝을 알 수가 없다.

 하여 오행 흐름의 시작은 木으로 동(東)에서 해가 뜨고 싹이 트면, 火의 남(南)에서 열이 오르고 꽃이 피기 시작한다. 土의 중앙에서 잠시 머물면서 차오르는 숨을 고르고 다시 돌아갈 준비를 하고 金의 서(西)에서 해가 지면서 단단한 열매를 거두어서 水의 북(北)으로 가면서 해가 지고 열매는 저장된다. 이렇게 오행은 돌고 돌아가는데 공간의 질서는 확실하고 시간은 확실하지 못하여 변화무상할 뿐이다.

 하여 오행은 분명한데 길고 짧음은 분명하지 못하다. 하여 인간의 삶이 분명히 사주(四柱)인데 잘살고 못사는 것은 팔자(八字)소관이 아니고 선택이다. 환경과 인연의 영향을 심각하게 받는 것이 인간이고 사주팔자가 좋고 나쁨도 인간 몫이다. 사계절은 분명하나 계절의 변화는 온도의 차이에 따라가는 것이지 계절에 온도가 맞추어지는 것은 아니다. 팔자도 환경과 인연 인내심과 노력의 결과를 따르는 것이지 정해진 사주나 팔자처럼 살지 않는다.

사주에 어떠한 오행이 없을 때가 있다. 즉 木이 없다면 가정을 이루기 어렵고 이룬다고 하여도 순탄하지 못하다. 火가 없으면 결혼을 여러 차례 하거나 외도를 즐기는 수가 있고, 土가 없으면 땅이 없는듯하여 항상 불안하고 재(財) 복이 약하다. 金이 없으면 결단성과 사교성이 부족하고 고집이 세고 인맥이 약하다. 그리고 水가 없으면 지혜롭지 못하여 가정불화가 많고 부모 형제와 인연이 없고 일찍 객지 생활을 경험할 수 있다.

1) 목(木)

木이라고 하는 오행은 나무이다. 하지만 깊이 생각하여보면 이야기가 달라진다. 木이라고 하는 것은 나무의 특성을 가장 많이 가지고 있을 뿐이다. 특히 살아있는 것 중에 가장 오랫동안 살아가는 것이다. 하여 지금부터 木을 나무라고 하지 말고 '살아있는 것이다'라고 하자. 木은 생존과 번식이 목적이다. 양의 木은 이미 생존하는 것이고, 음의 木은 자연의 순환에 따라 번식을 목적으로 한다. 木오행의 6가지 성향을 알아보자

나무

나무 木자다. 자연에서 가장 수명이 길다. 나무와 비슷하거나 나무의 성질을 가지고 있다면 木이다. 생명을 가지고 잠시도 멈추지 않고 자라나고 있으며, 물을 좋아하고 물에 의지하여 살아가고 있다. 어쩌

면 물에서 나고 성장하며, 물에 의하여 사라진다고 할 수 있다. 그리고 온도의 변화에 예민하며 때로는 온도변화에 적응도 잘하는 편이다. 하지만 급작스러운 온도변화가 일어나면 적응하지 못하고 죽는 경우가 많다.

예문)
시 일 월 년
癸 乙 己 甲
未 卯 巳 寅

己巳月 癸未時에 乙卯는 자식(번식)을 낳고 이혼하였다. 즉 巳月에 교미(交尾)하여 午月에 수정(受精)을 하고 未月에 자식을 낳지만 년주의 甲寅겁재 형제들은 지금도 결혼을 하지 못하고 있다. 원인은 대운이 申酉戌 亥子丑으로 흐르기 때문이다. 하여 寅卯辰 巳午未 운을 만나야 결혼이 가능한데 이때는 이미 늦은 나이가 될 것이다. 다시 이야기를 한다면 辰土운을 만날 수가 없기에 분가(分家)할 때를 놓친 것이다.

살아있다.

자연에서 살아있는 것들은 일체가 木오행으로 정하고 있다. 여기서 살아있다고 하는 것은 끊임없이 외부로부터 동력이 전달되고 있는 것들이다. 아니면 스스로 동력을 발생하는 것이다. 하지만 동력이나 에너지가 일시적으로 멈출 때와 완전히 끊어지면 木오행 이라고 하면 안 된다. 인간도 숨을 멈추면 사람이라 하지 않고 시체라고 하듯이 여하한 경우라고 하여도 움직일 수 있는 원동력이 연결되어 있어야 木이라고 한다.

예문)
시 일 월 년
癸 己 丙 甲
酉 巳 寅 戌

丙寅月 癸酉時에 태어나서 巳火정인은 木관성으로부터 생을 받아야 하는데 寅巳해형으로 이를 거부할 수도 있다. 일주 己土가 酉時에 태어나서 월지 寅木정관이 살아있어도 당당하게 살아가는 것은 아니다. 즉 甲木과 寅木은 申月 이후 물을 서서히 내리면서 활동이 더디고 亥月부터 활동을 멈춘다. 하여 대운의 흐름으로 50대를 지나면서 木관성이 살아나기 시작할 것이다. 하여 관성이 살아있다는 것은 늦게 제대로 된 직업을 가진다고 할 수도 있다.

정적과 동적

木은 움직임이나 생명을 가진 것을 표현한다. 한곳에 고정되어 있어도 자생력이 있거나 외부로부터 에너지가 전달된다면 木이다. 가로등처럼 전력이 연결되어 불이 켜지면 木이지만 전력이 끊어지면 木의 기운이 사라진다. 그리고 에너지가 충만하여 움직이면 木이다. 하지만 에너지가 고갈되거나 조건에 의하여 돌아가지 않을 경우는 木이 아니다. 우리 일상에 木의 기운을 가진 것이 너무 흔하다. 꼭 나무만 木오행이 되는 것은 아니다.

예문)
시 일 월 년
癸 己 丙 甲
酉 巳 寅 戌

년주 甲戌은 정적이기 때문에 학창시절 학업의 최고봉에서 머물고 있어야 하는데 흐름이 水방향으로 가기에 학업에 충실하지 못하고 18세를 전후하여 멈추었다고 할 것이다. 寅木은 큰 뿌리에 해당하기에 대운의 흐름에서 43세 이후부터 寅木대운을 만나 생기를 찾을 것이다. 이후 서서히 영역을 확장하면서 53세를 전후하여 확실하게 자리를 잡았다고 할 수 있다. 이처럼 木관성이 살아나면서 사회에 대한 책임을 다할 것이다.

생로병사

태어나서 늙고 병들어 죽거나 생산되어 소모가 진행되고 고장이 자주 발생하여 폐기 처리하게 되는 과정을 거치게 되면 木오행에 해당하는 것이다. 예를 들어보면 자동차를 생산하여 판매되고 고장으로 폐차하는 과정은 분명 木이지만 근본은 金오행에 해당하는 것이다. 어쩌면 木과 金은 하나에서 분리된 것이라고 할 수가 있다. 하여 사물은 대부분 두 가지 이상의 기운이 동시에 존재하고 있다.

예문)
시 일 월 년
戊 己 甲 癸
辰 卯 寅 卯

甲寅月 戊辰時에 己卯가 寅卯辰으로 合木되었다. 자연으로 풀이하면 년주 癸卯가 甲寅의 가지로 시작하여 크게 자라지 못하고 웅크리게 되니 어릴 때 할아버지의 손에서 자랐다고 할 수 있다. 즉 木의 기운이 살아나는 때이므로 己土는 木으로부터 위협을 받는다. 하여 木이 두렵

다. 특히 여자이면 결혼하여도 원만하지 못할 것이고 남자라면 직장이 불안하여 己土는 기질을 발휘하지 못하고 생로병사를 따라 자연스럽게 소멸된다.

윤회

  윤회라고 하는 것은 자연의 순환과정을 벗어나지 못하고 있다는 것이다. 하지만 원래의 것이 문제가 있어서 멈추었다가 문제를 해결하고 사용할 수 있다면 재생이다. 그러나 윤회는 본래의 종자를 통하거나 한순간 사라졌다가 새롭게 태어나는 것이다. 하여 모양이 비슷하거나 약간 다르고 내면은 진화되는 경우가 많다. 이러한 과정으로 흐르고 있다면 木의 기운이라고 할 것이다. 윤회는 완전히 다른 기운으로 바뀌는 경우도 흔하다.

예문)
시 일 월 년
戊 己 甲 癸
辰 卯 寅 卯

  甲寅월 戊辰時에 일주 己卯는 본래 살아있는 나무가 아니고 새로운 기운을 받아서 돋아나는 것이다. 하여 己卯는 텃밭에 지난해 겨울이 되면서 잎이 사라진 것이 다시 돋아나는 것으로 이를 윤회라고 표현하는 것이 옳다. 癸卯는 아직 쌓인 눈 속에서 뿌리를 내리고 기다리는 것이다. 즉 己卯는 어릴 때 甲寅으로부터 보호를 받지 못하였지만, 중년부터 정관의 보호를 받았을 것이다. 즉 돌고 돌아서 부모의 손을 잡게 된다.

재생(탄생)

　재생이라고 하는 것은 처음의 것을 가지고 또 다른 것을 만들어 내거나 본래 있는 것이 문제가 있어서 다른 것과 화합하여 사용하도록 만들어지면 재생 또는 탄생이라고 할 수가 있다. 이렇게 이용 가능한 것은 木의 기운이 강하게 작용하기 때문이다. 하여 木오행으로 분류된 것이다. 자연 속에는 다양한 것들을 재생하여 많이 이용하기도 하지만 재활용하여 편리하게 사용을 한다면 木오행이다.

예문)
시 일 월 년
癸 己 丙 甲
酉 巳 寅 戌

　년주 甲戌은 월주 丙寅에서 새롭게 태어나는 꼴이다. 하여 32세 이후부터 인생의 전환점이 되어서 일지巳火와 월지寅木이 해형하니 巳火가 견디지 못한다. 이는 寅月에 새롭게 돋아나는 새싹이므로 연약한 것이다. 여기서 巳火는 새롭게 태어나거나 재생에 해당한다. 즉 중단된 학업이나 지식을 익혀야 한다. 그리고 형식적이라도 다시 확인하고 살펴보고 하라는 의미이다. 이를 게을리하고 외면한다면 어려움이 많을 것이다.

2) 화(火)

　火라고 하는 오행은 불이다. 눈으로 볼 수는 있어도 잡을 수가 없다. 그래서 火를 불이라고 하지 말고 '형체가 없는 것이다'라고 하자. 불은 火오행의 특성을 가장 많이 가지고 있다. 자연에서 가장 희생을 많이 하는 열(熱)은 양에 해당하고, 색(色)으로 자연을 분별할 수 있게 하는 것은 음에 해당한다. 그리고 火의 기운은 자연의 순환에 따르지는 않아도 사물(事物)에 미치는 영향력은 대단하다. 다음과 같은 경우는 火 오행이다.

불

불 火자를 사용하기 때문이다. 자연 속에 존재는 하는데 형체가 없거나 색(色)으로 표현되는 것이다. 火오행의 기운을 가장 많이 가진 것이 불이며, 불을 이용하여 인류가 많은 발전을 하였다. 불은 木의 영향을 가장 많이 받는다. 그래서 자연은 다양한 형태로 변화를 하거나 진화를 하게 된다. 불은 영원히 타고 싶으면 반드시 3가지 조건을 갖추어야 한다. 즉, 타는 물질(物質)과 산소(酸素) 그리고 발화(發火)점이다.

예문)
시 일 월 년
丙 甲 乙 己
寅 午 亥 未

亥月 寅時에 己未의 작은 방 아궁이에 불을 지피는 사주이다. 여기서 甲午가 희생하여 조상을 편안하게 모시고자 하는 마음이다. 즉 甲午는 발화점이 되는 것이다. 乙亥는 바람이 머물고 있으니 산소이고 亥未合 木이 물질이 되는 장작에 해당하고 丙寅은 하얀 연기에 해당한다. 하여 丙火식신을 위하여 甲午의 마른 장작과 亥卯未의 불을 지피기 위한 잔가지가 필요한 것이다. 즉 자식을 위하여 많은 희생을 하고 있다.

형체가 없다.

　형체가 없는 것은 무엇이든 火오행에 해당한다. 자연 속에서 형체는 없지만 존재하고 있는 사물이 많다. 그리고 분명히 있다고 느끼지만 잡을 수가 없는 것은 火의 기운이다. 인간의 일상에서 가장 많이 사용되는 전기는 흐르고 있는 것은 알지만 보이지 않고, 사람의 뇌처럼 다양한 감각도 火의 기운이다. 자연에서 수분의 영향으로 발생하는 아지랑이나 신기루 같은 현상 그리고 보이지 않는 매연(煤煙)도 火라고 한다.

예문)
시 일 월 년
庚 戊 乙 丙
申 辰 未 午

　년주의 丙午편인으로 일찍 큰 문서를 잡았고, 시주의 庚申을 강력하게 다스리기 위하여 다양한 경험으로 전문인이 되었다. 이를 바탕으로 하여 무엇인가를 이루어야 하는데 午火인성이 자형이라서 흔적 없이 사라지고 말 것이다. 즉 일찍 밖으로 나가서 다양한 경험을 하여보지만 戊辰에게 남아있는 것은 없다. 그래도 庚申의 자연석은 변함없이 戊辰의 곁을 떠나지 않고 함께하여 주니 고마울 뿐이다.

열과 빛

　열이 발생하거나 빛 또는 파동으로 전달되는 것은 火오행이다. 물도 뜨거우면 火의 기운이다. 동식물들이 열을 내거나 전기 발생이나 보호색 그리고 소리를 내어 다양한 파동으로 의사소통을 하는 것도 火의 기운이다. 그리고 위장하며 살아가는 생물들은 본능적으로 火의 기운을 발산하고 있다. 인간이 얼굴에 자신의 기분을 본능적으로 표현하는 것도 火기운의 작용이다. 자연은 색과 열을 이용하여 본능적으로 천적을 감지한다.

예문)
시 일 월 년
丙 乙 丙 丙
子 巳 申 子

丙申月 丙子時에 乙巳가 태어났다. 하지만 丙火는 야밤에 힘을 쓰지 못하고 있다. 이는 내가 태어날 무렵부터 가정에 어두운 그림자가 짙게 덮어지고 있었다는 것이다. 子水위의 丙火는 어둠이고, 申金위의 丙火는 희미한 등불로 쇠약하기에 火를 열이라고 하지 못하고 검은색으로 표현하는 것이 옳다. 丙火가 밝게 빛이 나려면 木火운으로 흘러야 한다. 운이 없다면 木火의 기운이 강하게 발동하는 직업을 선택하면 좋다.

눈 귀 코 혀 피부 생각

6감(感)도 火기운의 작용으로 보고 들으면서 소통한다. 냄새와 맛 느낌이나 감각으로 구별하고 생각으로 판단하고 결정하는 것은 火의 기운이 없다면 불가능할 것이다. 사람들이 가지고 있는 의식이나 정신력 그리고 집중하는 에너지 일체가 火오행이다. 사람은 지식으로 인하여 동식물보다도 감각은 떨어지지만 빠른 판단력을 가지고 먹이 사냥을 한다. 비록 보이지 않아도 확실성을 가지고 있다면 火기운으로 이루어진 것이다.

예문)
시 일 월 년
辛 丁 癸 辛
亥 巳 巳 亥

巳火의 지장간에 丙火가 년과 시간의 辛金과 合水가 되므로 재물의 흐름에 대한 감각이 어둡고 火生土하여 상관을 위하여 필요 이상의 재물이 사라지는 것을 느끼지 못한다고 할 수가 있다. 巳火와 亥水가 충돌하여 욕심은 많은데 이를 수용할 감각적인 능력이 떨어진다고 할 수 있다. 하여 신속 정확한 기회 잡기가 난감할 것이다. 여기서 巳火는 형식적인 감각이고, 판단하고 결정하는 것에 자신이 떨어지는 것이다.

명암(밝고 어둠)

火는 색(色)을 표현하는 기운이다. 사물을 구분하기 위하여 밝아야 하고 필요에 따라서 어둠이 있어야 한다. 여기서 어둠이란 검은색이다. 火는 명(明)과 암(暗)을 나타내는 것으로 오로지 밝은 것만 火라고 하지 않는다. 다르게 표현하면 암행하는 직업을 가진 것도 火가 관성일 경우가 많다. 즉 밝고 어둠은 火의 기운이 관장하는 것이다. 어둡다고 水의 기운으로 표현하면 안 된다. 水의 기운은 가물거리니 아리송할 경우이다.

예문)
시 일 월 년
甲 庚 庚 丙
申 申 子 午

庚子月 甲申時에 庚申이 태어나서 년주 丙午가 강력한 힘을 발휘하고 있다. 자연으로 해석한다면 달이 둥글게 솟아오르고 빛이 밝으니 매사를 확실하고 분명하게 하려는 성향이 강하다. 하여 직업적으로 보면 정보나 암행하는 직업으로 부정적인 부분까지 들추어 바르게 잡으려고 하는 성향이 강하다. 하여 甲木에게 미움을 받을 수가 있다. 그래서 丙午는 명암으로 흑과 백을 분명하게 가리고자 하는 성향이 강하다.

희생과 봉사

상대를 위해서 조건 없이 당하면 희생(犧牲)이다. 하지만 봉사(奉仕)는 상대를 위해서 도움을 주는 것이다. 火의 기운은 확실하게 주는데 돌아오는 보답은 미약하거나 없을 수 있다. 그래서 희생이라고 하며, 때로는 봉사라고 할 수도 있다. 태양의 열에너지는 자연이 원하지 않아도 내려오고 자연은 이를 선택적으로 이용한다. 인간도 필요한 만큼 불을 희생시켜 도움을 받는다. 火의 기운도 지나치면 화(禍)를 당한다.

예문)
시 일 월 년
丙 甲 乙 己
寅 午 亥 未

乙亥月 丙寅時에 태어난 甲午는 시주 丙火를 직업으로 삼아서 봉사하는 직업으로 선택하면 좋다. 즉 교육이나 복지 인성(人性) 상담 같은 쪽이라고 할 수가 있다. 필요에 따라서 통신 관련 민원업무도 봉사에 해당한다. 甲木이 午火 위에서 힘들게 살아가는데 중반 이후부터 시주 丙寅과 합하여 火로 변화하니 火가 강해진다. 하여 자신처럼 어려운 사

람을 위하여 희생하거나 봉사하는 직업을 가진다면 좋다.

3) 토(土)

土라고 하는 오행은 흙이라고 하는 거대한 덩어리며, 또 다른 표현을 한다면 공간(空間)이라고 할 것이다. 자연은 거대한 공간을 크게 3곳으로 나눌 수가 있다. 즉 하늘과 땅 그리고 바다이다. 이곳은 무엇이든 받아들이고 필요하다면 저장도 하고 때로는 새로운 것을 내놓기도 한다. 土의 기운은 자연을 보호하고 순환을 원활하게 하는 윤활유 같은 것이다. 공간을 부분적으로 차지하고 있는 오행에서 다음과 같은 경우에 土라고 한다.

흙

어쩌다 흙이라는 문자를 가져와서 표현하게 되었는가? 土오행이 전하고자 하는 다양한 뜻이 흙에 가장 많기 때문이다. 무엇이든 거부하지 않고 받아들이는 성질을 가지고 있으니 이를 흙이라고 하지만 사실은 어떠한 공간(空間)이다. 土를 쉽게 이해하고 다양한 응용과 표현하고 싶다면 흙과 공간을 이해하여야 한다. 특히 움직이지 않는 공간이 흙이라는 것이다. 바다는 움직이는 공간이고, 하늘은 무형의 공간으로 土의 기운을 가지고 있다.

예문)
시 일 월 년
戊 己 甲 癸
辰 卯 寅 卯

寅月 己土는 戊辰의 넓은 공간에서 여리게 태어난 것이다. 하여 甲寅의 도움으로 戊辰의 세상을 알 수가 있지만 甲寅부모의 끈을 놓아버리면 己卯는 戊辰과 해를 하고 있기에 주변으로부터 소외(疏外)당하거나 외롭다. 즉 세상은 넓은데 내가 할 짓은 지극히 한정적이라고 할 수가 있다. 그리고 戊辰의 공간은 그대로인데 己卯는 甲木위에 그림자가 되어 또 다른 자신만의 작은 공간을 확보하려고 한다.

무엇이든 받아들임

土는 공간의 채움과 비움을 표현한다. 무엇이든 보관할 수 있는 공간이 있다면 土의 기운이다. 자연 속에는 이러한 공간을 많이 두고 있다. 기억하는 공간이나 재물을 보관하거나 문자를 기록하여 두는 책이나 서류 같은 것도 알고 보면 土의 기운을 이용하는 것이다. 인간의 진화는 공간 활용을 잘하기 때문이다. 土를 이용하여 다양하게 저장하는 기계들이 만들어지면서 최소의 공간에 최대의 저장이 개발이다.

예문)
시 일 월 년
壬 戊 辛 辛
戌 戌 丑 亥

辛丑月 눈 내리는 밤에 戊戌은 무엇인가를 아득하게 쌓아두고 있는 느낌이다. 즉 태어나서 많은 것을 가슴 속에 쌓아두고 살아간다, 특히 辛金에 대한 집착이 강하여 자식을 품고 살 팔자이지만 부정적으로 보면 좋지 못한 감정을 마음속에 담아 두고 있다고 할 수 있다. 이는 어릴 때부터 모든 것을 참고 받아들였기에 피해의식이 습관처럼 되어버

린 것이다. 하여 어릴 때 가정형편이나 환경이 불편하였다고 생각한다.

고저(高低)(높고 낮음)

土는 사물의 높고 낮음을 표현하며 높으면 형태가 거대할 것이고 낮으면 깊이를 알 수가 없을 것이다. 모든 사물의 크기나 거리 그리고 다양한 수학적 표현이 土의 기운에 해당하는 것이다. 일상적으로 거주하는 집의 형태나 농사를 짓기 위한 논과 밭 그리고 우람한 산이나 넓은 바다와 하늘 같은 공간표현도 해당한다. 드러내고 있는 규모나 사물을 상상으로 가늠하는 것도 土의 기운으로 해석하여야 한다.

예문)
시 일 월 년
戊 辛 癸 戊
戌 巳 亥 辰

癸亥月 깊어가는 밤에 辛巳는 학창시절 폭넓은 활동을 하려고 하는데 戊辰어머니의 제재로 그러하지 못하였을 것이다. 하여 방과 후 귀가하여 戊戌의 어려운 공부를 반복적으로 하려고 하니 巳戌이 원진이라 가정환경이 원만하지 못한 상황에서 이해력이 떨어지고 깊이 파고들지 못한다. 즉 과잉보호로 부모가 오로지 공부만 요구하기 때문이다. 戊辰은 학문이 너무 많고 어려워서 찾을 수가 없고 戊戌은 공부가 어렵고 어머니가 무섭다.

습(濕) 탄(炭) 건(乾) 동(凍)

土의 공간은 다양하지만 크게 4가지로 나누어진다. 첫째는 수분이 적당하여 동식물들이 살기 가장 적합한 넓은 辰土공간이다. 둘째는 수분이 부족한 공간으로 생명체가 살기 어려운 건조한 높은 戌土공간이다. 셋째 뜨거운 기운으로 본래의 모습을 변화하여야 하는 未土공간이다. 넷째 차가운 기운으로 본래의 모습을 그대로 보전하여야 하는 丑土공간이다. 이처럼 크게 공간을 나누어서 안으로 들어가면 더욱 복잡하다.

예문)
시 일 월 년
甲 壬 辛 己
辰 戌 未 丑

辛未月 장마 기운이 강하게 몰려오는 오전에 己丑의 작은 공간에서 또 다른 공간에 적응하려고 壬戌은 강력하게 노력하였을 것이다. 하여 壬戌은 뜻을 같이하는 甲辰과 새로운 세상을 만들기 위하여 무리를 이끌고 강력한 개혁을 시작하였을 것이다. 년주 己丑은 활동하기 힘들지만 丑戌형으로 조건 없이 강력한 무리수를 두고 있다. 월주 辛未는 혼란스러운 사회를 바라보면 답답하다. 시주 甲辰백호살은 늦게 한곳에 집중하여 뜻을 이룬다.

유무(有無)(있고 없음)

土는 모든 사물이 차지하는 공간과 형체를 표현한다. 즉 안개나 구름처럼 거대한 형체를 이루고 있어도 실체가 없다. 물처럼 거대한 실체는 항상 있는데 그대로 있지 않고 변화하는 것을 표현하려면 土의 기운에 해당하는 것이다. 하여 공간 속에서 사물의 유무(有無)를 가름하는 것도 土의 역할이다. 예를 들어 창고 안을 볼 수가 없으니 물건이 있는지 없는지 확인이 안 될 때 土의 기운으로 표현하는 것이다.

예문)
시 일 월 년
戊 辛 癸 戊
戌 巳 亥 辰

년주 戊辰의 큰 창고에 무엇이 쌓여있는지 알 수가 없어 활용하지 못하고 우왕좌왕할 뿐이다. 즉 어릴 때 학습하는 습관이 좋지 못하여 이를 바탕으로 하여 戊癸合火의 좋은 직업을 가지는데 무리라고 할 것이다. 시주의 戊戌은 동안 배웠던 지식을 활용하고 싶어도 부모가 원하는 직업인으로 살아가는데 난감할 것이다. 하여 부모는 戊戌의 탑 속에 무엇이 쌓여있는지 알 수가 없으니 궁금하게 생각한다.

공간(연결)

공간은 다양한 것들을 품고 있어 필요에 따라서 이어주고 있다. 형체가 없는 것을 하늘이 받아들여서 다른 곳으로 이동시켜주기도 하고, 형체가 있는 것은 땅이 받아들여서 새로운 것이 나도록 공간을 내어주기도 한다. 살아있는 것들은 바다를 이용하여 번창하고 진화하기에 대자연의 어머니라고 할 수 있는 물을 품고 있다. 土의 기운이 한번 움직이면 엄청난 변화가 일어나면서 생사(生死)는 土의 기운으로 이어지는 것이다.

예문)
시 일 월 년
戊 辛 癸 戊
戌 巳 亥 辰

년 월에서 戊癸合火하여 부모가 사회로 진출할 수 있게 순간적으로 부단한 노력을 하였으나 결과는 辰亥원진으로 오로지 부모의 욕심일 뿐이었다. 하여 본인이 스스로 戊戌과 이어보려고 하지만 巳戌원진 이라서 기본이 약한데 욕망이 앞서기에 이 또한 부담스럽다. 戊辰과 戊戌을 이어주는 무엇인가가 끈이 있어야 하는데 과연 무엇일까? 하고 의심한다면 辛巳의 과감한 변화를 위한 寅木아버지의 인내심과 적당한 지원일 것이다.

4) 금(金)

金이라고 하는 오행은 쇠이다. 특이하게도 자연스럽게 생겨나지 못하는 것이 아쉽다. 하여 어떠한 원인으로 오행에 들어와 있는지 충분한 설명이 필요하다. 金이 생겨나는 과정을 알면 이해할 것이다. 金은 쇠가 아니고 '단단한 것'이다. 쇠는 火의 기운으로 만들어지고 어떠한 사물이 오랫동안 이어가기 위하여 火의 도움을 받아서 변화하여야 가능하다. 이를 금화교역(金火交易)이라고 한다. 즉 보존(保存)과 보전(保全)이 목적이라고 할 수 있다.

쇠

쇠라고 하면 금속은 자연적으로 생겨날 수가 없다. 하여 광석(鑛石)을 채취하여 열을 가하면 철분(鐵分)이 녹아서 흘러내리고 굳으면 쇠라고 한다. 그래서 쇠 金자로 표현을 하지만 자연에서 金을 대신하는 것으로 돌이나 열매 또는 알 뿐이다. 돌은 지열(地熱)에 의하여 생겨나고, 열매나 알은 火기운이 희생하여 자연스럽게 맺어진 것이다. 金을 쇠라고 하지 말고 단단한 것으로 자연스러운 것과 2차 열에 의하여 가공되는 것이 있다.

예문)
시 일 월 년
丙 庚 戊 己
戌 申 辰 亥

戊辰月 들녘에 자생하는 나무에서 떨어진 庚申씨앗이 흙 속에 묻혀 있다. 丙火의 열 기운이 약하여 발아(發芽)하지 못하고 있는데 戊辰부모는 己亥의 저수지에서 물이 스며드는 것을 막아서 연약한 씨앗이 썩지 않도록 하고 있으니 부모의 지극한 사랑과 보호를 받았다고 할 수가 있다. 또 한 庚金은 단단하기에 쉽게 깨지지 않는데 火기운을 받으면 발아하여 큰 목재가 될 수 있다. 이렇게 거목이 되려면 丙火의 도움이 필요하다.

단단하다

살아있지 않으면 대부분이 단단하게 변화한다. 물론 살아있는 것도 단단한 것이 많다. 金의 기운이 스며들면 단단해지는 이유는 오랫동안 견디기 위한 것이다. 수분이 많으면 단단해질 수가 없으니 최대한 수분을 줄여야 한다. 인간의 몸을 지탱하고 있는 뼈나 치아 같은 것은 수분이 침범하지 못할 만큼 단단하게 만들어져 있다. 자연은 물을 이용하여 생산하고 소멸시킨다. 그리고 오랫동안 보전하려는 기운을 가지고 있으면 金이다.

예문)
시 일 월 년
甲 庚 庚 丙
申 申 子 午

일주 庚申은 자연스럽게 단단해진 것으로 丙午의 화력(火力)을 가까이 두지 못하여 제련될 수가 없다. 하지만 庚子는 곁에 丙午를 두고 있어 필요한 만큼 단단하게 제련할 수 있다. 하여 庚申보다 庚子가 丙午의 영향을 많이 받아서 진급도 빠르고 요직에 올라갈 기회를 먼저 잡는다. 하여 金오행은 가까운 곳에 火기운이 있으면 좋다. 하지만 너무 강하면 쇳물이 되어 하염없이 흘러가는 경우도 있다.

강유(剛柔)(강하고 부드러움)

金은 단단하기 전에는 부드럽고 火의 기운에 의하여 강하게 변화한다. 단단한 것이라고 하여도 열을 가하면 부드러워 물처럼 흐르기도 한다. 하여 여러 차례 열을 가하였다가 냉각하고 이를 반복적으로 하면 단단한 성질이 강하게 변화한다. 또 한 열에 의하여 강한 것을 부드러운 성질로 변화시킬 수도 있다. 金기운은 열에 의하여 다양한 변화를 하는데 열이 없다면 金은 다스리기 어렵다. 강하면 보존할 것이고 부드러우면 보전된다.

예문)
시 일 월 년
己 辛 己 丁
丑 丑 酉 酉

己酉月 辛丑은 丁火에 의하여 강하게 성질이 변화하였다. 즉 밖으로는 강하고 안으로 부드러워 오랫동안 보존할 수 있게 변화한 것이다. 하여 쉽게 깨지지 않을 것이고 계속 丁火의 강력한 볕을 받으면 깨진다. 가을볕에 열매가 붉게 물들면서 단단하게 익어가면 戌土운에서 수확하여야 한다. 자연은 酉月 깊은 밤에 별은 초롱 하지만 오두막집 살림살이가 팍팍(己丑)하다. 여기저기 흩어진 척박한 밭에(己酉) 수확하려면 아득하다.

태(胎)란(卵)습(濕)화(化)

金오행은 木으로 변화하여 다양한 방법으로 번식하면서 영원하기를 바라는 것이다. 이렇게 윤회(輪廻)하는 원인은 木과 金이 같은 곳에서 나누어진 관계이기 때문이다. 태생(胎生)은 사람처럼 태를 이용하여 태어나는 것이며, 난생(卵生)은 알로 낳아서 적당한 온도를 유지하여 깨어나는 것이다. 습생(濕生)은 습한 곳에서 깨어나는 것이며, 화생(化生)은 다른 것에 기생하지 않고 홀연히 생겨나는 것으로 환경이 좋아야 한다.

예문)
시 일 월 년
甲 丙 辛 庚
午 子 巳 午

巳月 한낮에 庚金이 午火 위에 있으니 꽃가루(化)가 되어 방황하고 子午충으로 뿌리를 내리지 못한다. 하지만 辛金은 巳火 위에서 꿀이 되어 흐르니 벌 나비가 모여들고 수정을 하여 보존하려고 둥지(胎)를 만든다. 즉 일찍부터 자신의 직업이 일정하지 못하여 불안하고 방황을 하였으나 스스로 辛金(卵)에 열을 가하여 부드러운 合水로 부화(孵化)한 것이다. 이후 전문인으로 활동하면서 유연(濕)하고 여유를 찾았을 것이다.

보전(保全) 보존(保存)

단단한 金기운의 목적은 자연스럽게 보전(保全)하거나 무엇에 의하여 변형되어 보존(保存)하는 것이다. 오행에서 金의 기운이 없으면 생명을 가질 수가 없고 오랫동안 이어지지도 못하여 멸종하거나 보호받지 못하기 때문에 역사(歷史)가 없다. 火의 기운으로 만들어진 金이 어쩌다 자연 속에는 없는 쇠 金자를 사용하여야 하는지 알아야 한다. 이는 金은 木으로 돌아가기 위한 과정이고 木은 金을 통하여 영생(永生)하기 위함이다.

예문)
시 일 월 년
庚 癸 辛 壬
申 酉 亥 寅

亥月 오후에 癸酉가 태어났다. 하지만 팔자에 火가 하나도 없으니 월간에 辛金이나 시주에 庚申이 변화하지 못한다. 자연으로 보면 늦은 가을 나무에 열매가 火기운을 받지 못하여 辛亥는 썩어버리고, 庚申은 자연스럽게 寅申충 하여 떨어져 버렸다. 인간사로 보면 기억력이 약하고

응용력이 많이 떨어지는데 이는 火기운이 부족하여 각인(刻印)이 안 되니 건망증 같은 느낌이 들고 자기 생각과 의사를 쉽게 변경하지 못한다.

결실(거둠)

金은 자연 속에서 생명을 가진 것들이 멸종하지 않고 영생(永生)하려고 만들어진 오행이다. 여하한 경우라도 金은 저절로 이루어지는 것은 아니다. 火의 기운이 없으면 이루어질 수 없다. 자연의 순환과정을 벗어나지 않고 철저하게 따라간다. 예민한 金의 기운은 타 오행으로부터 많은 영향을 받으며 순환과정에서 마지막에 기운을 드러내어 결실을 보는 것이다. 확실하게 보전하기 위하여 다양한 경로를 이용하여 보존하게 된다.

예문)
시 일 월 년
甲 己 甲 己
戌 巳 戌 酉

戌月의 己巳는 己酉와 힘을 합하여 甲木에 酉金하나를 남겨두고 甲己合土하여 수확을 마치고 巳酉丑合金으로 겨울을 넘기기 위한 저장까지 끝낸 것이다. 여기서 酉金은 친구 몫이며, 甲木에서 보면 대롱거리며 종자(種子)로 남겨둔 것이 아니고 까치밥으로 둔 것이다. 즉 천간은 甲己合土하여 흙을 덮어두었는데 속에 보니까 巳酉丑合金이 저장되어 있다. 하여 수확하여 저장하여둔 것을 표현한 사주이다.

예문)
시 일 월 년
丙 庚 戊 己
戌 申 辰 亥

    庚申은 丙火편관의 기운을 가져야 결실을 볼 수가 있고 오랫동안 보전도 가능하다. 즉 명예나 명성을 가져야 가능하다는 것이다. 辰土편인을 많이 사용하는 것으로 戌土의 높은 전문성이 있어야 보존할 수가 있다는 것이다. 이는 申子辰合水로 새로운 것을 만들거나 창작을 뜻하는 것이다. 하여 申酉戌合金로 그 방향에 오랫동안 전해질 것이라고 할 수가 있다. 여기서 子水와 酉金이 보이지 않는 음신으로 작용하는 것이다.

5) 수(水)

    水라고 하는 오행은 물이며 자연의 어머니로서 줄어들지도 않고 더 늘어나지도 않는다. 그리고 어떠한 장애가 있어도 낮은 곳으로 흘러간다. 그래서 水오행을 물이라고 하지 말고 '흐르는 것'이라고 하자. 자연의 시작은 水의 기운에서 발원하고 水의 기운에 의하여 사라진다. 水의 기운이 없으면 자연은 앙상한 황무지로 변할 것이다. 그래서 물은 자연의 젖줄이며, 자연의 창조주이다. 흐르는 것을 살펴보자.

물

    水의 기운을 가장 많이 가지고 있기에 물 水자로 표현한다. 생명을 가진 것은 물에서 시작하여 거듭 진화를 하면서 지금의 자연을 이루고 있다. 즉 물속에 미생물은 곤충과 동물로 진화하여 원시인류로 진화하였다. 이끼는 진화를 거듭하여 다양한 종류의 숲을 이루고 여기에 먹거리가 생겨나면서 지금까지 진화한 것이다. 물은 생명을 유지하는데 절대적인 자원(資源)이며, 온도를 조절하여 자연이 순환하게 한다. 하여 온도는 水기운으로 표현한다.

예문)
시 일 월 년
己 癸 丙 壬
未 未 午 申

　午月의 뜨거운 태양 아래 癸未는 사막의 아지랑이가 피어나듯이 태어났다. 년주의 壬申에서 발원한 물은 흐르기도 전에 말라버리고 대지는 타는 듯이 뜨거워 살아있는 것이 보이지 않는다. 하지만 未土에 의지하여 살아가는 작은 곤충이나 꽃가루가 수분에 결합하여 간신히 피어나는 것이다. 이들은 사막의 이슬을 받아서 살아가는 곤충과도 같다. 이렇게 물이 마르면 木이 사라진다. 하여 가정을 이루기 힘들고 신경계에 문제가 있을 수 있다.

흐른다

　水오행은 여하한 경우라도 흘러가야 한다. 멈추고 싶어도 멈출 수 없다. 그렇게 흐르지 않으면 세력을 키우지 못하고 흩어져 버린다. 하여 많은 무리가 모여서 움직이는 것을 물에 비교하여 표현한다. 그리고 물이 흐르지 않고 고이면 썩으면서 해충과 이끼가 생겨나면서 자연을 괴롭히고 이들이 변이(變異)하면서 자연을 교란하게 된다. 水기운이 흐르지 못하면 水의 본성을 상실하므로 물은 흘러야 맑고 깨끗하다.

예문)
시 일 월 년
己 癸 丁 癸
未 丑 巳 丑

　丁巳月 己未時에 아주 작은 봇도랑 같은 곳에서 물이 흘러 癸丑의 자그마한 논에 물이 마르지 않도록 흐르고 있다. 이는 丁巳 부모님께서 최선을 다하고 있기에 가능하다. 하여 癸丑은 巳酉丑合金으로 전공을 살리기 위해서 유학을 떠나 공부를 하고 그곳에서 살아가면 좋다. 귀국하면 일주癸丑은 己未충형을 당하거나 최고의 대우를 원하지만 水인맥이 없어서 원만하게 흐르지 못하고 쓸모 없는 논으로 변할 것이다.

얕고 깊음

　水의 기운으로 얕고 깊음을 표현한다. 무엇이 얕은지 깊은지 알 수는 없으나 사람의 마음이나 생각을 그려낼 때 그 사람 생각이 깊다. 또는 마음이 얕아서라고 한다. 그리고 음식의 깊은 맛이나 가볍게 먹을 만하다고 표현하기도 하고, 보이지 않는 공간표현이나 물의 깊이를 표현한다. 오행으로 다양한 표현을 하고 또 한 水오행은 깊이를 측량한다. 물이 맑고 깊으면 빛이 들어갈 수 없어서 속을 알 수가 없다고 한다.

예문)
시 일 월 년
辛 壬 癸 壬
亥 子 丑 戌

丑月 밤에는 물이 엄청 차고 맑다. 하여 표면은 얼어도 보이지 않게 흐름이 빠르다. 일주 壬子의 마음이나 생각이 투명하여 원칙을 주장할 것이다. 년주 壬戌은 빙산이지만 癸丑이 형을 하여 부분적으로 깨어져 유빙이다. 시주 辛亥는 안에서 밖으로 흐르고 있음을 표현한 것이다. 즉 壬子는 몰래 문서를 변경하여 무엇인가를 준비하여 癸水와 함께 壬戌의 재물 일부분을 조건 없이 탐을 내고 있다.

차고 맑고 따스하고 흐림

水는 온도(溫度)를 표현한다. 차면 맑고, 따스하면 흐리다. 하여 북쪽에서 차가운 물이 남쪽으로 흐르고 열이 스며들면서 물속에 미생물들에 의하여 물이 탁하게 보이게 된다. 수온이 계속 오르고 남쪽에 도달할 때쯤에는 높은 수온으로 수증기가 발생하여 열을 차단하고 수온이 떨어지면 물은 방향을 북쪽으로 돌아서 올라간다. 이때부터 미생물은 활동을 멈추게 되고 북쪽에 도달하면 본성을 회복하기 위하여 정화한다.

예문)

시	일	월	년
辛	壬	癸	壬
亥	子	丑	戌

사주의 흐름이 亥子丑合水로 안에서 밖으로 흐르는 것이다. 즉 辛亥에서 물이 잠시 멈추고 亥水의 지장간에 甲木의 부유물을 가라앉힌다. 이후 壬子에서 수온을 떨어트린다. 癸丑에서 완전한 살균을 위하여 급하게 얼음으로 변하지만 완전하지 못하여 얼음이 깨어지면서 壬戌의

지장간에 丁壬合木으로 살아나기 시작한다. 즉 많은 미생물이 경쟁하듯이 살아서 丁火정재를 차지하려고 서로 丑戌형을 하려고 한다.

액체 기체 고체

水오행은 3가지로 변화한다. 액체(液體)는 일상에서 가장 많이 쓰이는 것으로 눈으로 확인할 수 있고 장소를 불문하고 적응하며 아래로 흐른다. 기체(氣體)는 수온이 올라가면서 표면이 증발하기 시작하여 올라가는 경우가 대부분인데 때로는 내려오는 이슬이나 서리도 있다. 고체(固體)는 수온이 떨어지면서 액체가 얼어서 덩어리로 변화하여 흐르지 못하고 멈추어 있는 상태이다. 이처럼 水기운은 다양하게 변화한다.

예문)

시 일 월 년
壬 壬 甲 癸
寅 午 子 丑

동짓달 새벽에 온천(溫泉)수가 솟아오르듯 壬午가 태어났다. 하여 성격이 차분한 것 같으면서 내면은 끓어오르고 있다. 년주 癸丑직업은 추워서 물이 얼어있는 좁은 곳 즉 주방일 것이다. 월주 甲子는 물이 흐르는 싱크대이다. 일주 壬午는 뜨거운 물이 솟아오르니 화구일 것이다. 시주 壬寅는 마지막에 물이 떨어지는 폭포이니 식기세척기이다. 이를 조합하면 주방기기에 관련된 것을 만들거나 수리하여 설치하는 직업인으로 살아가면 좋다.

감춤(멈춤)

　水기운은 빛을 거부하고 자신을 감추고자 한다. 그리고 보이지 않는 곳에서 머물고 싶어한다. 하염없이 흐르기만 하는 水기운은 보이지 않는 깊은 곳으로 숨어서 차고 맑은 본래의 성품을 회복하여 드러내지 않고 숨어 있기를 바라고 있다. 이처럼 水기운은 앞으로 나서는 것을 싫어하고 자신을 드러내는 것을 원하지 않는다. 자연의 창조주이며 자연의 흐름인 순환계를 조절하는 水기운의 성품은 차분하고 기다릴 줄 아는 것이다.

예문)
시 일 월 년
壬 戊 辛 辛
戌 戌 丑 亥

　매서운 추위가 시작되는 밤에 戊戌은 많은 것을 가슴에 안고 태어났다. 이는 년월에 辛亥와 辛丑이 나란히 자리하고 있으나 子水가 음신(陰神)으로 작용하기에 亥子丑合水는 밖에서 안으로 흘러들고 뒤에는 壬戌백호가 버티고 있으니 戊戌은 외롭게 공포와 마주하고 서 있다. 즉 조상의 많은 설움이나 한(恨)을 가슴으로 막아선 것이다. 자연은 희미한 호롱불이 어둠을 밝히고 있지만 어릴 때부터 丑土의 괴롭힘을 가슴속에 감추고 있다.

제7장

천간(天干)

1) 부호(符號)
2) 부호와 수리관계
3) 천간합(天干合)
4) 천간 충(沖)
5) 천간 극(剋)
6) 천간 합의 결론(結論)

제 7 장
천간(天干)

　자연의 이치에 맞게 천간의 부호 하나하나 속에 삼라만상으로 통하는 만법을 담고 있다. 천간 10개의 부호는 우주를 이루고 있는 10억개 이상의 은하계를 표현하고 있다. 그리고 비 물질세계이므로 불완전한 것을 지지를 통하여 완성하고자 한다. 천간의 부호가 지지부호보다 두 개가 부족하다. 이는 천간이 무형이기에 결과가 없다. 하여 더 많은 지지와 인연이 되어 다양한 결과를 나타내기 위함이다.

　천간은 형체가 없어서 일상적으로 무형에 해당한다. 인간으로 보면 가장 복잡한 생각을 표현하고, 꿈이요 희망일 뿐이지 현실적으로 일어나는 것은 아니다. 천간도 깊이 살펴보면 형체를 드러내어 표현하는 것과 일체의 모습을 드러내지 않고 있는 것으로 나누어진다. 하지만 사주팔자에서 천간의 부호가 지지를 통하여 뜻을 전하고자 하는데 이를 알아가는 것이 어렵고 비밀스럽게 전해지고 있다.

1) 천간부호(符號)

천간은 무형의 비밀을 전하는 10개의 부호로 이루어져 있으며 보이지 않는 자연을 품고 있다. 즉 木은 갑(甲)을(乙) 火는 병(丙)정(丁) 土는 무(戊)기(己) 金은 경(庚)신(辛) 水는 임(壬)계(癸)로 오행을 부호로 나타내었다. 자연계의 사물(事物)과 인간사에 일어나고 있는 인문 정치 경제 과학 자원까지 표현하고 있다. 그리고 과거 현재 미래와 인간이 생각하고 있는 범주(範疇)를 넘어서 인간과 자연의 흐름까지 일체를 부호로 전해주고 있다.

천간의 시작은 무극에서 음과 양으로 나누고 음양이 오행을 만들어 내고 오행 속에서 다시 음양으로 나누어져 10개의 부호가 형성된 것이다. 이러한 부호는 보이지 않게 또다시 음과 양으로 쪼개지면서 세포가 분열하듯 계속되고 있다. 이는 지식으로 암기하는 것이 아니고 지혜로 알아가야 한다. 이를 인간으로 비교하여 보면 마음은 그대로인데 생각이 찰나에 8만4천 번 바뀌면서 필요에 따라서 무(無)에서 유(有)로 만들어진다.

갑(甲)
원인: 거북이 등딱지

木과는 아무런 연관이 없다. 다만 살아있는 동물이며, 독립적이고 물과 땅을 오고 가며 살아가는 수명이 긴 동물로서 첫 번째 양간 木으로 배정되었다. 불이 발견되면서 인간은 앞날이 궁금하여 거북이를 불 위에 올려놓고 등딱지가 깨어지는 것을 보고 점(占)을 친 것에서 유래되었다. 정신력이 강하고 온순하며 느리지만 신중하고 번식을 위하여 많은 알을 낳는다. 강한 독립심은 인간으로서 배울 점이 많기에 첫 번째로 배정되었다.

물상: 우레

甲을 우레라고 하는데 이는 살아있는 것은 천둥소리를 들으면서 자란다고 한다. 즉 천둥이 치면 비가 내린다. 그러면 생명을 가진 것들은 어머니 젖과 같은 물에 의지하여 무럭무럭 성장하고 종족도 번식할 것이다. 때로는 천둥소리가 요란해도 비가 내리지 않을 때도 있다. 천둥처럼 큰 소리에서 발생하는 파장이 생명을 깨우는 역할도 한다. 즉 많은 사람을 깨우치게 하는 인물이 되기 바라는 의미이다.

자연

우레는 구름과 구름이 부딪쳐 발생하는 자연현상이다. 구름은 같은 높이에서 흐르면 충돌이 생기고 흐르는 높이가 차이 나면 우레가 발생하지 않는다. 인간관계에서 이야기하면 甲木은 상대방을 바라보는 의식적 수준이 자신이 높다고 착각한다. 그래서 甲木은 일방통행을 할 것이고 상대방은 무조건 따라오라는 생각을 한다. 하지만 수준 차이가 심하면 부딪칠 수가 없다. 하여 수준 때문에 끊임없이 배운다.

이미지: 수직적

甲木의 나무를 보면 수직으로 성장한다, 살아있는 것으로 이야기하면 수컷에 해당하고 정적이다. 움직임이 적고 살기 위한 집착이 강하며, 정신적인 고민보다 실행력이 강하다. 매사에 우선적이고 공격적이지만 노화(老化)되는 것을 싫어하여 병(病)에 강하다. 그리고 사후(死後)에 또 다른 모습으로 여러 번 재생이 가능하다. 경쟁하듯이 높이 성장하기를 바라며 주변에 비슷한 것이 있으면 참지 못하고 시비한다.

예문)
시 일 월 년
甲 壬 丁 壬
辰 申 未 寅

　시주의 甲辰은 늦은 나이에 일주 壬申과 申子辰合水하여 甲木을 왕성하게 지원하고 있다. 하지만 未月에 태어나서 성장기를 멈추고 다음을 준비할 때이다. 여기서 甲木을 음식으로 이야기를 한다면 최고의 맛으로 소문이 난다고 할 수가 있다. 실제로 소도시(時柱)에서 돼지국밥으로 소문이 나서 상당한 수익을 올리고 있는 주인장이다. 하지만 여자 사주라면 甲辰장남은 수다부목(水多)(浮木)의 원칙에 따라 부모 곁을 떠난다.

을(乙)
원인: 날아다니는 새
　다양한 종류의 날아다니는 것들을 이야기하는데 木오행과 아무런 관계가 없다. 이들은 약하고 부드러우며 집단으로 하늘을 자유롭게 날아다닌다. 이러한 것이 인간의 꿈이기에 두 번째 음간 木으로 배정되었다. 인간은 미래가 궁금하여 새를 잡아서 점을 치고 예측하였다. 지금도 무속에서는 굿을 하거나 신(神)에 재물을 올릴 때 닭을 잡아서 올리는 경우가 있다. 이는 사후에 봉황(鳳凰)처럼 하늘을 자유롭게 다니고 싶어서이다.

물상: 바람
　바람이며 새들은 이를 이용하여 자유롭게 힘들이지 않고 날아다닌다. 그리고 지나간 바람은 돌아오지 않는다. 자연은 바람처럼 소통이 필요하고 바람에 의하여 자라난다. 바람이 없으면 순환이 되지 못하고 수정(受精)이 이루어지지 않아서 번식하지 못한다. 바람이 없으면 성장과 진화(進化)와 변화(變化)에 어려움이 많고 수분이 이동하지 못하여 온도 조절이 안 된다. 하여 자연은 보전하기 어렵고 생명체가 사라질 수 있다.

자연

바람은 온도 차에 의하여 자연 발생 되는 것이다. 이를 이용하여 작은 새들이 멀리까지 이동하며 영역을 확장한다. 바람은 신(神)의 기침이 아니다. 자연을 자유롭게 소통하도록 하여 다양한 번식을 이루게 하는 것이다. 인간관계에서 알게 모르게 소통하면서 어우러져 의지하고 자식을 낳아서 높이 날아오르는 새처럼 위대한 인물이 되어주기를 염원한다. 바람은 한번 지나가면 돌아오지 않기에 인간에게 기회도 이러하다.

이미지: 수평적

乙木은 열매를 맺는 것으로 자연으로 들어가면 수평적이며 위로 오르는 것보다 서로 어우러져 의지하며 영역확장에 최선을 다한다. 살아있는 동식물에서 보면 암컷에 해당하고 끝없는 활동으로 번식에 집착한다. 하여 항상 병(病)에 노출되어 있으며, 생(生)을 다하기 전에 열매를 많이 맺어서 해마다 새롭게 싹을 틔운다. 乙木의 목적은 번식을 통하여 보존(保存)하려고 한다. 이는 자연의 원칙이며 이를 어기면 재앙이고 멸망이다.

예문)

시 일 월 년
癸 乙 癸 己
未 卯 酉 酉

   가을 오후에 덩굴에 작은 열매가 여기저기에 수없이 맺어있다. 하지만 乙卯의 입장으로 보면 열매로 인하여 고통을 받고 있다. 즉 사회로 나가서 많은 인연을 맺고 싶지만 卯酉沖으로 뜻을 이루기 어렵다. 그리고 년주 己酉는 학창시절이며 형편상 학업을 이어가지 못하고 직업을 가지고 가정에 보탬을 하여야 한다. 또는 자수성가로 학업을 이어가야 한다. 하여 다양한 직업을 가지지 말고 전문인으로 살아가면 좋다.

병(丙)
원인: 태양숭배
   火와 연관성이 있으며 밝다. 굳세다는 의미로 생명은 없어도 열(熱)에너지가 자연에 엄청난 영향을 주고 있다. 불이라고 하는 것에 대한 중요함으로 세 번째 양간 火로 배정되었다. 주술사들은 인간의 미래는 하늘이 결정한다고 믿고 태양을 숭배하면서 미래를 기원하였다. 그래서 태양을 상징하는 명칭에 많이 쓰이고 있다. 즉 불교의 대일(大日) 여래나 산이 높다고 하여 비로봉으로 부르는 경우이다.

물상: 태양
   태양이라고 하는데 이는 강력한 열(熱)과 빛(光)으로 사방으로 발산하기 때문이다. 열은 강력한 빛의 파장으로 차가운 대기를 통과하여 물체나 생명체에 닿으면서 복사열이 된다. 이러한 열에 의하여 자연은 변화하기 시작한다. 火는 조절하는 기능이 없으므로 때로는 자연을 태워버린다. 열은 안으로 스며드는 성질을 가지고 있으며 수분과 결합하면 더 뜨겁게 느껴진다. 자연이 절대적으로 필요로 하는 것이다.

자연

　태양은 열과 빛을 쉬지 않고 방출한다. 그래서 丙火는 보이지 않는 열이다. 열은 공간을 확장하는 힘을 가지고 있으며 사방으로 흩어지는 기운이 강하다. 그리고 열은 수분이 있으면 전도가 빠르지만 지속적이지 못하면 쉽게 사라진다. 인간관계에서 자기 조절이 가능하면 좋고 그러하지 못하면 문제가 발생하여 주변으로부터 외면을 받는다. 하늘의 태양은 항성(恒星)으로서 많은 은하계를 이루는 중심이다.

이미지: 사방으로 흩어짐

　丙火라고 하는 것은 자연으로 보면 불이다. 뜨거운 기운으로 열(熱)에 해당하고 형체가 없으니 감각이 발달한다. 특히 눈에 보이는 것이 대부분이지만 접촉을 통해서 다양한 정보를 수집하여 의식으로 보내지면 이를 통계하고 분석하여 활동으로 옮긴다. 丙火의 기운은 원하지 않아도 이미 전하고 있고 철저하게 희생을 당하지만 탓하지 않는다. 수분에 반사되어 나타나는 신기루는 丙火의 기운이 丁火의 기운으로 변화한 것이다.

예문)
시 일 월 년
壬 丁 庚 丙
子 酉 寅 辰

정월달 야밤에 초롱초롱한 별이 태어났다. 하지만 달빛이 흐리다. 이를 통변 하면 "어릴 때 어디가 아픈지 확실하게 알 수 없어서 죽음의 문턱을 수없이 오락가락하였다." 즉 丙火가 밤이라서 보이지 않으니 생사(生死)에 비교할 수 있다. 특히 丙火는 인간의 정신계를 나타내는 것이며, 辰土위에 있다. 즉 辰土는 넓고 아득하다는 의미이므로 이를 표현하면 정신이 흩어져 아롱거리니 혼미하다는 뜻이다.

정(丁)
원인: 별

어두운 밤에만 빛이 나는 별이다. 또 한 시골 부엌 아궁이에서 숯이나 재를 끄집어낼 때 사용하는 고무래라고 하는 농기구를 뜻한다. 하여 네 번째 음간 火에 배정하였다. 밤이 되어야 나타나는 별처럼 어둠에 대한 공포가 심하였을 것이다. 하여 주술사들은 별의 변화나 흐름으로 점을 치기 시작하였다. 밤이 되면 별을 보면서 모닥불에 의존하여 두려움을 이겨내고 자신도 모르게 자신의 고향임을 느끼면서 포근하였을 것이다.

물상: 별

丁을 별이라고 한다. 불을 신령스럽게 모시는 고대인들에게 낮에는 사라지고 어두운 밤에 총총하게 빛을 발산하고 있는 별이 아궁이에 꺼지지 않게 모아둔 숯불의 따스한 정(情)처럼 느껴졌을 것이다. 밤하늘에 별을 보고 신(神)들이 이용하는 불이라고 생각하고 우러러보고 기원을 하였다. 그리고 별빛은 움직이지 않고 한곳에 머물고 한결같이 빛나고 있다. 하여 별의 수만큼 자연도 다양한 색(色)으로 표현한 것이다.

자연

태양에서 방사(放射)되는 빛을 丁火로 표현한다. 전자기파가 전달되어 자연에 닿으면서 복사되어 열에너지로 변하는 것을 복사열이라고 한다. 이렇게 전달되는 전자기파가 변화하지 않고 자연의 깊은 곳까지 전달되는 것은 파장이 한결같기 때문이다. 인간관계로 보면 하나에 집중하기에 다른 관심을 가지지 않는다. 만약 집중력이 떨어지면 원하는 것을 이루기 어렵다. 별처럼 한곳에 머물고 있지만 여러 별이 함께 있으면 더욱 빛이 난다.

이미지: 한곳으로 집중

丁火는 빛이다. 빛은 다양한 색(色)으로 이루어져 있다. 자연은 다양한 색깔로 사물을 표현하기 때문에 아름답고 쉽게 구분할 수가 있다. 특히 소리를 듣기 위해서 집중하고 여러 가지 냄새가 동시에 나면 구별하기 어렵다. 혀가 다양한 맛을 정확하게 구분하는 것도 丁火의 기운이 작용하기 때문이다. 그리고 丁火의 파장은 오로지 하나로 이루어져 있으므로 무엇을 하여도 한곳에 집중하는 스타일이다.

예문)
시 일 월 년
壬 丁 庚 丙
子 酉 寅 辰

일주 丁酉는 시주 壬子과 合木으로 자영업을 고집할 수가 있으며, 때로는 한 직장에 오랫동안 근무하려고 한다. 이 사주는 壬水와 丁火가 合하여 木이 되었기에 사주(社主)의 도움으로 학업을 이루었고 지금까지 壬子의 직장에서 요직에 근무 중이다. 즉 한 곳만 집중하고 바라보는 丁火의 특징을 그대로 살려서 자신에게 이익되게 하였다. 또 한 丁火는 직장생활을 하면서 하고 싶은 공부를 하여 그 뜻을 이룬 것이다.

무(戊)
원인: 산

土를 우람하고 거대한 산으로 생각하고 그곳에 신령이 살고 있다고 생각하여 함부로 들어갈 수 없으며, 사냥을 나가기 전에 주술사가 어떠한 행위를 하였을 것이다. 바라보기만 하여도 공포감을 느끼게 되어 깊은 숲속으로 들어가기 전에 신령님께 제물(祭物)을 올렸을 것이다. 그래서 다섯 번째 양간 土로 배정하였다. 지금도 큰 산이나 명산을 숭배하고 있으며, 산에 오르기 전에 산신께 정성껏 재(齋) 올리고 있다.

물상: 노을

戊를 노을이라고 한다. 태양이 뜨고 질 때 수분이나 먼지로 인하여 빛의 통과를 방해하면서 붉게 물들이는 것이다. 노을은 해가 뜰 때는 짧고, 해가 질 때쯤은 길게 나타난다. 그리고 봄부터 늦가을까지 자주 나타난다. 이는 시간을 알지 못하는 옛날 농경사회에서 새벽노을을 보고 활동하기 시작하여 저녁노을이 보이면 일과를 정리하고 집으로 들어왔다. 이처럼 노을은 자연이 전해주는 시간이라고 생각하고 따랐을 것이다.

자연

해 뜰 무렵이나 질 때 산마루와 하늘 사이에 붉은빛으로 변화하는 것을 노을이라고 한다. 즉 지구가 태양과 거리가 멀어지면서 빛이 戊

土의 허공을 통과하는데 다양한 것들이 겹겹이 방해하기 때문에 생겨나는 현상이다. 인간관계에서 보면 따지거나 비교하여 원활한 소통을 방해하는 것이다. 자연은 걸림이 없는 허공처럼 무한한 지혜와 이해로 사소한 장애가 사라질 때까지 기다려 주고 있다.

이미지: 높고 넓음

戊土는 높고 넓은 공간이다. 무엇으로 채우려고 할 수가 없는 우주와 같다. 하여 자연으로 들어가면 다양한 공간을 표현한다. 어떠한 사물이 차지하는 공간이 상대성에 따라서 戊土에 해당한다. 특히 공간은 형체 없는 것을 받아들여서 형상(形狀)으로 보여주기도 하고 다른 무엇으로 돌려주기도 한다. 공간 속은 수분으로 채워져 있지만 보이지는 않는다. 하지만 형체가 없는 것들이 수분과 결합하여 다양하게 나타낸다.

예문)
시 일 월 년
丁 戊 辛 己
巳 子 未 卯

무더운 여름날 열이 오르기 시작하는 시간에 戊子가 태어났다. 戊土의 공간속에 子水의 수분이 많아서 짜증스럽다. 하여 예민하고 신경질적이므로 어릴 적에 부모님을 힘들게 하였을 것이다. 여름은 습도가 높아서 시야를 방해하기 때문에 공간을 확실하게 알 수가 없다. 특히 년월에 亥卯未合木에 辛金 열매가 밖으로 모습을 드러내고 있는데 이를 못마땅하게 생각한다. 즉 직업에 만족하지 못하고 있다.

기(己)
원인: 문양

土와는 상관없지만 깊이 들여다보면 대단한 뜻을 담고 있다. 농경사회에 부족(部族)과 가족(家族)을 증명하기 어려워서 자식이 태어나면 주술사들이 하늘을 향하여 높이 들어 올리고 큰소리로 알린다. 그리고 몸이나 얼굴에 문신으로 같은 부족임을 표시하였다. 하여 여섯 번째 음간 土에 배정하였다. 이러한 행위가 지금의 무속에서 부적으로 발달하였으며 시골에는 아직도 태어난 자식의 몸에 간단한 문신을 한다.

물상: 구름

수분과 미세한 입자들이 엉키면서 공간에 형체를 드러내면 구름이다. 오행은 土라고 하지만 본래 성분이 수분으로 이루어졌기 때문에 '작은 공간'이라고 한다. 미세입자가 많이 엉켜져서 검게 변하면 무거워 보인다. 하여 무게를 견디지 못하면 비가 되어 내리고 구름은 사라진다. 수분으로 이루어진 구름 속에는 수분이 가장 많고 다음은 흙먼지인 철분이다. 그리고 꽃가루와 火의 기운으로 둥둥 떠 있다.

자연

구름은 수분과 미세먼지가 뒤엉켜 뭉쳐져서 떠돌아다니는 것이다. 수분이 많으면 뭉게구름이라고 한다. 하지만 다양한 입자들이 집중적으로 엉켜서 탁(濁)하게 보이면 먹구름이다. 이들이 떠돌다 부딪치면 강한 소리와 전기가 발생하고 이를 우레라고 한다. 하지만 흘러가는 구름의 높이가 서로 다르면 충돌하지 않는다. 인간관계도 이와 같아서 밖으로 나가면 잦은 시비가 발생하고 안으로도 사소한 시비도 일어난다.

이미지: 낮고 좁다.

　己土는 낮고 좁은 공간이다. 우리 주변에 농사를 짓기 편리하도록 나누어진 터나 무엇을 담거나 보관하기 위한 공간에 해당한다. 자연으로 보면 작고 아담한데 나름 실속을 챙기기도 하지만 많이 받아들이면 견디지 못하고 깨어지거나 흩어져 버린다. 상대성에 따라서 차고 어두운 공간도 있고, 건조하면 가벼워 변화를 가늠하기 어렵다. 대부분 무형이 아닌 유형의 사물을 이어주는 공간이라고 생각하자.

예문)
시 일 월 년
甲 己 丙 乙
戌 卯 戌 亥

　늦가을 밤이 깊어갈 무렵에 태어난 己卯는 어떻게 살아갈 것인가를 고민해봐야 할 것 같다. 개울가에 피었던(亥卯未) 들국화는 꽃잎을 오그리고(丙戌) 기나긴 밤을 밝히는 가로등(甲戌) 불빛에(卯戌合火) 의지하여 공부를 이어가려고 한다. 하지만 깊어가는 밤은 더욱 어둡고 밤벌레(辛金) 울음소리는 슬픈 노랫가락이 되어(丙辛合水) 귓전에 속삭인다. 하여 己土는 몸을 더욱 웅크리고 甲木에 꽃을 피우려고 노력하여야 한다.

경(庚)
원인: 열매

　金과 아무런 관계가 없다. 자연에서 자생하여 맺어지는 열매를 주식(主食)으로 하였으나 가족과 부족이 늘어나면서 식량이 부족하여 재배하기 시작하였다. 주술사는 재배된 열매를 수확하여 가장 먼저 신(神)께 바치고 추수 감사제를 올렸다. 이러한 행위가 전해 내려와 지금도 추석이 되면 가족이 모여서 조상님께 예를 올린다. 하여 일곱 번째 양간 金으로 배정하였다. 그리고 온도변화가 느린 바위 동굴에 저장하였다.

물상: 달

　庚金의 물상을 달이라고 정한 선인들의 지혜는 대단하다. 달이 자연에 미치는 영향이 어쩌면 태양보다 더 소중하다고 생각한 것이다. 진화(進化)는 달의 영향으로 이루어지고 성장(成長)은 태양의 영향을 받는다. 그리고 달의 중력(重力)에 의하여 거대한 바닷물이 계속 움직이므로 썩지 않는다. 또 한 인간의 배란(排卵)과 밀접한 관계가 있다. 행성인 지구를 돌고 있는 위성으로 자연이 번식하는 것에 영향을 주고 있다.

자연

　생명을 가진 동식물은 달의 주기(週期)에 맞추어 수정이 이루어지고 있다. 그리고 거대한 바닷물이 달의 중력에 이끌려서 밀물과 썰물이 하루 두 번씩 이루어지며 달의 주기에 따라 해수면 높이도 다르다. 그리고 태양 빛을 반사하여 밤을 밝게 하고 있다. 만약 달이 없다면 생태계는 엉망이 되고 멸종하는 동식물이 많을 것이다. 인간사에 여자들의 배란주기도 달의 영향력으로 이루어지는 마력을 가지고 있을 것이다.

이미지; 자연스럽다

　庚金은 단단한 것보다 부드러운 편이다. 그리고 자연스럽게 맺어지는 것이며, 열에 의하여 저절로 이루어진다. 하여 자연스럽게 보전하게 된다. 그리고 때가 되면 알아서 번식하고 싹이 튼다. 또 한 지열에 의하여 바위가 만들어지고 온도에 따라서 다양한 열매가 맺어지며 암수가 결정되기도 한다. 庚金의 기운은 火에 의하여 다양한 변화와 진화를 하며, 상당히 유연한 기운으로 변하지만 단단한 기운으로 변할 때도 있다.

예문)
시 일 월 년
丁 丙 庚 丙
酉 午 子 辰

동짓달 해는 떨어지고 샛별과 조각달이 어둠 속에 빛을 발하기 시작할 때 丙午가 태어났다. 다행스럽게 庚子는 丙辰과 합을 하여 어두운 밤을 밝히고 있다. 즉 호수 위에 庚金은 자연스레 밝게 빛나지만 子午충을 하니 물결에 일렁이고 있다. 하여 丙辰의 형제는 아름답고 좋은데 丙午는 출렁거리는 물결 위에 있으니 변화가 많다 하여 자신의 능력을 마음껏 발휘하기 어렵다. 하지만 寅卯辰에 연관된 직업을 선택하면 좋다.

신(辛)
원인: 곡식

맵다는 의미와 辛과 金은 아무런 연관이 없을 것 같지만 통하는 부분이 상당히 많다. 곡식을 가공하여 식량으로 사용하려면 과정과 기술이 필요하고 까다롭다. 하여 실패를 거듭하면서 수확과 저장하는 방법을 알게 되면서 주술사는 때를 정하여 신(神)을 섬기기 시작하였다. 하여 여덟 번째 음간 金으로 배정하였다. 가공 기술이 발달하면서 풍요함을 알게 되고 욕심을 내기 시작하면서 가공된 곡식으로 점을 치기 시작하였다.

물상: 서리

辛金을 서리라고 한다. 서리는 기온이 떨어질 때 대기 중의 수분이 사물에 내리면서 얼게 되면 서리이다. 서리가 내리면 자연에 미치는 영향은 엄청나고 치명적이다. 하여 숙살(肅殺)이라고 표현한다. 온도가 올라가면 서리는 이슬로 변화하여 순간 자연을 촉촉하게 하여 생명을 깨우는 역할도 한다. 서리는 온도가 떨어지면 이루어지기 때문에 혹독하고 고통스럽다고 하여 매울 辛자를 선택한 것이다.

자연

서리는 물의 입자이다. 이를 수분이라고 하는데 온도가 떨어져야 생긴다. 온도가 올라가면 이슬이 되어 내리고 대기(大氣)와 표면의 온도 차이로 안개가 피어오른다. 겨울에 작은 물방울이 표면에 내려서 얼어버리면 동상으로 피해를 본다. 이를 인간사로 보면 주변 사람이나 환경에 의하여 성격이 변화하고 심하면 체질까지 변화한다. 인간은 사회적 동물이기에 온도변화에 민감하게 반응하고 이에 적응하며 살아간다.

이미지: 가공

辛金은 온도 차에 따라서 서리가 되는 것이다. 자연은 서리가 내리기 전에 대부분 열매를 수확하여 겨울을 나기 위해 가공하여 보관한다. 이는 볕과 바람에 의하여 적절하게 수분(水分)이 제거되면 단단하게 가공된다. 열매는 수분의 양에 따라서 깨지거나 썩는다. 하여 적당하게 수분을 조절하여 차고 어둡고 건조한 곳에 저장하면 오랫동안 보존이 가능하다. 지금도 다양한 방법으로 가공하여 유통하거나 보존하고 있다.

예문)
시 일 월 년
庚 戊 戊 辛
申 子 戌 丑

가을걷이가 막바지에 다다른 바쁜 시간에(庚申) 戊子가 태어났다. 하여 먼저 수확한 곡식은 이미 가공을 잘못하여(辛丑) 창고에 저장(戊戌)하지 못하고 지금 수확하는 열매는 수분이 많아서 건조하여야 하는데(申子合水) 그림자가 길게 드러누운 시간이라 건조할 수가 없다. 분명히 밤이슬은 내릴 것이고 마땅하게 둘 곳이 없다. 즉 어릴 때 형편이 어려워 학업과 건강을 챙기지 못함을 중년이 넘으면서 후회한다.

임(壬)
원인: 물에서 시작

선인들께서 물에서 만물이 생겨나고 모든 것은 물에 의하여 사라진다고 하였다. 하여 물은 살아있는 사람과 죽은 자를 이어준다고 생각하고 주술행위를 할 때 꼭 물을 올린 것이다. 그리고 물은 안개처럼 피어오르고 비처럼 내리기도 하고, 때로는 눈으로 날리기도 하고 얼음으로 굳어서 깨지지 않을 때도 있다. 이러한 변화를 보고 아홉 번째 양간 水로 배정한 것이다. 또 한 어디에 있어도 적응을 잘하기에 간사함을 뜻하고 있다.

물상: 봄비

봄비라고도 하는데 이는 생명이 깨어나는 봄에 가장 필요로 하는 물을 상징하는 것이다. 만약 봄에 비가 내리지 않으면 동식물들의 먹이가 사라지고 온도를 조절하지 못하여 엄청난 재앙을 당한다. 차가운 겨울바람에 증발하여 높이 올라가서 따스한 봄바람이 일어나기 시작하면 구름으로 내려온다. 적당한 온도에 비가 되어 내리기에 봄비라고 한다. 자연은 이때부터 왕성한 활동을 하면서 나름대로 영역확장을 한다.

자연

액체로 대자연의 젖줄이다. 물이 없으면 자연은 말라버리고 너무 많아도 자연은 잠기기에 괴로울 것이고 때로는 썩을 것이다. 물은 줄어들거나 늘어나지 않고 다양한 모양으로 드러낸다. 달에 의하여 정화(淨化)하려고 북쪽으로 흘러가면서 수온을 내리고 차고 맑아진다. 그리고 다시 남쪽으로 내려오면서 수온이 오르고 탁(濁)해진다. 이들이 모이면 함부로 다스리지 못하고 때로는 재앙이 된다. 물을 다스리는 자가 자연의 주인이 된다.

이미지

壬水는 물이며 액체다. 무거워서 아래로 흘러가고 어떠한 장애도 잘 적응하는 것이다. 그리고 감추거나 숨으려고 하는 성향이 강하다. 자연으로 보면 물로서 작은 강의 지류가 아닌 큰 줄기로 많은 것을 품고 있다. 그리고 온도를 표현하며 시작은 미약해도 결과는 엄청나다. 壬水는 수많은 생명의 근원(根源)을 품고 있으며 새로운 생명체가 끊임없이 자라난다. 하여 壬水는 자연을 살리는 어머니의 젖줄이라고 할 수가 있다.

예문)
시 일 월 년
辛 壬 癸 壬
亥 子 丑 戌

  섣달 깊어가는 밤에 눈은 하염없이 내리고 꽁꽁 얼어버린 개울 얼음 아래로 물이 흐르고 있다. 하지만 머지않아 흐름을 멈추고 얼어버릴 것이다. 즉 집에서 공부하는 것이 좋았는데 일찍 형제나 친구를 따라 객지로 유학을 떠난 것이 실패이다. 壬戌 때문에 壬子는 더 이상 흐르지 못하고 자신의 꿈을 접어버리게 된다. 하여 壬子는 자신감이 떨어지고 자신을 당당하게 드러내지 못하고 스스로 겨울잠에 들어가려고 한다.

계(癸)
원인: 사라짐

  문자가 전하는 의미가 무엇인가를 헤아린다는 것이다. 부족(部族)이 늘어나면서 전투가 벌어지고 사망하는 사람이 많이 생겨난다. 하여 살아남기 위하여 주술사는 부족을 자주 헤아려보고 밤을 새워가며 이슬을 받아서 신께 올리고 부족의 안녕을 기원하였다. 그래서 천간의 마지막 부호인 음간 水에 배정된 것이다. 이러한 정성이 지금 종교 행위에서 성수(聖水)로 등장하고 있으며, 무속인들은 물을 이용하여 퇴마를 한다.

물상: 안개

안개라고 하는데 충분한 원인이 있다. 안개는 표면의 온도 차에 의하여 발생하는 것으로 수분을 머금고 있는 곳에는 안개가 발생할 수가 있다. 안개는 기체로 내려오는 것이 아니고 오르는 것이다. 즉 수분이 오르면 안개라고 할 것이며 내려오면 이슬이나 서리 또는 비라고 한다. 자연 발생하는 안개는 하늘에서 다양한 먼지와 화분(花粉)이 결합하여 비가 되어 내리면 싹이 트고 자연은 더욱 풍요롭다.

자연

기체는 다양한 종류로 이루어져 있다. 특히 해가 뜰 때나 질 무렵에 바다나 호수에 많은 수분이 증발하고 있다. 그리고 비가 내리고 온도가 오르는 날에도 안개가 많이 발생한다. 이러한 안개는 자연 속에 살아가는 작은 동물이나 다양한 식물들의 생명수이다. 하지만 너무 습하면 오히려 태양을 가리게 되어 온도가 떨어져 생태계 변화가 발생할 수도 있다. 안개로 인하여 水의 기운이나 성질이 변화되는 경우도 많다.

이미지

癸水는 기체다. 기체는 물의 입자가 흩어져 있는 것이다. 하여 계절에 따라서 다양한 표현이 가능하다. 겨울을 제외하고 많이 발생하며 태양 빛을 가리고 시각장애로 사물을 구별하기 어려워 생활에 불편을 준다. 그리고 온도변화에 따라 때와 장소를 가리지 않고 수분이 있으면 발생한다. 봄이나 가을에는 이슬이라고 하여 오전이나 밤에 자주 나타나고 여름에는 비가 내린 뒤에 많이 발생한다. 그리고 겨울에는 서리가 되어 내린다.

예문)
시 일 월 년
丁 戊 癸 戊
巳 寅 亥 辰

　추위가 시작되는 초겨울 오전에 태어난 戊寅은 학업에 관심이 없고 밖으로 친구를 찾아 나선다. 하지만 자욱한 안개로 戊辰의 넓은 들녘이 보이지 않는다. 하여 어릴 때 친구는 없고 성장하면서 지인들과 만남을 즐기지만 덕은 없다. 푼돈을 모아서 무엇을 하려고 투자를 하여 보지만 원만하지 못하고 손해를 볼 수 있다. 하여 집을 떠나서 戊辰의 건물을 관리하는 직업인으로 살아간다면 무난할 것이다.

2) 천간 부호와 수리 관계

　천간 부호에 수리를 정하여 두었다. 선천수(先天數) 후천수(後天數)라고 지금까지 전해지고 있다. 하지만 깊은 뜻을 자연이 전해주는데 이를 이해하지 못하고 학술적으로 해석하다 보니 다양한 응용을 하지 못한다. 이러한 관계는 천간이 합하는 원리에서 더욱 정확하게 나온다. 그리고 이러한 비밀을 풀어보면 숨겨둔 예언 같다. 시작하는 壬水가 마지막 부호 己土를 만나면 왜? 탁(濁)하다고 하는지 자연은 인간에게 가르치고 있다.

　양간에서 시작하여 음간에서 마무리되는 원인은 분명하다. 홀수는 양이고 수컷이다. 짝수는 음이고 암컷이다. 음양은 항상 같은 공간에 동시에 존재하고 있다. 즉 무(無)에서 유(有)가 나온다고 하지만 이미 무(無)가 생겨나면서 유(有)가 동시에 생겨나는 것이 이치이다. 시작은 양간 壬水에서 하지만 마무리는 음간 己土이다. 즉 자연은 수컷인 무에서 시작하여 혼란스러운 것을 암컷 유가 이를 평정하여야 새로운 시작을 하는 것이다.

부호에 부여된 수리는 완벽한 원인을 가지고 있으며 천간이 합하는 원리까지 알게 되는 것이다. 원인을 모르고 선천수(先天數)와 후천수(後天數)로 나누어버리면 아주 간단하고 의미를 알려고 노력하지 않아도 된다. 하지만 자연을 이해하고 자연과 더불어 살아가고자 한다면 자연이 전하는 뜻을 알고, 인간은 절대로 자연에 이길 수 없다는 것을 깨달아야 한다. 학문도 과학으로 발달하여 자연을 조작하려고 하지만 결과는 재앙이다.

壬水는 1이다.

양간 壬水를 홀수로 1에 두었다. 물에서 자연이 시작되었으며, 물에 의하여 자연은 자라나고 번식하지만 결국은 물로 돌아가야 한다. 물은 온도를 조절하기 때문에 자연을 제도(制度)하는 기운도 가지고 있으며 자연에서 물이 가장 많다. 살아있는 것은 물을 떠나서 살아갈 수가 없고 물을 함부로 다스리면 재앙이 시작된다. 하여 자연은 물에 의하여 순환하고 물에 의지하여 성장과 번식을 하고 물로 돌아간다.

丁火는 2이다.

음간 丁火를 짝수 2에 두었다. 태양 빛이 없으면 동식물들이 살아남지 못한다. 그리고 자연을 생산하는데 많이 희생하며 지금도 자연은 빛이 없으면 사라질 것이다. 빛이 물에 들어가지 못하면 물의 온도가 오르지 않아서 미생물이 활동하지 못하고 진화(進化)도 하지 못한다.

즉 먹이 사슬이 무너지면서 자연은 멸종하게 된다. 하여 따스한 볕과 물의 만남에서 숲과 곤충이 생겨나면서 거대한 자연을 이루는 것이다.

甲木은 3이다.

 양간 甲木을 3에 두었다. 물에 빛이 들어가서 생겨난 것이고 木이다. 즉 자연의 시작은 수컷이 암컷을 유혹하여 번식을 이루고 자연을 지배하기 시작하였다. 하나에서 다양한 번식이 이루어지고 또 다른 것과 만남에서 파생(派生)되기 시작하여 치열한 경쟁으로 자신의 종족을 번식한다. 때로는 하나의 수컷이 여러 암컷을 거느리며 끊임없이 번식하고 때로는 하나의 암컷이 여러 수컷을 거느릴 때도 있다.

辛金은 4이다.

 丁壬合에서 만들어진 甲이 홀씨 즉 포자(胞子)이며 이를 辛金으로 표현하였다. 음간으로 짝수 4에 두었다. 홀씨는 자연의 흐름을 이용하여 먼 곳까지 흩어진다. 처음에는 꽃을 피우지 못하지만 직접 또는 몇 단계를 거치면서 다양하게 진화하여 꽃을 피우고 수술이 암술을 통하여 씨를 맺기 시작하는 것이다. 창조주 자연은 丁壬合木의 종자를 끊임없이 이루어지게 하여 헤아릴 수 없는 다양한 진화를 허락하였다.

戊土는 5이다.

 辛金을 조건 없이 받아주고 원하는 대로 공간을 내어주는 것이다. 하여 다양한 종류가 영역 다툼을 벌이는 것이다. 그래서 양간 戊土를 5에 둔 것이다. 이러한 공간은 크게 3개로 나누어서 甲이 다양하게 진화를 할 수 있게 하였다. 즉 하늘을 두어 날아다니는 생명을 보호하여 번식하게 하였으며, 땅을 만들어서 동식물이 자유롭게 번식하도록 하였다. 또 한 바다를 만들어 물에서 영생하도록 공간을 둔 것이다.

癸水는 6이다.

戊土와 癸水가 순간적으로 합을 하여 火의 기운이 이루어지도록 하였다. 즉 보이지 않는 넓은 공간으로 흩어진 辛金이 음간 癸水의 수분과 결합하도록 6에 둔 것이다. 자연의 일원으로 시작되기 전에 숨어 있거나 기생(寄生)하는 것이다. 자연은 암컷도 아니고 수컷도 아닌 중성(中性)으로 암수가 한 몸으로 살아가는 생물이 생겨난 것이다. 암수의 역할을 잠시 바꾸어서 살아가는 동식물이 많으며, 수분을 만나지 못하면 번식이 어렵다.

丙火는 7이다.

지금까지 자연은 수직관계로 다스려지면서 모습을 드러내지 못하던 음지 동식물들이 밖으로 나온다. 그래서 양간 丙火를 홀수 7에 두고 투명하게 사방으로 흩어져 영역을 만들게 하였다. 丙火의 희생과 봉사를 거부하게 되면 辛金은 균(菌)으로 변하지 못하고 소멸하여 자연은 멸망한다. 하여 살아있는 것은 한곳에 머물기보다 흩어져 다양한 것과 어우러져 생존경쟁을 하며 약육강식의 법칙을 따르게 되는 것이다.

乙木은 8이다.

소통과 법칙에 따라서 모든 생명체는 수평관계를 유지하고 서로 어울려 공동체를 이루게 된다. 하여 음간 乙木을 짝수 8에 둔 것이다. 이후 지극정성으로 홀수 9의 庚金과 자연스럽게 合하여 영생하도록 한 것이다. 자연이 이렇게 변화하게 되는 원인은 남모르게 욕망과 욕심으로 자신의 야욕을 버리지 못한 수컷의 강자가 투명하게 노출되면서 무리의 표적이 되어 바람처럼 사라지고 새로운 강자가 탄생하도록 하였다.

庚金은 9이다.

　멸망하지 않기 위하여 보전과 보존을 하도록 도와주는 것이 乙木의 목적이다. 헌신적인 희생에 보답하기 위한 것이 부드러운 양간 庚金으로 마지막 홀수 9에 두었다. 자연은 이렇게 마무리하는 것 같지만 庚金이 보전을 위한 작은 공간을 만들 뿐이다. 그렇게 작은 공간을 찾아보면 생식기(生殖器)에서 부드럽게 정충이 살아서 己土의 작은 공간에서 적당한 열에 의하여 완성이 이루어지도록 자연은 꾸며진 것이다.

己土를 10에 두고 있다.

　점을 치기 위하여 10이라는 숫자를 사용하지 않는다. 입신(入神)의 경지(境地)에 들어간 것이다. 그래서 음간 己土를 10의 짝수에 두고 대자연을 시작하는 음양이 하나로 돌아가는 태극이 된 것이다. 하여 몸 己자를 부호로 사용하는 것이다. 결론은 태극은 혼란스러운 공간이기에 기토임탁(己土壬濁)으로 표현할 뿐이다. 즉 시작은 맑고 투명한데 끝은 흐리고 알 수가 없다. 그래서 음양의 경계에 5와 10은 완전한 경지이다.

예문)
시 일 월 년
辛 戊 癸 壬
酉 寅 卯 午

위 사주는 戊土의 꿈이 크고 높지만 酉時에 태어났기에 뜻을 이루기가 어렵다. 하지만 戊寅은 53세 이후부터 조금씩 이루어질 가능성이 있을 것이다. 라고 수리를 적용하여 이야기할 수가 있다. 이는 戊土의 공간이 밝게 보이는 때인 寅卯대운이 53살쯤에 도래하기 때문이다. 이는 자연이 생겨나는 원인과 순서를 기록한 것이기에 함부로 수정하면 안 된다. 하여 시작은 壬水이고 마무리는 己土라서 이들의 만남이 곱다고 할 수가 없다.

3) 천간합(天干合)

천간이 합하는 것을 깊이 생각하여보면 이는 분명 水의 이야기이다. 즉 물의 변화를 다양하게 전해주는 것으로 천간 합을 이해하면 좋다. 천간에서 무엇이 이루어지는 것은 아니며, 무엇으로의 변화는 더욱 아니다. 다만 지지와 인연이 되었을 때만 물질로 변화하는 것이다. 천간이 합하는 원인은 오행이 충과 극하는 관계로 이루어져 있다. 이를 다양하게 표현하는데 무엇으로 완성되는지 알 수가 없다.

천간은 하늘이다. 水의 기운만 가득하다. 냉정하게 보면 천간에서 오행은 구분하기 어렵다. 천간을 음양으로 구분한다면 위는 水의 기운으로 채워져 있고 아래는 火의 기운으로 가득하다. 하여 水의 기운이 아래로 내려오면 火의 기운에 의하여 자연은 천태만상(千態萬象)으로 木과 金이 되어 진화를 거듭하면서 다양한 변화를 이룬다. 하여 水火는 무형이고 천간에서 기운이 강하고, 木金은 유형이고 지지에서 기운이 강하다.

천간의 木과 金은 번식을 위한 합으로 木은 보전(保全)을 위함이고,

金은 보존(保存)을 위함이다. 또 한 土는 공간이며, 水火는 필요에 따라서 합을 하는 것이다. 水의 본성은 차고 맑음이고, 火의 본성은 무형이며 열과 빛이다. 水火는 상충(相沖)관계이면서 조건에 따라서 상생(相生)하는 관계로 이들의 경계를 정확하게 표현할 수가 없다. 그러므로 자연은 水火에 의하여 재앙(災殃)과 평온(平穩)이 돌아가며 일어난다.

甲己合土

甲木이 우레고 己土가 구름이다. 여기서 甲木은 움직이는 것을 표현한다. 己土 구름은 수분에 다양한 입자들이 결합하면서 어떠한 형태로 나타내는 것이다. 이러한 작은 공간이 수없이 생겨나고 이들 공간은 더 많은 수분과 미세입자들로 덩치가 커지면서 떠돈다. 이러한 구름이 수없이 생겨나고 사라지기도 하지만 때로는 서로 충돌하여 번개가 발생하고 큰소리가 난다. 이러한 현상은 하늘 가운데에서 일어나기 때문에 중정지합(中正之合)이라고 한다.

흘러가는(甲) 구름과 구름(己)이 서로 어우러져 더 크고 무거운 구름으로 변화한다. 이러한 구름이 같은 높이에서 흐르다가 부딪치는 현상을 우레라고 한다. 이들이 부딪치면서 소리가 나고 방전(放電)이 일어나고 비가 내린다. 비속에 화분(花粉)이 지면에 떨어져 뿌리를 내리고 싹이 자라나는 것은 木이다. 구름이 충돌하면서 자연은 요란한 소리에 살아있는 것은 깨어난다. 甲己合土는 조건이 맞아야 가능한 合이다.

合을 하고 싶다고 하여도 하늘과 자연이 만들어주는 조건에 일치하지 못한다면 이루어질 수 없다. 그리고 甲己合土의 주인은 己土이다. 하여 甲이 土가 될 수 있고, 己가 木으로 될 수도 있다. 이들 관계는 결혼 전 형제이며 시기 질투로 싸우면서도 서로 지켜주기도 한다. 하지만 구름이 흐르는 높이가 다르면 合을 할 수가 없고 목적은 木이 영생하기 위한 자연적인 현상이다. "자연은 甲木이 지배를 하지만 주인은 己土이다."

예문)
시 일 월 년
戊 己 甲 癸
辰 卯 寅 卯

월주 甲寅이 일주 己卯와 合土하였으며 지지는 寅卯辰合木편관으로 木방향으로 고집스럽게 가겠다는 것이다. 이를 인간사로 해석한다면 부모의 모든 것은 己卯가 책임을 진다는 것이다. 일반적인 해석은 木관성이 土비겁으로 변화하니 일정한 직업을 가지기 난감하다. 또는 한번 선택한 직업이 영원하다고 할 수 있다. 원인은 寅月이라서 辰時에 木관성이 약하지만 흐름이 巳午未로 초년은 좋으나 30대 중반 이후부터 불리하다.

乙庚合金

乙木이 바람이고 庚金이 달이다. 바람에 의하여 자연은 수정과 번식 그리고 소통이 이루어진다. 이를 조절하는 달의 중력에 의하여 배란이 정해지고 수정(受精)이 이루어지는 것이다. 하여 살아있는 나무는 열매를 맺으면 모든 기운이 열매로 간다. 이렇게 영글어간 열매는 훗날 다시 나무로 싹을 틔우고 바람에 의하여 수정하기를 반복한다. 즉 乙木은 庚金을 위하여 희생하였다가 다시 乙木으로 돌아간다고 하여 인

의지합(仁義之合)이라고 한다.

 바람(乙)과 날아다니는 곤충에 의하여 씨앗(庚)이 넓게 흩어지고 수정하고 발아(發芽)한다. 이들이 달(庚)이 차면 자연스럽게 새로운 생명을 품게 된다. 그래서 이 둘의 관계는 결혼한 형제지만 남처럼 지낸다. 바람의 이동은 수직보다 대부분이 수평적 이동으로 지나가면 다시는 돌아오지 않는다. 달의 중력으로 물을 밀고 당겨서 썩지 않도록 한다. 바람과 달은 자연스럽게 환경 진화(進化)를 다양하게 주도하고 있다.

 乙木은 庚金을 위하여 희생하기에 庚金이 주인처럼 보이지만 결과는 乙木으로 진화한다. 하여 乙木이 어머니고 庚金이 자식이 된다. 자연은 이러한 과정이 끊임없이 순환되고 있다. 乙庚合金은 계절과 시간의 合으로 까다롭다. 또 한 이들의 목적은 서로가 다르고 서로를 이용하기에 처음은 일방적으로 따라가지만 완전하게 무르익으면 본래대로 돌아가는 것이다. 즉 "시작은 庚金을 위함이지만 결과는 乙木의 목적을 따라간다."

예문)
시 일 월 년
癸 乙 己 甲
未 卯 巳 寅

 일주 乙卯는 월지 巳火상관의 지장간에 庚金과 合하여 乙木은 庚金정관을 믿고 결혼하여 자신의 모든 것을 庚金정관에게 주었지만 결과는 巳火상관 자식 하나를 안고 이혼할 수밖에 없다. 원인은 巳月 未時

에 庚金정관은 乙木에 수정하는 것이 목적이고 정(情)이 없다. 대운이 申酉戌로 일찍 많은 열매를 맺었으나 亥子丑으로 접어들면서 乙木은 월동준비를 하여야 한다. 그러하지 못한다면 추위에 떨어야 할 것이다.

丙辛合水

丙火가 태양이고 辛金은 서리다. 낮에 태양열에 의하여 수분이 올라가서 대기 중에 떠돌다가 태양이 지고 온도가 떨어지면 대기 중의 수분이 지면으로 내려온다. 이때 내리는 수분이 사물에 붙어서 얼어버리면 서리가 된다. 태양이 뜨고 온도가 오르면 열에 의하여 서리가 녹아 작은 물방울이 된다. 이렇게 모여진 물은 표면만 살짝 적시니 흔적뿐이지만 태양이 점잖고 엄숙하여 위엄지합(威嚴之合)이라고 한다.

丙火의 강렬한 열기에 의하여 물이 증발하고 열기가 사라지는 밤이 되면 지면으로 내려오는 수분을 이슬 또는 서리라고 한다. 서리는 온도가 0℃ 이하에서 수분이 물체에 접촉하여 얼어버리면 동식물은 동상(凍傷)으로 고통을 받는다. 그래서 매울 辛으로 표현하고 숙살지기(肅殺之氣)라고 한다. 丙辛合水는 본성을 버리고 水오행으로 변절(變節)하며, 火의 기운으로 辛金이 가공되어버린다. 그래서 금화교역(金火交易)이라 한다.

지면에 있던 물이 열(丙)에 의하여 대기 중으로 올라가서 열이 떨어지면 다시 지면으로 내려온다. 이렇게 내려오는 수분을 계절에 따라 서리와 이슬로 표현한다. 역으로 낮에 온도 차에 의하여 올라가면 안개이다. 하여 丙辛合水는 온도변화에서 생기는 자연현상이다. 서리가 내리면 동식물의 활동에 지장을 주고 심하면 죽을 수도 있다. 하지만 작은 동식물의 생명수이며 丙辛合水는 계절에 따라서 "본성은 水가 되어서 작은 위력을 발휘한다."

예문)
시 일 월 년
辛 壬 甲 癸
丑 午 子 丑

시간 辛金정인은 일지 午火재성의 지장간에 丙火편재와 合水하여 겁재가 되어서 귀가 후 부인으로부터 대우받기 어렵다고 할 수 있다. 원인은 동짓달(子月) 추위 속에 午火정재는 항상 불안한 상태인데 壬水는 집안에서 辛金정인으로 다정한척하지만 水겁재라서 진심이 아니고 형식적이기 때문이다.

丁壬合木

壬水는 봄비가 되고 丁火가 별이다. 별은 빛이기에 지속성을 가지고 있으며 부드러운 열로 변화한다. 즉 흐르는 물이나 고여 있는 물에 은은한 열이 전달되면 수온이 오르면서 물속에 미생물이 곰팡이나 유생물로 변화하고 이것이 진화하여 이끼로 변화한다. 이들이 무성생식(無性生殖)으로 진화를 거듭하여 화려한 木으로 변화한다. 때로는 유성생식(有性生殖)으로 진화하여 金으로 변화한다. 끝없이 합하기에 음란지합(淫亂之合)이라 한다.

壬水의 맑은 물에 丁火가 복사(輻射)열이 되면서 미생물이 이끼가 된다. 이것이 자연의 시조(始祖)인 것이다. 丁火의 빛이 물체에 흡수되어 따스한 열에너지가 된다. 봄날에 내리는 비(壬水)속에는 많은 미생물 외에도 다양한 오행의 성(性)으로 이루어져 있다. 그래서 흐르는 물속에 이끼가 생겨나는 것이다. 이렇게 생겨난 이끼가 바람에 마르고 날리면서 어떠한 인연으로 새로운 자연이 생겨나는 것이다.

일상에서 수분과 온기가 있는 곳이면 어디를 막론하고 곰팡이와 이끼가 생겨난다. 이것은 壬水와 丁火가 합하여 이루어지는 자연현상으로 저절로 이루어지는 것이다. 자연은 우주의 원소(元素)가 물에 스며들어 인연을 기다리고 있는데 반드시 火의 도움 없이는 木이 나올 수가 없다. 하지만 차가운 물이 멈추지 않고 빠르게 흐르면 丁壬合木이 일어나기 어렵다. 이는 수온이 오르지 못하기 때문이며 "부단한 노력의 결과는 끊어지지 않고 영원하다."

예문)
시 일 월 년
壬 丁 戊 己
子 巳 辰 卯

辰月 이라서 매우 포근할 것 같지만 子時라서 壬子 정관은 차고 맑아서 유속이 빠르다. 대운의 흐름이 23세 寅木 대운부터 온도가 오르기 시작하기에 丁火는 壬水정관과 습木 편인으로 끊임없이 취업 준비를 할 것이다. 취업 후에는 문서를 집까지 들고 와서 정리한다고 이야기 할 수 있다. 이는 丁壬合木으로 일이 끝이 없다. 년주 己卯는 壬子와 탁(濁)하고 刑을 하기에 앞에 나서는 것은 자신이 없다는 뜻이다.

戊癸合火

戊土는 노을이 되고 癸水는 안개다. 태양이 뜰 때와 질 때 지구와 거리가 멀어지면서 태양은 내가 있는 곳의 반대편으로 들어간다. 이러한 과정에서 戊土의 공간 속에 흩어져 있는 수분과 먼지로 멀어져가는 태양 빛이 통과하는데 장애가 되어 붉게 보이기에 火라고 한다. 즉 태양과 거리가 멀어지는 일출(日出) 때와 일몰(日沒) 때 잠시 일어나는 자연현상이고 영향이 많지 않으니 무정지합(無情之合)이라고 한다.

戊土는 드넓은 공간이며 癸水는 수분이다. 수분에는 미세한 입자들이 엉키게 된다. 미세한 입자 속에는 먼지와 금속가루 그리고 꽃가루 등으로 엉켜 있다. 그리고 수분은 火의 기운으로 피어오르는 것이다. 이렇게 다양한 기운이 혼합되어 있기에 빛이 통과할 때 붉게 보이는 것이다. 하여 떨어지는 태양을 노인(老人)에 비교하고 떠오르는 태양을 젊은이에 비교한다. 이러한 현상은 오랫동안 지속할 수가 없다.

먼동이(戊) 트는 차가운 새벽공기(癸) 때문에 또는 해가 저물어가는 따스한 늦은 오후에 수분과 미세먼지로 하늘에 붉은빛이(火) 아름답게 잠시 드러나는 것이다. 하지만 습도가 낮은 날에는 연하고 수분이 많으면 진하게 나타난다. 그리고 반드시 태양에 의하여 생겨나며, 빛이 없는 밤에는 戊癸合火가 일어날 수 없고 자연현상에 의하여 오로라(aurora)가 만들어진다는 것을 생각하기 바란다. "서로 피해는 없지만, 순간의 착각과 현혹을 감당하기 어렵다."

예문)
시 일 월 년
丁 戊 癸 戊
巳 寅 亥 辰

癸亥月 丁巳時에 년과 일의 戊土가 월간 癸水를 두고 서로 합을 하려고 한다. 즉 合火 인성으로 년주는 合을 원망하고 일주는 合을 하였다가 破하고 亥水가 자형(自刑)으로 멈추어 버리는 것이다. 년간 戊癸合火 인성은 학업이고 辰亥 원진으로 마음뿐이다. 일간의 戊土가 월주癸亥와 합火를 하는데 이는 부모궁이라서 아버지와 합을 하지만 오래 같이 있으면 亥水의 아버지가 그만 돌아가라고 할 수 있다.

4) 천간 충(沖)

천간이 충(沖)을 하고 극(克)을 한다고 하지만 형체가 없는 것이 충, 극을 할 수가 없을 것이다. 하지만 이를 인간의 생각 속으로 비교하면 다양한 이론이 나올 것이다. 인간의 생각은 잠시도 멈추지 않고 변화하고 있다. 즉 생각을 이랬다가 저랬다가 하는 수평적인 관계를 충이라고 하며, 오행은 木金의 관계이다. 그리고 수도 없이 계획을 세웠다가 지우고 다시 세우고 한다면 이는 수직관계의 水火의 충이라고 할 것이다.

수평적 충을 하는 관계 甲庚沖 乙辛沖
수직적 충을 하는 관계 丙壬沖 丁癸沖 戊己沖

5) 천간 극(剋)

　극을 하는 것은 천간이 가지고 있는 오행이 일방적으로 상대 오행을 억제할 수가 있다는 것이다. 즉 木이 土를 극하고 土가 水를 극 하며, 火가 金을 극 하는 것이다. 이러한 오행이 일방적으로 상대 오행을 제압할 수가 있다는 것은 자연에서 있을 수가 없다. 자연은 먹이 사슬로 이어지는 것이다. 하지만 인간의 생각으로는 충분히 가능하다. 극소수의 사람들은 생각이 행위로 이어져 극단적인 선택을 하는 경우이다.

일방적인 관계 甲剋戊 乙剋己 丙剋庚 丁剋辛

6) 천간 합의 결론(結論)

　천간 합은 水의 변화를 다양하게 표현한 것이다. 水火가 하나로 마주하여 돌아가며 일어나는 다양한 변화를 표현한 것이다. 즉 水에 의하여 火가 조정되며, 火에 의하여 水가 변화하여 土에서 木과 金이 생겨나서 번창하는 것을 알 수가 있다. 천간은 엄청나게 큰 戊土의 공간 속에서 알게 모르게 합하여 또 다른 오행이 끝없이 일어나고 있음을 알 수가 있다. 하여 천간은 형체는 없으나 오행의 특성을 잘 표현한다.

　甲己合土는 水가 기체로 변하여 구름으로 드러내는 것이고, 乙庚合金은 水를 이끌어 보전하고 있음을 전하고 있다. 丙辛合水는 水를 정화(淨化)하는 과정을 보여주는 것이고, 丁壬合木은 水가 대자연을 낳고 기르면서 지배자로 군림하고 있다. 戊癸合火는 공간 속에 水는 형체는 없지만 다양하게 변화한 모습을 드러낸다. 천간 합을 깊이 관찰하여보면 무극에서 水火의 교합(交合)으로 오행이 생겨나는 것을 알 수 있다.

천간 합을 인간사에 비교하면 甲己合土는 어떠한 것도 흙(공간)을 떠나서 살 수가 없다는 것이며, 흙에서 태어나 흙으로 돌아가는 것이다. 乙庚合金은 영원한 윤회를 거쳐서 끊임없이 영생하기를 바라고 남자보다 여자 위주로 자연이 이루어져 있음을 전하고 있다. 丙辛合水는 생명수를 여과하는 과정을 전해주는 것이며, 丁壬合木은 생명의 잉태를 전하고 있음이고, 戊癸合火는 水火가 번갈아 가면서 자연을 변화시키고 있다.

제8장

지지(地支)

1) 지지와 천간 관계
2) 子水에서 시작하는 이유
3) 亥水에서 마감하는 이유
4) 지지 부호(符號)

제8장
지지(地支)

   지지는 자연의 실상을 드러낸 12개의 부호로 이루어져 있다. 즉 물질세계를 압축한 것이다. 작은 부호로 삼라만상을 표현한다. 그리고 천간보다 부호가 두 개 더 많다. 까닭은 이상(理想)적인 것을 일상(日常)으로 표현하는데 무난하게 하기 위함이다. 불확실한 천간을 물질로 변화시키고, 이를 공간과 시간 그리고 유무형을 떠나 자연 속에서 존재하는 모든 것을 나타내는 것이다. 자연의 이치에 어긋남이 없어야 하기에 부호가 두 개 더 많은 것이다.

   땅을 표현하는 부호이다. 즉 자(子) 축(丑) 인(寅) 묘(卯) 진(辰) 사(巳) 오(午) 미(未) 신(申) 유(酉) 술(戌) 해(亥)라는 문자를 부호로 선택하였다. 보이지 않는 추상적인 비 물질계보다 더 복잡한 현상(現象)의 물질세계가 지지이다. 변화무상하고 불확실한 자연을 다양하게 표현하기 위하여 천간 부호보다 더 많다. 그래야 존재는 하는데 보이지 않는 것과 보이는데 잡을 수 없는 것까지 표현할 수가 있다.

음양에서 지지는 음에 해당하며 구조는 천간처럼 오행으로 만들어져 있으며 이를 부호로 표현하여 다시 음양으로 나누었다. 인간사로 보면 천간은 뇌(腦)에 해당하고 지지는 몸통에 해당한다. 뇌는 단단한 뼈의 보호를 받고 몸은 반대로 뼈를 중심으로 하여 근육이 발달하였다. 천간과 지지가 하나로 이어지듯이 뼈와 근육과 정신과 신경이 하나로 연결되어 육신을 지배한다. 즉 인간은 자연을 지배하려고 하는 사회적 동물이다.

지지는 천간과 다르게 어떠한 물질(物質) 즉 실체(實體)로 일부분의 공간을 채우는 것이다. 하지만 천간은 어떠한 물체가 생겨나기 이전의 기운이다. 그래서 지지는 천간의 기운이 전해지면서 드러내는 것이다. 모든 자연을 12개의 부호로 줄여서 표현하는데 이를 알기가 난해하다. 그래서 천간 부호와 지지부호가 짝을 지어 60개로 확장하였다. 이를 이용하여 연월일시의 사주(四柱)를 만들어 미래를 예측하고자 하는 것이다.

이렇게 고정된 사주팔자이지만 잠시도 멈추지 않고 변화한다. 팔자를 이용하여 자연의 부산물인 인간의 미래를 예측하려고 한다. 이는 어리석은 생각이고 미련한 짓이다. 하지만 사주팔자를 통하여 저마다 타고난 소질을 부호를 분석하고 자연으로 비교하면 미래가 보인다. 그리고 자연과 더불어 살아가는 것이 인간의 책임이며 자연을 사랑하고 아끼는 것이다. 이러한 원리는 사주팔자의 부호를 통하여 십신으로 예측하는 것이다.

1) 지지와 천간 관계

지지는 알 수 없는 천간의 기운을 받아서 다양한 물질로 변화시켜 드러내고자 하는 것이다. 하여 지지는 천간의 인연에 적합하게 다양한 표현을 하는 것이다. 하여 천간만으로 표현하기 어렵고, 지지만으로 사물을 드러낼 수 없다. 즉 천간 甲木이 지지에 寅木과 인연이 되면 살아있는 나무라고 할 수 있지만 申金과 인연이 되면 죽은 나무일 수도 있다. 이처럼 자연 속의 모든 것이나 인간이 소통하려면 천간의 인연을 만나야 가능하다.

천간과 지지가 하나로 이어져야 사물이 되고 언어가 되고 학문과 지식을 표현할 수가 있다. 천간과 지지가 따로 분리되어 있으면 표현하기 난감하다. 즉 천간으로 결론을 내리지 못하고 지지로 사물을 판단할 수가 없다. 하여 천간과 지지는 하나다, 이 둘의 결합이 사주를 이루고 음양의 소통에서 팔자가 되어 세상사의 모든 것을 다양하게 표현할 수가 있다. 형체가 없는 천간이 지지를 만나면서 그 형체를 알 수 있다.

2) 子水에서 시작하는 이유

자연의 모든 것은 물과 바람에 의하여 시작한다. 어디서 어떻게 왔는지 알 수 없기에 가장 맑고 깊은 子를 오행水에 두고 만물이 발원(發源)하여 火의 희생으로 미생물이 진화하고 성장하면서 성체가 되었다가 생명이 다하면 水로 돌아간다. 이러한 생명의 씨앗은 우주의 다양한 원소가 허공을 떠돌다가 수분과 결합하여 구름이 되어 비로 내리고 땅 호수 강 바다에서 또 다른 인연을 만나면서 이끼나 미생물이 동식물의 시조가 되었다.

물속의 원소들이 음양으로 분리되었다가 다시 인연 따라 결합하면서 다양한 종류의 생명체가 자연의 시조이다. 미개한 자연은 진화가 거듭되고 이들이 또 다른 음양을 만들어서 오행을 낳는다. 이렇게 분열하고 진화하면서 자연의 섭리(攝理)에 따라 번식이 더욱 복잡하고 다양한 관계로 이루어지게 된다. 오행을 완전하게 갖춘 것이 자연을 지배할 권리를 가지면서 자연을 파괴한다. 인간도 水에서 세포가 분열하여 진화된 고등동물이다.

　땅속은 뜨겁고 하늘은 차다. 인간도 자연의 이치에 따라 발은 따뜻하게 하고 머리는 시원하게 하여야 한다. 이는 따스한 水에서 자연이 번창하고 차가우면 보전은 할 수 있어도 번창할 수가 없기에 멸망할 수가 있다. 북(北)에서 차고 맑은 물이 남(南)으로 흐르면서 만물이 살아나고 다양한 번식과 변화를 물이 흐르듯이 하여 자연은 건강해진다. 水가 뜨거워지면 기체로 승화(昇化)하듯이 자연도 뜨거우면 멸종한다.

3) 亥水에서 마감하는 이유

　자연의 모든 물체는 물과 바람에 의하여 사라진다. 물에 의하여 언제 어디로 가는지 알 수도 없다. 같은 물이지만 子水에서 생겨나고 亥水에서 사라지는 원인은 물속에 스며있는 산소 때문이다. 산소 용적량에 따라서 살아나고 죽는 것은 자연의 법칙이다. 바람이 없으면 소통을 하지 못하여 산소 흐름이 이루어지지 않는다. 하여 자연 속에 살아있는 생명체는 산소 부족으로 세포가 분열하지 못하고 쓰러진다.

　물은 늘어남도 줄어듦도 없다. 다만 바람과 열에 의하여 공간을 옮기면서 水는 정화를 계속하고 중력에 이끌려 가기도 하고 무거워 낮은 곳으로 흐른다. 환경에 따라서 액체나 기체 고체로 변화하면서 어떠한 곳이라고 하여도 잘 적응한다. 그래서 水를 지혜에 비교하기도 하며 다재다능하여 걸림이 없기에 자연의 창조주가 된 것이다. 또 한 오행을 조절하는 권한을 가지고 있으며, 이를 함부로 남용하지도 않는다.

북(北)에서 차고 맑은 물이 남(南)으로 흐르면서 자연에 이로움을 주었다가 혼탁(混濁)해지면 다시 북으로 방향을 돌려서 올라간다. 이는 자연 속에서 살아가는 다양한 동식물이 공기와 물을 훼손하기 때문이다. 인간도 머리가 발보다 온도가 높으면 상기(上氣)되고 호흡이 위로 오르면 기가 정체(停滯)된다. 그리되면 면역이 떨어지면서 육신은 고통 속에 숨을 거두고 북망산천으로 간다. 하여 혼탁한 亥水가 마지막 부호이다.

4) 지지 부호(符號)

지지의 부호를 살펴보면 자연을 여러 가지 의미로 압축한 문자이다. 천간이 지지를 만나면서 60개로 늘어나고 여기에 의미를 붙여서 막힘없이 표현하여야 한다. 천간의 부호와 지지의 부호가 인연 되어 다양한 의미를 생각과 행위, 공간과 시간, 유형과 무형, 문학과 지식, 상식과 습관, 사물의 높고 낮음과 크기 중량과 형상, 색과 온도, 수치와 물리, 과거 현재 미래 등으로 일상에서 일어나는 일체를 표현하는 것이다.

천간이 지지를 통하여 나타내어야 하는데 이는 주역을 통하여 자연을 노래하듯 하여야 한다. 단순하게 부호에 붙여진 언어인 십신을 통하여 자연을 풀어헤칠 수 있도록 만들어진 것이다. 즉 사주는 사방을 나타내는 천간이고 무형이다. 팔자는 팔방을 통하여 하나의 둥근 일원상을 나타내는 지지이며 유형에 해당한다. 주역처럼 막대기 3개를 이용하여 8괘를 만들 듯이 명리는 4주에 22개의 부호에서 8자를 선택한 것이다.

자(子)
문자
아들 子라고 하는데 지지에서 이 문자를 첫 부호로 선택하여 사용하고 있다. 이는 자궁(子宮)에서 자식을 생산하기 때문이다. 그리고 자궁 속에는 물이 가득 채워져 있어서 태아(胎兒)가 외부의 충격을 견딜 수 있게 하였다. 그리고 수컷의 정액(精液)도 물로 이루어져 있고 속에 정자(精子)가 자유롭게 유영(遊泳)하고 있다. 이처럼 자연 속에 생명을 가진 것은 물을 이용하여 생겨나기 때문에 子를 水오행으로 정한 것이다.

원인
깨끗한 물을 통하여 인간(人間)과 신(神)을 연결하고, 모든 생명이 물에서 생겨나므로 신성하게 다스리는 것이다. 하여 모든 종교에서 물을 올리고 있으며 이를 성수(聖水)라고 한다. 인간과 신(神)을 이어주는 것이 물이라고 생각하여 정성스럽게 올리고 신과 교신을 하면서 도움을 간절하게 빌었다. 그래서 子水의 부호를 가장 먼저 선택한 것이다. 자연의 번식도 무성생식과 유성생식을 하는데 물은 절대적이다.

물상
쥐는 새끼를 많이 낳아서 모유로 기르고 번식하는 방법이 인간과 비슷하다. 그리고 무리를 이루고 살아가는 포유류(哺乳類)이다. 인간과 다른 것은 깊은 밤에 많이 설치고 먹이활동을 하는 것이다. 또 한 습한 곳이나 물이 흐르고 토질이 좋으며 삼림이 우거진 곳에서 살아간다. 이는 인간들처럼 먹이활동과 새끼를 키우면서 적의 공격을 막아내는데 적합하기 때문이다. 하여 인간처럼 둥지를 만들어서 생활한다.

자연

자연은 물에서 시작된다. 子月부터 수온을 떨어트리면서 빠르게 북쪽으로 흘러가 여과하면서 증발한다. 이후 서리나 눈으로 변하여 내리고 바람에 온도가 떨어지면서 지상의 동식물은 엄청난 고통을 받기 시작한다. 이러한 추위는 동식물을 쉬게 하면서 내성을 강하게 한다. 이는 활동을 줄이고 살아남기 위하여 목숨을 부지할 만큼의 에너지를 가지고 기다릴 뿐이다. 또 한 자연이 필요로 하는 것을 보전하기 위함이다.

이미지

子水는 차고 맑고 깊으면 바닥이 보이지 않지만 얕으면 투명하여 바닥까지 보인다. 子水는 차고 깨끗하며 미네랄이 풍부하여 미생물이 생존은 하지만 진화는 할 수가 없다. 물을 맑게 하려고 온도를 내리고 미생물의 증식과 활동을 억제한다. 하지만 수온이 올라가면 미생물은 무성생식이기에 엄청난 증식을 시작한다. 그리고 수면 아래까지 열(熱)이 전달되면 바닥의 부유물이 발효하면서 뒤집히게 된다.

예문)
시 일 월 년
丙 丙 丁 丙
申 寅 酉 子

酉月 申時에 태어났다. 년주에 丙子의 그림자가 서서히 생겨나고 있다. 즉 어릴 때 월주 丁酉가 빈약하니 가정이 어려워서 학업에 장애를 주지만 본인이 水生木으로 공부에 집착하니 일찍부터 학업에 꽃을 피우고 子酉파의 경쟁에서 승자가 된다. 丙火가 많은 것은 어둠으로 친구가 어두워서 보이지 않는 것이다. 하여 32세를 전후하여 寅木에 丙火 횃불이 밝혀지면서 중심이 되어 어둠 속에 길을 찾아간다.

축(丑)
문자

丑이라는 문자는 추(醜)하다 또는 묶어서 가두거나 숨겨둔다는 뜻을 가진 것으로 두 번째 부호로 선택하였다. 이는 사람이 태어날 때의 모습을 표현한 것이다. 그리고 사람 다음으로 가까이 두고 도움을 받을 수 있는 짐승이 소이다. 그러한 의미에서 자식을 낳아 포대기로 감싸거나 업어서 양육(養育)하듯 소도 집안에 가두어서 기른다. 생명체의 시작은 감추어진 곳이나 보이지 않는 공간 속에서 생겨나기에 土오행으로 정한 것이다.

원인

자식을 낳을 때 양수가 터지면서 이를 뒤집어쓰고 태어나기에 추하다. 소와 인간을 비교하여 보면 닮은꼴이 많다. 하여 가족들만 돌보게 하거나 집의 가장 깊은 곳에서 안전하게 양육하기에 소에 비유하여 두 번째 부호로 선택하였다. 그리고 소를 신성한 조상으로 생각하고 있듯이 집에 제단을 만들고 신(神)을 모셨다. 소는 4개의 위장을 가지고 되새김질하는 동물이고, 인간의 삶은 반복적이며 유년 청년 중년 말년으로 나누어져 있다.

물상

　초식 동물로서 덩치에 비하여 느리고 우직(愚直)하고 성실하며 사람과 같은 공간에서 살면서 재산으로 보호받는 소에 해당한다. 그리고 종일 되새김질하며, 에너지를 나누어 사용하기에 농경사회에서 인간 다음으로 많은 노동을 하면서 삶을 이롭게 한다. 하여 가축으로 인간에게 가장 많은 이로움과 교훈을 전해준다. 그리고 죽어서 고기와 가죽을 남기어 사람과 자연에 이로움을 가장 많이 주기에 조상으로 대우받는다.

자연

　가장 추운 계절 丑月이다. 차고 맑은 물은 정화를 하기 위하여 얼음으로 변화하고 이때 내리는 눈은 얼어서 잘 녹지 않고 땅을 덮어버린다. 이러한 눈은 추위를 막아주는 보호막이 되고, 땅속에 힘든 고비를 넘긴 동식물들은 서서히 잠에서 깨어나기 시작한다. 하여 자연은 새로운 기운을 가지고 출발할 준비를 시작한다. 물의 흐름도 남쪽으로 방향을 돌리면서 순환하는 자연에 숨을 불어넣고 생명수를 전할 준비를 한다.

이미지

　丑土는 좁고 깊으며 속이 잘 보이지 않는 공간이다. 하여 생산을 하는 곳이 아니고 보관하는 곳으로 가장 적합하다. 가장 추운 계절이라서 물이 단단하게 얼어서 깨지거나 잘 녹지 않는다. 하지만 땅으로 보면 골짜기나 웅덩이처럼 깊이 파인 곳이다. 공간으로 보면 차고 어두운 곳이며, 들어가면 나오기 어렵고 메워도 흔적이 없을 만큼 깊은 곳이다. 자연 속에서 살아가는 모든 것은 丑에서 쉬었다가 밖으로 나온다.

예문)

시 일 월 년
辛 壬 甲 癸
丑 午 子 丑

子月 丑時에 태어났다. 하여 년주 癸丑은 학창시절에 丑土지장간 속에 辛金이 癸水에게 힘을 빼앗기어 공부하지 않았다. 그리고 밖에서 일어난 일상적인 것을 감추고자 한다. 시주 辛丑은 지식이 부족하여도 집에서 어른으로 대우를 받으려고 하는데 뜻대로 안 된다. 여기서 丑土는 보이지 않음을 공간과 시간 그리고 환경에 맞게 표현하는 것이다. 부호가 전하는 언어는 직업이고 사주에 따라 해석을 달리하여야 한다.

인(寅)
문자

살아있는 동물에서 가장 강인한 호랑이를 뜻하는 寅이다. 본래 의미는 자라거나 앞으로 나아가는 진취적 뜻으로 세 번째 부호로 정하였다. 평소에는 여유롭고 필요 이상 욕심내지 않고 독립심이 강하고 넓은 영역을 터전으로 삼고 있다. 그러나 위기에는 대범함과 정확한 표적을 정하여 과감하게 공격하는 습성을 가졌다. 사람이 범의 습성을 본받아 차분하게 스스로 판단하여 활동하면서 다양한 경험을 쌓아가기에 木오행이 된다.

원인

사람으로 태어나서 서두르면 실패한다. 기초에 충실하고 차분하게 인간관계와 학문을 배워서 뜻을 이룰 때까지 포기하지 말고 노력하라는 뜻이다. 숲속의 큰 나무를 의지하면서 적으로부터의 공격을 피하고 나무에 오색천을 걸어 신의 도움을 받으려고 주술행위를 하였다. 하여 세 번째 부호로 정하였다. 하여 지금도 시골에는 당산나무를 지정하여 마을을 지키는 수호신으로 섬기고 자손이 태어나면 당산나무에 제를 올리고 있다.

물상

　호랑이다. 흔히 산신(山神)이 타고 다니는 자가용으로 생각하기도 한다. 먹이 사냥의 최상위에 있으며 집단적인 생활을 거부하고 철저하게 홀로 살아가는 독립심이 강한 동물이다. 특히 배가 부르면 먹이가 곁에 있어도 사냥하지 않으며 평소에 걸음걸이가 병든 것 같이 보인다. 하지만 사냥을 하거나 영역을 지키기 위한 싸움에서 앞발 양쪽을 동시에 사용하며 정면공격으로 승부를 가리는 근성과 집념이 강한 동물이다.

자연

　아직은 물이 차다. 북방에서 남방으로 방향을 틀어서 내려가기 시작한 것이다. 땅속의 식물은 지열로 뿌리가 꿈틀거리며 수분을 조금씩 흡수하고 새싹을 틔우기 시작한다. 추위에 응축된 씨앗도 깊은 곳에서 올라오는 온기를 느끼면서 뿌리부터 활동하기 시작한다. 그리고 연한 촉을 밖으로 살포시 드러낸다. 성급한 동물은 이때를 놓치지 않고 활동을 시작한다. 인간들도 한해 농사를 지으려고 논밭을 뒤집어 놓고 파종할 준비를 한다.

이미지

　寅木은 고정하여 살아가거나 이동하면서 살아간다. 하지만 나무로 표현하고자 한다면 한곳에 뿌리를 내리고 오랜 세월을 거쳐서 우람하게 성장하는 큰 나무에 해당한다. 지지에 있으므로 나무를 지탱하는 큰 뿌리에 해당하며, 한번 뿌리를 내리면 그곳을 떠나지 못하고 천천히 끝까지 살아간다. 그리고 어떠한 환경의 변화에도 타고난 본래의 근성을 가지고 환경변화에 따라서 타협과 순종으로 오래 살아간다.

예문)
시 일 월 년
辛 戊 癸 壬
酉 寅 卯 午

　癸卯月 어둠이 시작되는 시간에 戊寅은 수분을 거부하는데 년주 壬午와 합을 하고 있으니 과잉보호이다. 하여 癸水안개가 자욱하게 피어오르니 앞이 잘 보이지 않는다. 그래도 寅木은 어릴 때 午卯파로 부모로부터 호되게 인성교육을 받는다. 寅木은 부단한 노력과 인내심으로 끈질기게 배우고 익혀서 寅午戌合火의 전문적인 기술인으로 성장할 것이다. 50대 중반을 전후하여 새로운 싹이 돋아나고 꽃이 필 것이다.

묘(卯)
문자

　토끼와 무관한 卯의 뜻은 무성하거나 왕성하다는 의미다. 생명을 가진 것이 한번 태어나면 원래대로 돌아갈 수가 없으므로 빠르게 몸집이 커지면서 왕성한 활동을 한다. 이를 게을리하면 살아갈 수 없으며 먹이활동을 하지 못한다. 토끼는 활동하는 영역이 체구에 비하여 넓고 뒷걸음질이 서툴다. 즉 나무는 한번 자라면 줄어들지 않고 인간은 태어나서 본래대로 돌아갈 수가 없고 시간은 되돌릴 수 없어 木오행이 된다.

원인

　인간으로 태어나서 후회할 짓을 하면 안 된다. 생각이나 행동에 책임져야 하고, 자손을 낳아서 먹거리와 건강과 교육을 게을리해서는 안 된다. 자신을 낮추고 천적을 두지 않고 욕심내지 않아야 한다. 이는 토끼의 습성과 비슷하여 네 번째 부호로 선택하였다. 집단생활에서 전염병이 돌기 시작하면서 주술사는 이를 잡귀로 알고 나무의 가지를 들고 내리치면서 퇴치하려고 하였을 것이다. 물론 지금도 이러한 행위를 하고 있다.

물상

　앞다리가 짧고 뒷다리가 길어 오르기 편한데 내리막은 상당히 불편한 동물이 토끼이다. 이를 선택한 이유는 인간도 어려움을 만나면 물러서지 말고 견디며, 잘못한 짓으로 후회하지 말라는 의미이다. 그리고 지나간 일에 미련을 두지 말고 오롯이 앞으로 나아가기를 바라는 토끼의 근성을 가르치는 것이다. 물을 싫어하고 귀는 큰데 소리가 없다. 즉 남의 말에 귀를 기울이고 자기주장과 반문을 하지 말고 모순이나 흥은 짧게 하라는 교훈이다.

자연

　성큼 자란 식물은 땅을 푸르게 하고 동물은 활동을 시작하면서 먹이 사냥에 나선다. 수온은 아직 차가워서 필요한 만큼 채울 수 없기에 차분한 기다림이 필요하다. 가지에 난 새순이 빠르게 자라나도 아직 잎은 부드럽고 색이 연하다. 서리는 이슬이 되어 작은 식물에 도움을 주면서 찬 기운은 서서히 사라지고 안개가 피어오른다. 인간사는 한해의 먹거리를 준비하기 시작하려고 텃밭을 뒤집고 종자를 파종한다.

이미지

卯木은 잔뿌리에 해당하며 흡수기관으로 재주와 감각이 뛰어나다. 나무가 살아남기 위하여 정확하게 물을 찾아간다. 어떠한 장애가 있어도 포기하지 않는 근성을 가지고 있다. 경쟁하듯 하지만 깊이 들여다보면 나름대로 의지하며 소임(所任)을 다하고 있다. 지상에 노출되어도 인내심으로 자신의 몫을 충실하게 이행한다. 인간으로 보면 서민에 해당하여 서로 의지하고 뭉쳐야 안전하게 살아남을 수 있다.

예문)
시 일 월 년
丁 戊 辛 己
巳 子 未 卯

辛未月 오전에 비탈진 농장(辛未)에 잡초(己卯)를 제거(子卯刑)하고 있다. 즉 어린 시절이나 학창시절 또는 객지에서 동창이나 지인들이 끈질기게 밖으로 불러내는데 戊子는 귀찮게 생각한다. 이는 월주 辛未의 부모님이 집에서 공부하기 바라고 있다. 하지만 戊子는 부모를 속이고 독서실을 핑계로 밖으로 나가서 친구들과 옳지 못한 행동을 하게 된다. 하여 학업을 이어가는데 기초가 부족하여 어려움을 느낀다.

진(辰)

문자

　지지에서 유일하게 하늘의 이야기를 담은 문자로 별을 뜻하는 辰이다. 하여 육신을 귀하게 생각하고 명성과 인품을 높이 하라는 것이다. 가장 낮은 바다에서 조화(造化)를 부리는 상상의 동물인 용(龍)이다. 즉 낮은 곳에서 높은 곳으로 오르는 재주를 가진 영화로운 동물이다. 인간은 명성을 널리 오랫동안 전해지는 영광스러움을 나타내는 의미로 영원한 공간인 하늘과 바다와 흙에 비유하여 土오행으로 정하였다.

원인

　누구나 태어나서 야망 없이 살아가는 사람은 없다. 꿈과 이상을 높이 잡고 성공하기 위하여 높은 관직이나 명성이 널리 나기를 바란다. 하여 붉은 여의주를 물고 하늘을 날아다니는 용이 되고 싶어 다섯 번째 부호로 선택하였다. 그래서 주술사를 통하여 등불을 밝히고 밤을 새워 호수나 큰물이 있는 곳에서 행위를 하면서 이름나는 인물이 되기를 기원하였다. 또 한 물을 잘 다스리는 것이 가장 위대한 업적이다.

물상

　용이라고 하여 신성한 힘과 상서로운 존재의 영수(靈獸)로서 초자연적 능력을 지니고 있다. 주로 물을 다스리는 신(神)이지만 하늘의 별이라고 하는 붉은 여의주를 물고, 구름을 타고 산과 하늘과 바다를 자유롭게 날아다니며 자연을 지배하는 상상의 동물이다. 하지만 물이 없거나 얼게 되면 힘을 쓰지 못하고 구름이 없다면 움직이지 못하는 단점을 가지고 있다. 하여 많은 능력이 있어도 환경이 맞지 않으면 쓸모없다.

자연

　자연은 찬 기운에서 벗어나서 따스한 바람이 불어오기 시작한다. 수온도 많이 오르고 동식물들이 섭취하기 가장 적합할 때이다. 산천은 갑자기 푸르고 바람에 꽃가루를 실어서 먼 곳으로 흩어지게 한다. 초식 동물은 먹이가 풍족하니 교미(交尾)를 시작하고 물에는 이끼가 보이기 시작하면서 물고기들도 몸집이 늘어난다. 인간은 한해의 농사를 위해서 분갈이를 하며, 이때를 놓치면 한해의 식량을 걱정하게 된다.

이미지

　辰土는 넓고 우람한 공간이다. 그래서 자연 속에서 살아가는 동식물들이 스스로 자라난다. 편안한 최적의 공간이기에 번식도 자연스럽게 이루어진다. 물의 흐름이 느려지고 따스하게 변화하면서 풍부하다. 바람도 따스하니 자연은 소통이 잘되어 기름진 옥토(沃土)가 된다. 辰土는 광활한 공간이나 평지로서 온도와 수분이 가장 적당한 환경으로 다양한 변화가 발생하여도 충격이 적고 새로운 전환을 하기 좋을 때이다.

　　　　　　　예문)
　　　　　　시 일 월 년
　　　　　　丁 戊 癸 戊
　　　　　　巳 寅 亥 辰

　亥月 오전에 년주 戊辰은 높고 큰 꿈을 안고 태어났는데 월주 부모가 이를 몰랐다. 즉 학창시절에 친구들과 어울리고 싶은데 월주 戊癸 合火로 부모의 뜻에 따라 전학을 많이 한 것 같다. 하여 원만한 교우 관

계를 이루지 못하였을 것이다. 그리고 기초공부가 부족하여 진학에 어려움이 많을 것이다. 한 직장에 오랫동안 성실하게 일하는 편이지만 뜻이 맞지 않으면 함께하기 싫어하는 성향이 강하게 작용한다.

사(巳)
문자
뱀 巳라고 하는 글의 뜻은 밖으로 형상과 행위를 가르치는 것이고, 안으로는 본래의 것을 오랫동안 계승(繼承)하는 것이다. 즉 뱀은 화려하고 독을 감추고 독립적으로 활동하는데 이는 나쁜것은 감추고 좋은 것은 드러내는 의미이다. 추위가 다가오면 한곳에 뭉치고 소리나 흔적 없이 움직이며 멈출 때는 똬리를 틀고 있는데 이는 매사에 조심하는 뜻이다. 즉 불처럼 지혜와 화합과 타협으로 다스려야 하기에 火오행으로 정하였다.

원인
어느 정도 성장하면 허세를 부리기 시작한다. 욕심이 많아서 먹거리를 통째로 삼키는 뱀은 허세로 가득 채워져 있는 동물이다. 얼굴은 볼품없는데 몸통은 화려하고 혀가 두 개인데 발은 없다. 하지만 땅과 물을 자유자재로 다닌다. 그리고 신(神)의 대리인으로 대우받는 주술사의 손에 쥐고 있는 지팡이가 뱀처럼 길쭉하여 여섯 번째 부호로 선택하였다. 쉴 때는 몸을 작게 하려고 웅크리고, 먹이를 잡으면 민첩하게 감아 쪼인다.

물상
화려한 동물로 일체형이며 눈에 보이는 것으로도 충분히 위협을 주는 뱀이다. 즉 밖으로 위협적으로 보이지만 안으로 가진 것은 독뿐이고 단순하여 위협적이지 못하다. 또 한 몸통이 길고 발이 없으나 쪼이는 힘이 대단하고 몸으로 진동을 느끼고 혀로 냄새와 열을 감지하여 먹이 사냥을 한다. 때로는 상당히 부드럽고 편안하게 보이지만 똬리를 틀고 있다가 기습적으로 공격하기 때문에 공포의 대상이며 귀신처럼 움직인다.

자연

수온이 충분하게 오르면서 미생물이 자라고 물이 있으면 벌레들이 모여들기 시작한다. 산과 들에 다양한 꽃들이 피어나면서 날아다니는 곤충들은 수정을 도와주고 꿀을 채집(採集)한다. 꽃이 피지 않는 식물에서 홀씨가 바람에 흩어지기 시작한다. 짐승들은 먹거리가 풍족하니 영역싸움이 시작되고, 땅이 서서히 뜨거워 지면서 수분도 따스하여 동식물들이 많이 모여든다. 하여 자연이 가장 왕성하고 바쁠 때이다.

이미지

巳火는 밖으로 열(熱)을 발산하고 속에는 열을 낼 수 있는 소재뿐이다. 하여 표면은 화려하여도 실속이 없는 형태이다. 그리고 활동은 많은데 수익은 적고 약속은 잘하는데 실천하기 어렵다. 또 한 巳火에서 열이 오르기 시작하므로 꽃이 피고 수정하기 좋은 시기이다. 그러나 무엇하나 드러내지 못한다. 자연 속에서 살아가는 동식물이나 인간들은 이때를 놓치면 번식과 먹거리를 준비하지 못한다.

예문)
시 일 월 년

辛 丁 癸 辛
亥 巳 巳 亥

　안개가 자욱한 癸巳月 밤에 태어나 고집이 센 것 같으나 실질적으로 자신의 방어를 위한 수단으로 강한 척만 하는 것이다. 일주 丁巳는 월주 癸巳 부모님의 훈육을 거부하고 자신의 주장대로 일찍 집을 떠나서 바쁘게 직장생활을 하였을 것이다. 그리고 시주 辛亥와 충을 하고 있으니 말년에 건강이 불편할 수가 있으며 재물 욕심으로 이리저리 바쁘게 돌아다닐 수가 있는데 제대로 실속을 챙기지 못할 수가 있다.

오(午)
문자
　글의 유래를 보면 午는 말이라는 동물처럼 반항적이고 무질서한데 이를 길들여서 일상에 이용한다. 하여 무엇인가가 바뀐다는 뜻이다. 즉 가장 성숙하니 또 다른 무엇을 위하여 희생하고 스스로 외유내강(外柔內剛)으로 변화하는 것이다. 말(馬)은 길들이면 온순하다. 인간도 가장 강할 때 다음을 생각하지 못하면 어렵고 타는 불도 화력이 강할 때 숯이 나온다. 하여 불의 성향이 강하기에 火오행으로 정하였다.

원인
　길들이면 온순하여 주인을 잘 따른다. 눈이 크고 시야가 넓으며 주술사나 직위가 높은 지도자의 이동수단으로 이용된 것이다. 특히 흰말은 하늘의 사자가 타고 다니는 것으로 생각하여 일곱 번째 부호로 선택한 것이다. 신화(神話)에 의하면 이마에 뿔이 하나 있고 몸통에 날개가 있어서 하늘을 날아다니는 유니콘은 인간과 신(神)을 이어주듯 서로 엮는다는 의미로 바꾸거나 교환을 뜻하는 것이다.

물상
    더위에 강한 말이다. 초식으로 순하고 겁이 많아 서서 잠을 자는 짐승이다. 그리고 하체가 튼튼하고 발바닥이 넓어서 오래 달릴 수 있으니 교통수단으로 이용한다. 때로는 수레에 짐을 실어나르는 짐승으로 집에서 기른다. 그리고 시야가 넓고 궁금할 때는 주둥이부터 들이대는 습성이 있다. 이는 코와 입 그리고 수염이 예민하기 때문이다. 목에 갈기가 있는데 이는 제왕의 이미지이며 뒷발질을 잘한다.

자연
    대자연의 넓고 큰 땅과 물이 뜨거워지기 시작한다. 이는 태양 빛이 강하여 땅속으로 스며들기 때문이다. 또 한 바다의 수온도 오르기 시작하면서 해수의 흐름도 서서히 느려진다. 하여 많은 어류가 활발하게 이동한다. 수분이 증발하여 더위를 느끼지 못하고 상쾌하여 식물은 왕성한 활동으로 열매를 많이 맺으려고 한다. 동물은 먹이가 풍족하고 은신하기 좋아서 번식하기 좋은 시기이다. 인간도 욕심내기 시작한다.

이미지
    午火는 열을 안으로 품고 있으며 밖으로는 빛을 발산한다. 그래서 밖으로 표현하지 않고 속으로 참고 묻어두는 것이다. 열(熱)보다는 빛이며, 빛은 색(色)으로 표현하는 것이 정확하다. 외적인 에너지를 속으로 끌어들이지만 강력한 힘을 쉽게 드러내지는 않는다. 하지만 한 번 폭발하면 감당하기 어려울 만큼 위협적이다. 또 한 수분이 적어서 건조하기에 수분이 많은 것과 충돌하면 강력한 바람이 발생한다.

예문)
시 일 월 년
己 辛 壬 乙
丑 卯 午 卯

뜨거운 여름날 밤 열기는 식어서 시원하고 새로운 기운이 바뀌는 시간에 辛卯가 태어났다. 부모는 가장 힘들고 바쁜 午月에 원하지 않는 시간에 태어나니 상당히 괴롭다. 즉 할 일은 많은데 일손은 부족하고 어미는 자식을 낳아서 일할 수가 없다는 것이다. 하여 수차례 낙태하려고 하였지만 모진 생명은 태어난 것이다. 성장하면서 午卯파로 인하여 부모 속을 애태우는 경우가 여러 번 있었을 것이다.

미(未)
문자
아닐 未의 뜻은 아직 때가 이르거나 조금 부족함을 나타낸다. 위기를 슬기롭게 견디는 인내(忍耐)를 요구하는 부호이다. 양(羊)이라는 동물은 순하지만 대단한 고집으로 참아내는데 놀라면 민첩하게 날뛴다. 하여 인간사에서 차분하지 못하고 허둥대거나 기복이 심할 경우 인격이 떨어져 보인다. 하여 온순하고 차분한 것을 배우고 허둥거리며 날뛰지 말고 조심하라는 의미이다. 하여 土오행으로 정하였다.

원인
아직 때가 이르기에 어중간하고 모든 것이 부족하여 신(神)에 의지하며 살아가고 있다. 그래서 주술사들이 신(神)의 대리인으로 받들어 모시고 부족한 부분을 신께 부탁하였다. 하여 여덟 번째 부호로 선택한 것이다. 인간이 태어나서 성숙함이 부족하면 자신을 다스리지 못한다. 좋고 나쁨의 표현을 드러내기에 지도자로 자질이 부족할 것이다. 하여 제단에 곡물을 올리고 신의 힘을 청하기 시작하였다.

물상

온순하지만 고집이 센 양(羊)이다. 무리를 짓고 우두머리를 중심으로 하여 활동한다. 먹이를 주는 사람을 잘 따르며 개성이 강하고 시력과 후각(嗅覺)이 뛰어나서 민감하다. 경사진 곳을 좋아하고 풀을 주식으로 하는 잡식성이다. 여름에는 넓은 고지대를 선호하고 겨울에는 좁은 계곡으로 이동하여 서식한다. 먼저 공격하는 경우가 없으며 적으로부터 공격을 받아도 보복하려고 하지 않고 피하려고 한다.

자연

열기가 땅속으로 스며들어 뜨거워지면 수분을 밖으로 밀어낸다. 하여 고온다습하고 증발한 뜨거운 수분이 뭉쳐져서 찬 기운과 충돌하면 엄청난 비바람이 발생한다. 갑자기 재앙이 닥치는 것으로 착각하고 위기를 느끼는 자연은 기운을 급하게 돌리려고 우왕좌왕하면서 종족 번식을 서두른다. 즉 외형을 확장하던 에너지를 열매에 집중하기 시작한다. 이는 자연의 반환점에 도달하였기 때문에 돌아갈 시점이다.

이미지

未土는 본래 그곳으로 돌아가려고 하는 반환점으로 변화가 심한 공간이다. 그리고 지형으로 보면 분지(盆地)형이며, 토질은 먼지나 모래처럼 점성(粘性)이 떨어져서 서로 엉키지 못하여 바람처럼 허둥거린다. 습도가 높아서 습기와 건기가 자주 충돌한다. 하여 살아있는 동식물은 적응하기 어렵고 이시기를 견디지 못한 것은 떨어진다. 자연은 혹독한 시련을 견디며 진화를 거듭하여 반환점을 지나야 성숙해진다.

예문)

시 일 월 년

丙 乙 辛 丙

戌 未 卯 子

　새싹이 풍성하게 자라나는 봄날(辛卯) 달도 별도 없는 칠흑(丙子) 같은 밤에 乙未가 태어나서 잠투정(戌未파형)을 심하게 한다. 그래도 辛卯부모는 참고 달래어(卯未合木) 재우기를 계속한다. 木이 강한 卯月에 태어나서 고집이 세고 자기주장을 쉽게 꺾으려고 하지 않는다. 하여 누구의 이야기도 듣지 않고 자유로운 영혼으로 살아가고자 한다. 그러나 노후에 卯戌合火하여 부모님의 마음을 이해하기 시작한다.

신(申)
문자
　글의 의미는 거듭 또는 반복하거나 늘어난다는 뜻을 가진 申이다. 동물로는 원숭이에 비교하였는데 이들의 습성이나 하는 행동이 문자와 비슷하고 인간의 살아가는 과정에서 일치하는 부분이 많기 때문이다. 즉 무리를 지어 움직이고 생활한다. 자식에 대한 애착이 유별난 동물로 열매를 주식(主食)으로 하며, 도구를 사용하는 유일한 짐승이다. 이런 생활이 반복적이기에 인간사와 비슷하다. 그래서 金 오행으로 정하였다.

원인

   다양한 능력과 경험 그리고 지혜를 가지고 무리를 지도하려고 한다. 주술사는 화려한 의상을 입고 창이나 도구를 이용하여 행위를 하였다. 하여 아홉 번째 부호이다. 원숭이도 인간처럼 다양한 기능과 도구를 일상에 유용하게 활용한다. 새끼에 대한 집착이 강하고 인간처럼 양육(養育)한다. 높은 나무를 쉽게 오르는 원숭이처럼 인간도 높은 지위를 속히 오르기를 바라며 바위에 재물을 올리고 신께 빌었다.

물상

   앞발을 손처럼 이용하여 도구(道具)를 사용하는 유일한 짐승이다. 적응력이 뛰어나고 친화력이 좋으며 인간과 닮은꼴을 하고 있다. 네발을 동시에 사용하는 능력으로 뛰어난 환경적응력을 가지고 있다. 시각과 후각이 발달하고 집단생활에 철저한 계급구조로 짜여 있다. 열매가 주식(主食)이지만 때로는 사냥으로 고기를 먹기도 한다. 무리의 지도자는 수컷이며 자신의 종족을 번식하려고 하며 도전에 대한 응징이 철저하다.

자연

   식물은 더운 열기가 오를 때 수분을 흡수하여 과즙을 채우고 그 속에 씨방을 만들어서 유전(遺傳)한다. 따스한 기운에 밖으로는 표면을 최대한 확장하고 안으로 과즙을 채우고 당도를 높여서 씨앗을 보호한다. 그리고 물은 북방으로 흘러가면서 수온이 떨어지기 시작한다. 동식물은 추위가 시작되기 전에 새끼를 분가시키고 내성을 강하게 한다. 인간들도 풍요로운 생산을 위한 마지막 노력을 기울이고 있다.

이미지

申金은 목적이 확실하게 설정된 부호이다. 그래서 목적이 없으면 움직이는 것을 싫어한다. 살아있는 것이나 생명이 없는 것이라고 하여도 열(熱)에 의하여 많은 변화를 일으킨다. 환경에 적응하기 위하여 변화하는 것도 있지만 때로는 어떠한 환경에도 변화를 거부하는 우직(愚直)함도 있다. 가치성이 떨어지면 미련을 두지 않으며, 필요하면 수단과 방법을 이용하여 취하려고 한다. 원숭이처럼 재주가 많고 습득력이 빠르다.

예문)
시 일 월 년
戊 戊 戊 丁
午 申 申 巳

하늘은 높고 볕이 따갑게 내리는 한낮에 戊申이 태어난다. 부모는 바쁜 생업으로 위탁양육을 한 것 같다. 하여 성격 형성이 巳申합파형으로 조급하고 인내심이 부족할 것이다. 또 한 열매가 익어갈 때라서 보호나 관심을 받고 싶지만 까다로워 맞춰 주기 어렵다. 즉 申月정오에 따갑도록 내리쬐는 火의 열과 빛으로 戊申은 움직이지 못하고 잠시 밖으로 나가는 것도 불안하다. 하여 특별한 조건이 없으면 움직이지 않을 것이다.

유(酉)
문자

문자의 의미는 배부르다 또는 오래되었다는 의미의 酉이다. 이는 액체나 열매 같은 것을 담아두는 것으로 오랫동안 보관하기 편리하게 만들어진 그릇이다. 사람이 살아가면서 알게 된 경험이나 문화를 전해주고 집단을 이끌어 갈 지도자를 나타낸다. 하여 안으로 배신과 반역 그리고 외부의 공격에 항상 불안하여 의심과 경계를 늦추지 않는 습관이 닭과 비슷하다. 하여 완전하거나 안전하다는 의미에서 金오행으로 정한 것이다.

원인

태어나서 황혼기에 접어든 나이다. 하루가 불안하고 언제 저승사자가 찾아올지 몰라 불안한 마음을 안고 살아간다. 삶의 애착을 버리지 못하여 주술사로부터 닭을 잡아서 신께 받치고 수명연장과 무병장수를 빌었다. 하여 열 번째 부호로 선택한 것이다. 닭은 멀리까지 날지 못하고 떨어지는데 마음은 봉황이고 생각은 불안하다. 그릇에 무엇을 담아 보관하거나 남기고 싶어 한다. 지금도 무속인은 굿을 할 때 닭을 이용한다.

물상

유일하게 두 발로 다니는 짐승이다. 상당히 불안정한 걸음과 겁이 많아서 땅에서 자지 못하고 높은 가지에 올라가서 쉬거나 잠을 잔다. 머리에 벼슬이 있고 의심이 많아서 주인까지 경계한다. 모이를 주면 파헤치고 부리로 쪼아 먹는 습성을 가지고 있다. 집단생활을 하는 것 같지만 철저하게 개인적이고 간섭을 싫어한다. 그리고 날개가 있지만 자연스럽게 날지 못하고 알을 낳아 품어서 부화하고 경계심이 강하지만 공격성은 약하다.

자연

수온은 떨어지기 시작하고 동식물은 스스로 성장을 멈추고 열매는 볕의 도움을 받아 보호색을 가진다. 또 한 표면을 단단하게 하여 때가 되면 저절로 벌어지거나 떨어질 준비를 하고 있다. 식물의 잎은 아름다운 색(色)으로 변하려고 하는데 성급한 나무는 일찍 잎을 떨어트리고 열매를 더욱 성숙하게 한다. 동물들은 다가올 추위를 대비하여 체내에 영양을 축적하기 시작하고 인간들은 농작물을 거두어들일 준비를 한다.

이미지

酉金은 단단한 가을 열매이다. 대부분 위에서 아래로 저절로 터지거나 떨어져서 멀리 흩어지지 못하고 선택의 권한이 주어지지 않았기에 적응력이 뛰어나야 한다. 항상 깨어있으며 어떠한 조건이 맞으면 생명의 뿌리를 내리고 진화하기 시작한다. 무엇인가를 담아서 남기고 싶은 욕망이 강하고 이를 성취하려고 무리한 욕심을 부리지만 적당한 조건으로 뜻이 이루어지면 돌아선다. 봄의 씨앗은 멀리 가지만 가을 열매는 그러하지 못하다.

예문)
시 일 월 년
戊 辛 壬 丁
戌 未 子 酉

동짓달 어둠은 빨리 찾아오고 밤은 깊어 가는데 년주 丁酉와 월주 壬子가 합하여 밤하늘에 은하수 무리가 반짝이고 있으니 장관(壯觀)이다. 辛未는 어두운 밤은 싫은데 은하수를 따라 객지로 나갈 것이다. 그곳에는 친구가 있고 직장도 있고 배우자가 있는 곳이다. 하여 살펴보고 확인하고 검증하고 그래서 만들어진 곳에 재물이 하염없이 솟아나고 때로는 유성도 떨어지지만 멀리 가지 못하고 그곳에서 자리를 잡을 것이다.

술(戌)
문자

문자의 본래 뜻은 마름질하는 것이다. 즉 무엇을 오랫동안 보관하거나 저장하기 위하여 마지막으로 정성껏 손질하는 것이다. 이를 개라는 동물에 비유한 것은 모아둔 재산을 지키기 위하여 가까이 두고 기르기 때문이다. 인간은 늙어서 자신의 인생을 마감하기 위하여 정리하는 과정이라고 생각하면 좋다. 하여 자연에서 일어나는 일상이나 계절 그리고 인간관계가 일치하는 문자이기에 土오행으로 정한 것이다.

원인

태어나 열심히 살아가면서 인생을 정리하는 과정에서 미래에 대한 불안과 공포심으로 어두운 밤이 두려워진다. 하여 주술사를 모시고 높은 산을 향하여 제물(祭物)을 올리고 신(神)을 위로하는 행위를 하였기에 열한 번째 부호로 선택하였다. 죽음을 기다리는 인간은 사후 가는 곳을 알 수 없다. 하여 저승사자 즉 귀신(鬼神)을 볼 수 있는 개를 밖에 두고 짖게 하였다. 또 한 죽은 뒤에 개나 소로 환생을 한다고 믿는다.

물상

야생 늑대를 잡아서 훈련을 시킨 것이 개다. 개는 먹이를 주는 주인을 잘 따르고 후각과 청각 그리고 시각이 인간보다 월등하게 발달하였으며 달리는 것을 좋아한다. 사람이 다니는 대문이나 그 주변에 자리 잡고 키운다. 무엇이든 냄새로 기억하고 물면 끝까지 놓지 않는다. 낯선 사람이 집안이나 주변에 서성거리면 경계심이 발동하여 짖고 공격하려고 한다. 사교성과 친화력이 뛰어나지만 쉽게 마음을 열지 않는다.

자연

   자연이 순환하는 과정에서 전환할 시점에 이른 것이다. 물은 온도를 떨어트려서 부유물을 가라앉히고 북쪽으로 빠르게 올라간다. 수분도 사라지고 하늘은 맑아서 높이 보이지만 자연은 전환할 시기를 맞이한다. 식물은 품고 있던 수분을 빠르게 내리고 잎은 붉게 물들이며 떨어질 준비를 한다. 열매는 볕에 수분을 증발시키고, 동물은 겨울 식량을 비축하려고 한다. 인간은 수확한 식량을 저장하려고 볕에 말린다.

이미지

   戌土의 공간은 넓다고 할 수 없고 높은 것으로 표현한다. 하여 자연에서 높이 올라가거나 위로 솟아난 것을 戌土로 표현한다. 수분이 높이 오르는 것도 戌土의 영향이며, 오랫동안 보전하기 위하여 수분을 조절하고 보존이나 보관하기 위하여 쌓아놓는 것까지 표현한다. 이러한 공간은 순환계의 마무리 과정을 위한 전환점이다. 수온이 떨어지며 수분이 필요하지 않기 때문에 높이 올라가니 하늘은 맑고 높게 보인다.

예문)
시 일 월 년
戊 丙 丙 己
戌 子 寅 卯

새싹이 돋아나는 정월 달도 별도 없는 캄캄한 밤에 丙子가 태어났다. 그 무렵 한 점 구름(己卯)이 벼락을 치면서(丙寅) 요란(子卯형)하니 丙子는 깜짝 놀라서 경기(輕騎)를(子卯형) 한다. 하여 정신발달에 장애가 되어 자폐 성향이 강하다. 이후 성장하여(戊戌) 전문지식(寅午戌合火)을 익혀서 봉사하려는 마음을 굳게(戊戌) 다짐한다. 이는 장애 복지에 관한 공무원 꿈을 이루고자 어머니의 지원이 절실하다. 즉 어머니는 전생부터 이어온 인연이다.

해(亥)
문자
끝으로 나오는 문자는 무엇을 간직한다는 뜻을 가진 亥이다. 계절의 끝자락에 차가운 겨울이 되면 일시적으로 자연은 순환을 멈춘다. 하여 亥水를 선택하였으며 활동성이 떨어지는 것으로 표현한다. 이와 비슷한 성향을 지닌 동물이 돼지이다. 인간도 겨울을 만나면 일시적으로 활동을 멈추고 저장한 곡식으로 추위를 견디어낸다. 순환하는 과정에서 견디지 못하면 다시 깨어나지 못한다. 하여 水오행을 끝에 둔 것이다.

원인
인간의 연기법(緣起法)에서 마지막이다. 어디로 가는지 알 수가 없으니 의식을 가지고 있는 사람은 누구를 막론하고 불안하다. 하여 여기저기 다니면서 선지식을 통하여 위로를 받고 싶어 한다. 하지만 미래 예측은 신의 영역이라서 신과 교감(交感)하기 위해 정성스럽게 물을 담아서 올리고 주술행위를 하였기에 마지막 부호로 선택하였다. 인생의 귀로(歸路)에서 움직임이 둔하고 오로지 먹고 배설하는 것 이외 할 수 있는 것이 없다.

물상

　돼지이며 지지에서 마지막으로 등장하는 동물이다. 다리가 짧고 몸통이 둥글고 길쭉하다. 주둥이가 튼튼하고 걸음은 느리지만 먹이를 찾는데 부지런하고 영리하다. 목과 몸통이 하나로 이루어져 고개를 들어 하늘을 바라볼 수가 없으며 오로지 땅만 보고 열심히 활동하지만 움직이는 반경이 좁다. 성질이 온순하여 공격성이 약하고 피부 껍질이 두꺼워서 공격을 받아도 생명에 지장을 적게 받으며 한 번에 많은 새끼를 낳는 포유류다.

자연

　물의 온도가 떨어지면서 흐름을 잠시 멈추고 부유물이 완전히 가라앉았다. 차고 맑은 물은 다시 북방으로 흐르기 시작하면 차가운 바람이 불어오기 시작하고, 추위를 원만하게 넘기기 위하여 모든 식물은 뿌리로 영양분을 내리고 앙상하게 하여 눈보라의 피해를 줄인다. 동물은 겨울을 무난하게 넘기기 위해 동굴 속이나 땅굴을 파서 들어간다. 인간도 추위로부터 살아남기 위해 활동을 중단하고 추위를 견뎌낼 준비를 한다.

　이미지亥水는 활동영역이 좁은 역마이다. 그래서 물의 흐름이 느리기에 고여 있는 것 같다. 하여 수온이 높으면 미생물 증식이 활발하여 흐리게 보인다. 형상을 그려보면 물이 자연스럽게 고이거나 아래에서 솟아나며, 사막의 오아시스(oasis)처럼 온도가 항상 일정하여 자연에 이로움을 주고 있다. 이러한 환경은 번식을 위하여 보전하거나 보존하기 적합하고 적당한 열기가 전해지면 많은 생명의 발원지가 될 수도 있을 것이다.

예문)
시 일 월 년
戊 乙 辛 丁
寅 巳 亥 酉

앙상한 초겨울 나뭇잎은 떨어지고 게으른 새벽 별이 내는 빛을 보면서 乙巳가 태어났다. 혈기 왕성하여 활발하게 설치고 싶은데 부모 형제의 강압에 억눌려 발산(發散)하지 못하고 시들어 버린다. 하여 친구가 떠나간 길을 따라 외롭게 찾아간 그곳이 평생 직업이 될 것이다. 乙巳는 亥水의 도움을 받지 못하고 항상 충을 당하는데 친구와 지인들은 亥水를 잘 이용하고 있다. 아무리 노력하여도 亥水는 그 자리에 맴돌고 있다.

제9장

십신(十神)

1) 십신으로 보는 오행의 성향
2) 십신해석

제9장
십신(十神)

    십신은 세상사의 모든 것을 열 가지 언어(言語)로 함축하여 놓은 것이다. 즉 오행의 형식처럼 다섯 가지로 이루어져 있는데 긍정(肯定)과 부정(否定) 그리고 유무(有無)로 나누어서 십신이라고 한다. 즉 인간이 태어나면서 보고 듣고 냄새와 맛 그리고 느낌과 생각할 수 있는 일체를 압축한 언어이다. 때로는 육친(六親)이라 하며, 이는 나를 중심으로 부모(父母) 형제(兄弟) 처자(妻子)이며, 때로는 친인척까지 나타내는 것이다.

    비견(比肩): 오행이 같으며 음양도 같다. (甲寅)
    겁재(劫財): 오행은 같으나 음양이 다르다. (丁巳)
    식신(食神): 내가 낳아주는데 음양이 같다. (戊申)
    상관(傷官): 내가 낳아주는데 음양이 다르다. (辛亥)
    편재(偏財): 내가 제압하는데 음양이 같다. (庚寅)
    정재(正財): 내가 제압하는데 음양이 다르다. (癸巳)
    편관(偏官): 나를 제압하는데 음양이 같다. (己卯)

정관(正官): 나를 제압하는데 음양이 다르다. (丙子)
편인(偏印): 나를 낳아주는데 음양이 같다. (壬申)
정인(正印): 나를 낳아주는데 음양이 다르다. (乙亥)

긍정적(肯定的)표현: 비견 식신 정재 정관 정인
부정적(否定的)표현: 겁재 상관 편재 편관 편인

1) 십신으로 보는 오행의 성향

甲寅: 본성은 비견이며 편인의 성향을 가지고 있다.
乙卯: 본성은 겁재이며 정인의 성향을 가지고 있다.
丙午: 본성은 식신이며 정관의 성향을 가지고 있다.
丁巳: 본성은 상관이며 편관의 성향을 가지고 있다.
戊辰: 본성은 편재이며 비견의 성향을 가지고 있다.
戊戌: 본성은 편재이며 편관의 성향을 가지고 있다.
己丑: 본성은 정재이며 정인의 성향을 가지고 있다.
己未: 본성은 정재이며 상관의 성향을 가지고 있다.
庚申: 본성은 편관이며 비견의 성향을 가지고 있다.
辛酉: 본성은 정관이며 겁재의 성향을 가지고 있다.
壬子: 본성은 편인이며 상관의 성향을 가지고 있다.
癸亥: 본성은 정인이며 식신의 성향을 가지고 있다.

비견(比肩) 항상 같은 것
겁재(劫財) 같은 것인데 다르게 보이는 것
木은 산천(山川)에 살아있는 모든 것
火는 열(熱)과 색(色)을 가진 모든 것

土는 담을 수 있는 모든 것
金은 오랫동안 보전과 보존하는 모든 것
水는 액체나 기체로 이루어진 모든 것

식신(食神) 새로운 것이나 처음으로 보는 것
상관(傷官) 새것인데 흠이 있거나 모양이 변화한 것
木은 지금 싹트고 자라는 것
火는 꽃피고 수정(受精)하는 것
土는 새로운 공간이 만들어져서 채워지는 것
金은 보전하기 위해 준비하는 것
水는 샘물이 흐르는 것

편재(偏財) 어떠한 간섭도 싫어하는 것
정재(正財) 적당한 간섭으로 타협하는 것
木은 형편없는 것을 정리하여 주는 것
火는 화려하게 꾸미는 것
土는 공간을 편리하고 실속 있게 정리하는 것
金은 많은 열매를 부분적으로 정리하는 것
水는 홍수와 통제

편관(偏官) 철저한 통제가 이루어지는 것
정관(正官) 일반적 법규가 통하는 것
木은 성장과 억제를 부분적 정리
火는 강한 에너지를 조절하는 것
土는 높고 넓은 공간에 작은 구름

金은 다수에서 일부만 보존
　水는 댐으로 흐름을 조절

　편인(偏印) 확실하지 못함
　정인(正印) 기준이 정하여짐
　木은 쓰임새는 알 수 없지만 적절하게 표현하는 것
　火는 환경에 적합한 색으로 조화를 이룸
　土는 알 수 없는 공간을 인정함
　金은 약속은 없어도 기다림
　水는 깊이는 모르지만 흐름은 알 수 있음

2) 십신해석

　십신은 비견(比肩) 겁재(劫財) 식신(食神) 상관(傷官) 편재(偏財) 정재(正財) 편관(偏官) 정관(正官) 편인(偏印) 정인(正印)이 대표적인 단어이다. 이를 이용하여 자연의 모든 것과 인간이 살아가는데 필요한 언어 교육 정치 경제와 질서 규정을 표현한다. 또 한 정신과 유체 그리고 생각과 물질, 건강과 치유까지 십신을 통하여 표현한다. 그뿐만 아니라 시공간을 넘나드는 전생과 신명 그리고 사후세계까지 표현한다.

　이렇게 십신을 쉽게 이해할 수는 없다. 하여 부호로 전해지는 이미지와 형상 그리고 문자로 전해지는 다양한 뜻을 가지고 해석하여야 한다. 하여 비겁(比劫)은 변함이 없는 것, 식상(食傷)은 새롭게 생산되는 모든 것, 재성(財星)은 통제를 싫어하는 것이다. 반대로 관성(官星)은 통제를 받는 것, 인성(印星)은 무엇인가 정확하게 알기 어려운 것을 익히는 것이다. 오행의 생극제화에 의하여 만들어진 압축된 언어이다.

비견(比肩)

자연으로 보면 같은 분류의 것들이 무리를 지어 활동하는 공동체이다. 다양한 종류가 무리를 지어 있지만 약한 것일수록 더 많은 무리를 이루고 있다. 즉 바닥의 무리에서 피라미드형식으로 이루어진다. 동물이든 식물이든 상관없이 무리를 이루고 있어야 안전하고 강할수록 독립적이다. 인간도 최상위는 극소수의 무리이고 차 상위는 일부의 무리이다. 다수의 중간층을 이루고 있다고 하여도 대부분은 하위 무리에서 경쟁한다.

비견은 편재(偏財)를 파괴한다. 편재는 마음대로 하려고 하는 성향이 강하기에 인간사에는 아버지 장사 재물이며, 남자는 첩 여자는 시집 식솔이다. 비견이 약하면 무사하나 왕성하면 편재가 몰락한다. 비견은 모든 것이 같다고 생각하며 형제 친구 동료들과 나눈다는 의미를 두고 하는 말이다. 따라서 나눌 것이 없으면 각자의 능력에 따라 독립하지만 가는 곳마다 경쟁이 심각하거나 시기 질투로 항상 불안하다.

긍정적(肯定的)이면 동업이나 협력 관계도 되지만 비견이 많으면 부정적(否定的)인 성향이 강하고 경쟁을 하거나 분리 이별 또는 외로움 고독으로 살아갈 수 있다. 사주에 비견이 많으면 시비와 투쟁 그리고 집념이나 의지가 강하고 부모 형제와 인연이 약하여 일찍 자수성가할 수도 있다. 남자가 비견이 많으면 배우자나 자식과의 인연이 약(弱)하여 힘들게 살 수 있다. 여자도 남자와 비슷하며 일부종사하기 어렵다.

인간사에서 형제, 며느리, 시아버지, 친구, 동창, 동기, 동료, 선후배, 극부, 극처, 극재, 동업자 등등...

무형으로 보면 주체성, 고집, 자존심, 감정적, 자기 위주, 의심, 인색, 집념, 자기중심, 시기, 질투, 갈등, 고독, 그리움, 외로움, 애착심, 무계획, 즉흥적, 공정, 외면, 완고, 강한 성격, 의리, 고정관념, 우정, 애정 등등...

유형으로 보면 스포츠, 단체, 동업, 의지력, 활동적, 추진력, 선봉, 분명함, 공개적, 행동파, 협동심, 공격적, 따돌림, 결정, 투쟁, 불화, 동격, 분가, 무모함, 변화, 변동, 자수성가, 이별, 독립, 같은 경쟁이 일어나는 모든 것, 등등 의미나 모양이 같은 것은 일체 비견으로 표현한다.

비견은 편관을 보면 힘들어한다. 편관은 강력한 명령계통으로 법을 위임받아 강력하게 통제하기 때문이다. 하여 비견이 강하면 반드시 편관이 곁에 있어야 통제를 받아 얌전하다. 인내심을 가지고 경쟁에서 이겨야 명성을 가질 수가 있다. 비견이 강한데 편관이 없으면 무법천지이며 인내심이 부족하여 한곳에 정착하지 못하고 원만한 협력이 이루어지지 않는다. 비견과 편관이 합을 이루면 괴물집단이 되어 공포의 대상이 될 수가 있다.

겁재(劫財)
자연으로 보면 같은 분류의 것들이 무리로 활동을 하지만 서열이 있다. 어떠한 무리도 서열이 없는 것은 비견에 해당하며, 서열이 확실하게 정해진 것은 겁재에 해당한다. 즉 강자에 의하여 통솔되거나 움직인다. 자연 속에서 살아가는 모든 것과 생명이 없어도 어떠한 중심에서 벗어나지 못한다. 최상위의 지도자는 오직 하나이며, 경쟁이 치열하고 틈이 보이면 자리다툼이 심하다. 그래서 시비와 암투(暗鬪)가 많다.

겁재는 정재(正財)를 극 한다. 정재는 마음대로 하기보다는 상의하여 결정하려는 성향이 강하다. 인간사에서 남자는 처나 부친과 그 형제들 재물, 여자는 시집 식구 재물 부친이며, 겁재가 강(强)하면 정재가 피해를 보게 된다. 부정적(否定的)인 면이 강하게 작용하기 때문에 무례하고 교만하여 흉(凶)이 많고 불화와 이별 그리고 많은 고통이 따른다. 화합이 되지 않고 동업이나 평등한 삶보다는 수단 방법 가리지 않고 앞서가려는 생각을 많이 한다.

겁재는 적게 주고 많이 받고자 한다. 비견처럼 똑같이 나누는 것이 아니고 자신이 앞서가려는 욕망과 많이 가지려는 욕심이 강하다. 하여 손해를 보는 경우가 더 많고 법을 무시하고 한방을 계획하고 실행하려고 한다. 항상 기회를 노리고 남의 재물을 겁탈할 생각이 많아서 잘 살 것 같지만 이를 거꾸로 생각하면 내가 훔친 것을 또 다른 사람이 훔쳐가기에 가난을 면하기 힘들다. 즉 도둑이 항상 함께하고 있어서이다.

인간사에서 누이, 오라버니, 이복형제, 형제, 자매, 며느리, 동기, 동료, 동창, 선후배, 친구, 지인, 처나 아버지 시집을 강하게 공격하는 대상 등등..

무형으로 보면 주체성, 고집, 자기주장, 오만, 불순, 교만, 이중성, 고심, 자기 위주, 선동, 피해의식, 시기, 질투, 사기성, 고충, 과감, 욕심, 비윤리, 야심, 욕망, 도심, 산만, 배려심 부족, 이중인격, 위로는 존경하고 아래는 무시하는 성향, 오해, 변심, 변절, 계산력 무시, 비난, 이기적, 등등..

유형으로 보면 경쟁, 운동(개인기), 패배, 투기, 투쟁, 강탈, 공갈, 협박, 사행심, 손해, 도둑, 사기, 강제성, 단체, 보복성, 정보원, 청소, 아랫것, 신속, 투항, 기부, 부정적, 명령 불복, 구속, 다승다패, 사교성, 색정, 실속파, 언어 불순, 더듬거림, 한탕주의, 속성진행, 불량, 분실물, 선택, 대인관계, 명령적, 숨김, 극난, 극복, 추진력, 현금 위주, 접근 등등의 의미가 있으며, 비견과 비슷하여도 공격성이 강하고 공정성이 부족하기에 부정적 해석이 강하다.

겁재가 양인(兩刃)일 경우 독(毒)한 성격을 숨기고 부드러운 것처럼 남에게 접근하며 필요에 따라서 변심도 잘한다. 하지만 정관을 보면 도망간다. 정관은 법규이며 준법이 강하고 규정에 따라 통제하고자 한다. 겁재는 준법을 무시하는 성향이 강하여 정관을 무시하고 편안하게 두지 않는다. 비겁이 강한데 정관이 없으면 고집과 일방적 통행 그리고 자기주장이 강하고 상대를 무시하려는 성향 때문에 주변과 어울림이 어렵다.

식신(食神)
자연에서 식신은 지금 새롭게 생겨나는 모든 것으로 약하고 부드러운 희생물이다. 이들은 다음을 위하여 부단한 노력을 하고 본래 존재하는 것에 새로운 모양이 생겨난다면 식신에 해당한다. 또 잠시도 멈추지 않고 환경이 변화하는 것을 좋아한다. 종족 번식을 위하는 행위나 소리를 지르는 것, 소통하기 위한 행위나 먹거리를 찾아서 이동하고 체격이 늘어나거나 새로운 것을 위한다거나 관심을 가지는 것이다.

식신은 편관(偏官)을 다스리고자 하지만 인내심이 부족하면 어렵고 철저한 계급사회를 순화시키는 성향이 강하다. 편관은 인간사에서 남자는 자식 외가 명예 직업 권력 등이며, 여자는 남편이나 남자친구 외가 직업 자존심 질병으로 식신이 약하면 무탈하나 강하면 편관이 고통 받는다. 식신은 의식주가 풍부하여 하늘에서 복을 타고났다고 하지만 식신은 나의 분신으로 많으면 허약하고 천박하게 보인다.

희생정신이 강하고 봉사를 잘하는 편이지만 많은 경우 부정적으로 보면 색정 문제로 힘들 것이다. 식신은 활동성이 강하고 노력형이며 생산과 수익창출을 하지만 배설에 해당하므로 건강과 깊은 연관성을 가지고 있다. 그래도 긍정적이며, 특히 입으로 하는 것에 능통하며, 미각이 뛰어나서 새로운 음식이나 개발에 관심이 많을 것이다. 호기심이 많아서 궁리나 연구에 관심이 많고 대부분 건강하고 인상이 좋다.

인간사에서 남자는 손자, 처가 식구, 장모 등이며, 여자는 자식, 사위 등이다.

무형으로 보면 연구, 창작, 궁리, 감정, 창조, 공명정대, 솔직, 순진, 예의, 언어, 재치, 유머, 호기심, 총명, 준수, 부드러움, 수명, 이기적, 동정심, 모성애, 덕망, 효심, 식복, 도량, 관대, 젊음, 명랑, 낙천적, 정(情), 사고력, 인내력, 집중, 적극성, 천진난만, 이해심, 온후함 등등..

유형으로 보면 전문, 탐구, 예체능, 발명, 교수, 과학자, 개발, 생산, 성기, 섹스, 솔선수범, 노력, 희생, 봉사, 취미, 서비스, 음식, 요리, 식당, 휴게실, 붙임성, 미식가, 건강, 천박, 신규, 아랫사람, 유아원, 유아교육, 예술성, 후원자, 상담, 대변인, 처녀, 총각, 어린 학생, 건강, 장수, 부양가족, 식구, 신혼, 건설, 재물, 풍요, 향락, 편의, 발전, 탄생, 개업, 전문성, 신품, 활동성, 협력 관계, 전문기술학교, 연구소 등으로 보며 상당히 긍정적인 해석을 한다.

식신이 편인을 만나면 빈곤(貧困)하고 건강과 자식이 불리하며, 타고난 천복과 건강도 한때일 뿐이다. 그래서 곁에 편인이 자리하고 있다면 반드시 편관으로 편인의 힘을 빼앗거나 달래야 할 것이다. 편인은 도식(盜食)이라고 하여 밥그릇을 훔치기도 하고 효신살(梟神殺)이라고 하여 부모를 괴롭히거나 인연이 약하여 일찍 부모를 떠나는 경우가 많다. 하여 어머니가 불편할 수도 있지만, 편인과 합을 하면 새로운 도전을 하려고 한다.

상관(傷官)

자연에서 상관이라는 것은 본래 있는 것이 자타에 의하여 끝없이 변화하는 것이다. 그리고 새로운 것 중에서도 돌연변이나 특이한 것들이며, 약간의 문제점이 있다면 상관에 해당한다. 무리에서 이탈하거나 번식을 목적으로 하지 않고 이익을 우선으로 하는 것과 소리를 내어 소통하지 않고 행동으로 소통하는 행위 등으로 꾀가 많아서 무리의 차상위 곁에 있거나 무엇에 의하여 흠이 생기거나 손상(損傷)된 것이다.

상관은 정관을 보면 공격적으로 돌변한다. 정관은 국가를 운영하기 위하여 합의하여 만들어진 규정이다. 인간사에서 남자는 자식 직업 명예이다. 여자는 직업 남편 자존심에 해당하며, 이들을 탈선하도록 한다면 이는 상관이다. 일반적으로 모든 기준을 정하고 감시하고 바로잡아주면 정관으로 본다. 하지만 상관이 강하면 이러한 기준을 무시하고 법망을 두려워하지 않으며, 오히려 일방통행하려고 한다.

　상관은 총명하고 얌전하고 도량이 넓은 것 같으나 허영심이 강하고 지배를 받기 싫어한다. 뛰어난 언행의 순발력과 재주 그리고 눈치가 빨라서 희생을 바탕으로 하는 것 같지만 자기 몫과 이익 명예를 챙긴다. 비밀을 지키지 못하고 베풀고 나서 생색을 꼭 낸다. 예의나 법을 무시하고 속이 좁아서 불리하면 일시에 돌아선다. 불편한 이별 뒤에는 과거를 들추어 험담하고 상대를 위험에 몰아가기도 하며 직업변화도 많다.

　인간사에서 남자는 이모, 외가, 장모, 처가 식구들이나 부정한 관계이다. 여자는 자식이나 사위 할머니, 조카, 증조부 등이다,

　무형으로 보면 눈치, 센스, 허세, 허풍, 비평, 잔꾀, 변사, 이성적, 이중성, 교만, 불복종, 융통성, 즉흥적, 애교, 거친 언어, 변호사, 대변인, 강사, 교육, 종교, 득도(得道), 감각, 교화, 유행성 언어, 공격성 언어, 유머, 임기응변, 사기성, 자기 자랑, 허영심, 아는 척, 구상력, 이기적, 시비, 과시욕, 발산, 무시, 눈썰미, 반항적 언어, 심리 등등...

　유형으로 보면 반항, 변동, 공격적, 불법성, 자유분방, 자기주장, 소비성, 활동성, 사기성, 예체능, 전문직기술, 꾸미는 직업, 얼굴마담, 연예계, 화류계, 타협, 유흥, 유통, 기술, 개방적, 위법, 탈법, 중고품, 모방, 대리점, 체인점, 호객, 사치, 직속 상관, 과부, 재수생, 상담사, 고물상, 빈곤, 장식품, 이 미용, 성(性)적 행위, 애정 소설, 코믹성 작가, 문장, 문필가, 행위 예술, 다양한 끼, 파괴적, 재활용, 수단, 수리, 변화, 즉

흥적, 행동보다 말, 기능 등으로 해석하고 부정적인 성향이 강하며, 상관이 많으면 화려하고 변덕이 심하고 지배를 받기 싫어하며 다스리기 힘들다.

　상관은 정인을 보면 얌전하고 수행하는 이는 본래의 모습을 벗어났다고 하여 도통(道通)으로 본다. 정인은 교육적이고 침착하여 언어가 바르기에 상관의 눈속임이나 불량스러운 행동을 차분하게 교화하고 다스린다. 상관은 정인의 자식으로 부모를 힘들게 하고 성장하면서 사회에 불만이 많다. 법을 무시하고 문제를 일으키지만 이를 바로 잡아주는 정인을 만나면 인내를 가지고 가르치는 부모이기에 큰 인물이 된다.

편재(偏財)

　자연에서 바라보는 편재는 바람처럼 걸림이 없거나 독수리처럼 자유롭게 허공을 날아다니는 것이다. 자연 속에는 많은 천적과 마주하면서 자기 존재를 드러내지만 어떠한 방해를 받지 않고 자유롭게 공유하는 것은 참으로 어렵다. 강하고 특별한 능력이 있다면 가능하지만 때로는 한쪽이 피해를 받는다. 자연도 자유로움을 인정은 하지만 쉽게 허용하지는 않는다. 난잡한 것 같으면서 질서를 지켜지는 것이 편재다.

　편재는 편인(偏印)을 싫어하여 인격적인 문제가 발생하고 학문에 큰 뜻을 두지 않으며, 수단과 방법을 가리지 않고 재물 모으기에 관심을 두고 있다. 인간사에 편인은 조부 계모 학문 건강 등으로 편재가 왕성하면 편인이 몰락하고 병이 든다. 편재는 내 마음대로 하려는 성질이 강하고 일방적이다. 통이 크고 융통성과 통솔력 사교성이 뛰어나 주변으로부터 인기가 많다. 사업적 기질이 강하고 허세를 많이 부린다.

호탕하지만 독재와 독단적 성향이 강하다. 욕심 많고 풍류와 유흥 사치와 농담을 즐긴다. 지혜와 결단성으로 일 처리를 잘하며 인심이 좋다. 기분파이며 의리를 지키고 상대를 먼저 생각하는 편으로 장사 수완이 좋고 이익을 위하여 다양한 방법으로 기만(欺瞞)한다. 허영심 과 주색으로 실수가 잦으며 투기와 한탕을 노리며 기회만 보다가 실패를 경험한다. 구속이나 명령을 싫어하고 배짱으로 승부수를 던지는 경우가 많다.

인간사에는 아버지, 부친의 형제, 부인, 첩, 형수, 처제, 시어머니, 시집의 식솔 등이다.

무형으로 보면 통솔력, 풍류, 얼렁뚱땅, 즉흥적, 호탕, 자유분방, 급속, 먼 곳, 과다욕심, 허영심, 모험심, 민첩성, 게으름, 수완, 추억, 망신, 수단, 방법, 독재, 재무, 일확천금, 결단성, 등등...

유형으로 보면 회장, 이사급, 무역, 통제, 관리, 큰손, 디자인, 설계, 미결재, 속전속결, 과정무시, 결과, 손아랫사람, 마무리, 큰 것, 사치, 감독, 감리, 거친 기술, 소비성, 노상 장사, 고리대금, 밀수, 도박, 투기, 물욕, 가무, 유흥, 대형사업, 횡재수, 실직, 파면, 부도, 경제, 경영, 기업, 총수, 3류, 실수, 창고, 보관, 한탕주의, 사업, 장사, 주색, 투자, 인적자원, 부동산, 골동품 등으로 부정적인 해석을 하며 긍정적인 면도 강하다.

편재는 비견을 보면 부담스러워서 편관으로부터 도움을 청하고자 한다. 이는 비견을 무시하기 때문에 비견이 무력으로 시위하며, 가진 것을 나누자고 달려드니 부담이 되어 피하고 괴로워한다. 편재는 웬만하면 비견과 타협을 바라지만 때로는 정면충돌하여 피해를 본다. 집단적 움직임이 강한 비견은 물리적인 행동으로 편재를 몰아가기에 사회는 혼란스럽고 기이한 사건 사고들이 벌어질 수가 있다.

정재(正財)

자연 속에서 정재는 서로 침범을 하지 않기로 약속을 하고 있지만 때로는 이러한 선을 넘어서 자신만의 영역을 확보하기도 한다. 한편으로는 철저한 짜임새를 가지고 외부차단을 한다. 그들만의 약속을 정하여 움직이는 무리 속에 다른 것이 감히 들어오지 못하도록 촘촘하게 경계를 하는 것이다. 자연은 상상 이상의 상호협력으로 존재하고 있어 틈이 없고 심하면 답답하여 벗어나려고 노력을 하는 경우가 있다.

정재는 정인(正印)의 잔소리나 간섭을 싫어하기 때문에 약간의 반항(反抗)을 하여도 적당한 타협으로 마무리하지만 주장하는 이론이 다르기에 난감하다. 정인은 인간사에서 남녀 모두에게 어머니나 학문에 관련된 것이며, 모든 문서도 정인이다. 정재는 현실적으로 자기의 이익을 중요시하며 검소하고 철저하여 보수적이다. 정재가 약하면 정인은 무사하지만 강하면 속수무책으로 재물과 인격이 묘(妙)한 관계로 엮어지는 것이다.

경제적이며 실용적이기에 전반적으로 자신감이 강하고 빈틈이 없다. 작은 것에 만족하고 분수대로 행동하며 신뢰할 수 있어서 대인관계가 좋은 편이다. 대부분 재물에 어려움이 없고 자기직업에 충실하고 정확한 경제관념으로 관리능력이 탁월하다. 이성으로 가정이나 사회에 물의를 일으키고 욕심이 많고 인색하여 인간성이 떨어지는 경우가 많다. 하지만 긍정적인 해석을 하며 건전하고 성실하여 신용이 높이 평가된다.

인간사에서 남자는 처, 처의 형제, 아버지 등이며, 여자는 시어머니, 시집 식구에 해당하고 아버지, 삼촌, 고모 등이다.

무형으로 보면 기획, 마무리, 결실, 소탈, 철저, 섬세함, 보수적, 고민, 원칙, 감정적, 신용, 명예, 근면, 성실, 결단성 결여, 이해타산, 탐욕, 절약, 세밀하다, 많은 생각, 재정관리, 정보수집, 관리 등등...

유형으로 보면 물품 관리, 위탁 관리, 경리, 은행, 금융, 금융관리, 소규모 대부(貸付), 대출, 세무회계, 창고, 정찰(正札), 소규모상가, 도매업, 단기, 월급, 정밀, 기술, 첨단과학, 디자인, 수리학, 느린 행동, 상업 중개, 구두쇠, 실속, 이익, 수집가, 정리정돈, 결과, 체인대리점, 완제품 사업, 결재, 결론, 살림꾼, 야담, 철저, 계산, 인적자원, 임대관리, 소개업, 대부(금전)업, 대서업, 미세(微細)분야, 자산관리, 감사(監査), 정밀기계 관리계통, 작전 등으로 작고 정밀한 분야나 모든 관리에 적합하여 긍정적이다.

정재는 겁재를 보면 괴롭고 고통스러워한다. 특히 양인의 겁재를 만나면 더욱 불안한데 이는 겁재가 고집이 세고 타협이 어렵고 지독하기 때문이다. 그래서 모든 것을 계획과 규정에 따라 처리하는 것이 가장 이상적이다. 겁재는 약점을 파고들어 잘 따지고 교묘한 방법을 동원하여 함정에 빠지도록 유도한다. 겁재는 공정보다 이익을 원칙으로 하며 정재가 겁재와 합을 하면 불법수익을 노리는 꼴이다.

편관(偏官)

　자연 속에서 편관은 먹이 사슬의 최상위에 있는 것들이거나 이와 반대로 자연의 가장 아래 있는 것이다. 즉 자연의 시조(始祖)이거나 자연을 이루기 위해 보이지 않게 존재하는 곤충이나 바이러스 같은 것으로 생각하여보자. 때로는 천재지변 같은 현상이나 멸종위기에 있는 것들이며, 다양한 무리가 대이동(大移動)을 하는 과정에서 서로 충돌을 일으켜서 혼란스러운 상태일 것이다. 즉 큰 변화를 위하여 엄청난 사건이 벌어지는 것을 편관이라고 할 것이다.

　편관은 비견을 만나면 칼을 휘두르며 공격성이 발동한다. 하여 비견은 형제 친구 동료이다. 편관이 강하면 비견과 인연이 약하고 심하면 고독하거나 외톨이가 된다. 비견은 편관의 난폭한 성향으로 적개심을 품고 있으며 정면 대결은 피하려고 한다. 하여 식신과 충돌을 피하고 편인을 이용하여 편관의 위엄을 부드럽게 하면 좋다. 빈약한 편관이라고 하여도 강한 비견을 억제하고 통제를 하려고 한다.

　편관 하나만 있으면 총명하고 영리할 수가 있는데 많으면 활동성이 떨어지고 항상 위기의식이 발동하여 먼저 공격을 하려고 하는 성향을 가지고 있다. 급한 성격에 진취적이고 의협심으로 뭉쳐진 호걸 같은데 필요 이상의 자존심으로 인하여 함께할 인연이 약하다. 야성적이며 귀족처럼 생겼으나 개성이 강하고 모질어서 부모나 형제 인연이 약하고 덕이 없다. 그래서 일찍 집을 떠나서 혼자 생활하는 경우가 많다.

인간사에서 남자는 자식, 외가 식구이고, 여자는 남편, 남자친구, 외가 등으로 해석한다.

무형으로 보면 명예, 권력, 권위, 고통, 복종, 희생정신, 인내심, 신용, 속단, 의협심, 자존심, 고집, 의리, 고독, 스트레스, 야성적, 영리함, 귀신, 침착함, 기억력, 체면, 조급함, 권모술수, 논쟁, 의타심, 대담, 난폭, 반성, 반발, 조급, 적개심, 시기, 질투, 신(神)병, 굴곡, 박력, 정신력, 인내, 감투, 과감함, 애착, 집착, 무례함, 두뇌 회전, 수단, 수완 등등...

유형으로 보면 군, 검, 경찰, 높은 자리, 명령계통, 품위, 늠름함, 문무(文武), 어려운 일, 모방성, 모험, 직업, 급진적, 투쟁심, 투기심, 봉사, 병액, 환자, 반항, 잔병, 손실, 형액(刑厄), 투쟁, 중심, 중앙, 감사관, 강제성, 폭력단, 시체, 강직, 파직, 충성, 용감, 우두머리, 의지력, 막노동, 위험업종, 빈곤, 반발, 구타, 구박, 구속, 경쟁, 피지배, 억압, 통제, 감정적, 경계, 위험한 곳, 천재지변, 여필종부, 종점, 앞장서기, 형법, 야당, 정치인, 권력자, 참모, 악산, 불모지, 음지 직업, 독극물, 브로커, 폭력적, 주거 불안, 불구 장애, 재화(災禍), 편굴(偏屈), 도전, 기회포착, 과단성, 관재수, 흉터, 재가, 소실, 의사, 군인, 기생, 비구니, 권력가, 단체 등으로 부정적 의미를 강하게 두고 해석하는 경우가 많다.

편관은 식신을 만나면 설득을 당한다. 그리고 비견을 만나면 강력한 힘으로 다스리고자 하지만 비견이 무리를 지어 대항하면 편관도 위험에 빠질 수가 있다. 식신은 인간사에서 남자는 처가 식구들이며, 여자는 자식이다. 편관이 약하면 편안하고 강하면 충돌하게 된다. 비견이 보이면 강력한 공권력이 발동하여 집단 진압한다. 비견에서 편관은 칠살(七殺)이라 하여 상하로 이어지는 관계를 이루기 때문에 명령복종이다.

정관(正官)

정관은 자연이 주는 환경에 알맞게 자리를 잡고 존재하는 것이다. 즉 온도와 높낮이 그리고 물과 볕이 잘 드는 조건에 맞추어서 존재하는 것이다. 자연은 보이지 않는 규칙을 가지고 있으며, 이러한 조건에 만족하고 환경에 따라서 제자리가 있어야 한다. 즉 물은 수평이나 낮은 곳에 있고 나무는 흙과 함께하고, 바위는 물리적인 힘을 받지 않으면서 어울리고, 열과 빛은 장소를 가리지 않는다. 이러한 환경에 있으면 정관이다.

정관은 겁재(劫財)를 보면 구속하거나 굴복시키려고 한다. 이는 오만불손한 겁재가 규정을 위반하고 도덕과 윤리를 무시하기 때문이다. 겁재의 성향이 사회적 불만이 많거나 편법으로 상대방을 힘들게 한다. 겁재는 인간사에서 형제나 친구 동료로서 서로의 이익을 가지려고 일을 도모하지만 끝나면 욕심으로 싸움을 하거나 남처럼 매몰차게 돌아선다. 하여 정관이 이들을 모든 규정을 동원하여 다스리면 겁재가 얌전해진다.

원만한 가정에서 바르게 교육을 받고 성장하여 준법과 품행이 단정하며 예의 바르고 정직하다. 말과 행동이 일치하여 약속을 어기지 아니하고 때로는 인내심도 강하다. 생활습관이 규칙적이며 윗사람에게 인정받고 아랫사람과 관계가 원만하여 사회생활을 하는데 본보기가 된다. 명분을 앞세우며 고지식하여 답답하다. 보수적이지만 책임감 있고 계획적으로 행동하기 때문에 실수가 적고 실행력이 빠르며 정확하다.

인간사에서 남자는 자식, 외가식구 등이고 여자는 남편, 외가식솔 등이다.

무형으로 보면 명예, 체면, 품위, 형식적, 양반 기질, 인격, 책임감, 신의, 결백, 보수적, 소심, 옹졸, 배려심, 정법, 모범, 원리, 원칙, 인내심, 타협, 명령, 암기, 잔소리, 옳고 그름, 저장, 판단, 트집, 상식, 양심, 인사성, 예의, 예절, 윤리, 도덕, 청렴결백, 눈치, 자존심, 근면, 검소, 성실, 섬세, 신용, 실속, 봉사 정신, 불안, 긴장, 권위의식, 인정, 정직, 교묘함 등등...

유형으로 보면 규정, 질서, 직장, 표창, 공직, 중책, 계급, 승진, 통제, 기관, 관공서, 수행, 내근직, 군, 경, 검, 행정관료, 입찰, 지배인, 신사, 정찰제, 통합, 전문적, 행정인, 장기적, 합법적, 통계, 자원봉사, 세밀(細密), 감사, 정도, 검사원, 기관, 학교, 정당, 정확, 직업, 관직, 완벽, 합리적, 약속, 의리, 용모, 평범, 비천, 음탕함, 철저, 판단력, 짜임새, 교화, 인품 등으로 긍정적인 이미지를 가지고 해석을 한다.

정관은 상관을 마주하면 불리하여 당한다. 아무리 규정과 원칙을 준수하지만 교묘하게 이를 위해(危害) 하고 함정을 만들어 놓고 기다리는 상관의 권모술수에 당하지 못한다. 상관이 강하면 정관은 피하는 것이 좋다. 정관이 상관과 합하여 작당하면 권력을 이용하여 불법을 합법적으로 둔갑시켜서 사회에 암적인 존재로 혼란을 일으킨다. 정관은 합의하여 만들어진 규정이기에 공정하지 못하면 패악(悖惡)이다.

편인(偏印)

　자연에서 편인은 정체성이 불분명한 것이거나 지상과 지하를 넘나들면서 몰래 공격하거나 어느 순간 사라지는 죽음의 공포 같은 의미를 둔다. 그리고 완벽하지 않거나 진화를 위한 탈바꿈을 잘하는 편이다. 어쩌면 자연의 변화에 적응을 잘하는 문어나 카멜레온처럼 변화에 능통하고 속임수로 생존하는 것들이다. 무엇보다 미래가 약속되지 않은 자연이 바로 편인이다. 하여 아주 교묘하고 지혜를 타고났다.

　편인은 식신을 보면 무시하거나 무조건 잡으려고 발버둥 친다. 그러나 곁에 편재가 보이면 얌전하다. 편인은 전문성을 가지고 시작은 잘 하지만 게으름으로 뜻을 이루기 어렵다. 하여 말이 앞서서 믿음이 떨어지고 외면당하는 경우가 있다. 하지만 부지런하면 반드시 뜻을 이루어 성공할 수가 있으며, 튼튼한 편관이 하나만 있다면 명인이 된다. 편인은 전문성이 뛰어나고 지혜가 있어도 부정적으로 해석이 된다.

　편인이 많으면 두뇌 회전이 빠르고, 감각적 임기응변이 능통하며, 정신세계와 예술방면에 두각을 보인다. 눈썰미가 좋아 일 처리를 쉽게 생각하고 요령을 잘 부리지만 결과는 불투명하다. 급한 성격에 자존심이 세고 잔소리에 과잉반응하며, 집요한 성격과 결벽증 그리고 자폐증 같은 행위를 한다. 군자처럼 좋은 말을 하는데 싫증과 태만한 성격 그리고 변화무상한 성격을 예측하기가 힘들다. 변덕과 경솔한 행동을 자주 하는 편이다.

　인간사로 보면 계모, 서모, 할머니, 조부, 손자, 어머니 등으로 해석한다.

무형으로 보면 언어구사력, 신비주의, 정신세계, 수행, 수도, 언어. 분석, 상상력, 창작, 창조, 개발, 공상(空想), 예언, 임기응변, 천재성, 예술성, 기인, 종교, 발명가, 정보, 연구원, 논쟁, 수용성, 인내심, 집요함, 비평, 비판, 비상한 생각, 기행, 철학, 신경과민, 자폐증, 결벽증, 고독, 변덕, 의심, 잔소리, 거짓말, 잡념, 싫증, 짜증, 게으름, 꿈, 병마(病魔), 즉흥적, 기만, 참선, 무속, 변태, 변덕, 비현실적, 불평, 불만, 좌절, 극한 상황, 까다로움, 주도면밀 등등...

유형으로 보면 교수, 박사, 학위, 가문서, 전문, 판사, 변호사, 검사, 변리, 회계, 감별사, 분석가, 평가서, 약사, 외국어, 계약서, 금융증권, 보험, 대행문서, 참모, 비서, 논문, 유전학, 법학, 물리학, 천문, 법무, 서사, 대서, 대필, 공증, 기술서적, 세관원, 판결문, 송사, 소개서, 보증서, 대인관계, 침실, 섹스, 가이드, 잡지, 소설가, 단명, 이별, 환자, 불구, 실패, 욕심, 가난, 부도, 도둑, 사기, 어음, 놀부, 파재, 실직, 기술, 전문요리, 약물, 중독자, 식당, 활인업, 하자, 문제점, 중도하차, 정류장, 거지, 대충, 수면(睡眠) 등으로 상당히 전문적이지만 부정적인 이미지가 강하다.

편인이 편재를 만나면 만사가 불통하여 뜻을 이루기 힘들기에 적극적으로 피하면 성공한다. 편재는 여자와 재물이며, 유흥과 도박으로 이러한 유혹을 피하는 것은 상당한 인내심을 가지거나 수행하는 자세로 살아야 가능하다. 강한 유혹은 비견으로 막아내기 힘들지만, 비견과 합을 하여 새로운 것을 창작하거나 구상하면 명성이 나고 편재가 따라오게 된다. 만약 편재와 합을 한다면 희대의 사기꾼이나 변호사가 될 것이다,

정인(正印)

　자연으로 보면 만물을 만들어내는 어머니다. 자연은 스스로 생기지만 이들이 번식하여 사라지지 않고 자연의 일원으로 남아있도록 하는 것이 정인이다. 때로는 얼마 안 되는 학습을 통하여 소통하고 도구를 이용하며, 일사불란하게 떼를 지어 움직인다. 자신을 희생하여 자연에 도움이 되게 하는 모든 것이 정인이다. 즉 먹이 사슬의 가장 밑에 있는 것이다. 이러한 것이 없으면 자연은 멸망할 것이다.

　정인은 정재를 만나면 싫어하지만 그렇다고 피해를 많이 입는 것은 아니다. 다만 겁재가 곁에 있으면 편안할 것이다. 정재는 정확하고 계산에 밝기 때문에 오히려 정인과 합을 하여 뜻을 이루기 쉽다. 인간사에서 남자는 처(妻), 여자는 아버지다. 이는 서로 상부상조하면 해로움보다 이로움이 월등하게 많을 것이다. 하여 극을 하지만 이는 가장 이상적인 조화를 이루면서 서로의 이익과 욕심으로 경계할 뿐이다.

　정인은 이해심이 넓고 긍정적인 사고로 기품(氣品)과 자존심, 명예를 중요시하며, 깨끗한 환경을 좋아하고 앞으로 나서는 것을 싫어한다. 지식이나 언어가 바르고 총명하여 눈빛이 맑고 어질다. 반면에 인색하고 이기적이고 때로는 수행으로 자신을 다스려서 마음에 여유를 가지면 좋다. 바른 생각과 집착 그리고 사심을 가지지 않아서 존경받는다. 차분하고 논리적이며 자식에게 희생하기 때문에 건강이 약할 수 있다.

　인간사에서는 어머니와 관계된 인물로 해석한다.

무형으로 보면 수양, 예술, 학문, 정신, 윤리, 추진력, 집중력, 직관력, 영감, 예감, 지혜, 총명, 논리적, 음덕, 수명, 종교, 모성애, 도덕성, 덕망, 의무, 문학, 기획, 언어, 귀인, 생각뿐, 바른말, 자상함, 보호 정신, 정서적, 인자함, 정식, 함정, 지식, 상식, 침착, 완벽, 온화함 등등...

유형으로 보면 교육, 국어, 문서, 학자, 교육자, 언론인, 저자, 대필자, 도장, 글, 자격증, 얼굴, 머리, 의학, 정치, 국문학, 인문학, 생산, 예습 복습, 부모덕, 윗사람, 교육학, 선생, 교사, 요리, 학문, 지도자, 책임감, 고지식, 시인, 작사, 논문, 서적, 보육, 요양, 소설, 학습지, 보모, 번역, 통역, 활자, 인쇄, 연설, 판결문, 평론, 서점, 알뜰, 인증서, 교과서, 편집, 논평, 수표, 행정원, 어학원, 연수원, 결재, 수완, 교재, 합의, 보호자 등이며 상당히 긍정적으로 해석된다.

정인은 상관을 만나면 망설이지만 화합하면 뛰어난 능력으로 변화시킨다. 상관은 잔꾀를 내어서 정인을 속이고자 하지만 이를 알아도 이유를 불문하고 인정스럽게 타일러서 교화(敎化)하려고 한다. 상관은 정관을 해치려고 하지만 정인을 보면 기예(技藝) 쪽으로 방향을 잡아간다. 상관이 아무리 변덕스럽고 거짓말과 속임수를 능통하게 구사하여도 정인을 속일 수 없다. 정인은 상관을 모성애로 감싸 주고 가르쳐서 능력을 발휘하게 한다.

제10장

지장간(地藏干)

제10장
지장간(地藏干)

지장간은 지지부호 속에 천간 부호를 감추어 둔 것이다. 즉 지지가 어떻게 이루어진 것이며, 자연의 모든 시작과 과정 그리고 결론까지 3개의 천간 부호로 설명하였다. 지장간은 이러한 부호를 응용하여 삼라만상을 대변하여야 한다. 그리고 천간이 지지에 인연 됨에 따라서 지장간의 해석도 다양해질 것이다. 비록 2~3개의 천간 부호이지만 천간을 통하여 지지로 이어진 경로를 계절에 적합하게 풀어야 한다.

지장간은 土가 중심이다. 하여 흙이 쌓이면 저절로 열이 발생하고 열에 의하여 나무는 뿌리를 내린다. 그리고 땅속의 물을 흡수하여 성장하며 열매를 맺고 완전하게 과즙이 차면 떨어져 다시 흙으로 돌아간다. 지장간은 이러한 과정 이외에도 알 수 없는 것을 증명하고 다양한 방법으로 보이지 않는 세계가 당당하게 존재하고 있음을 설명한다. 지장간을 쉽고 가볍게 생각할 수도 있겠지만 알고 보면 자연의 흐름을 암호로 표현한 것이다.

역학의 핵심은 지장간이다. 3등분으로 나누어져 시작은 寅巳申亥로 표현하였으며, 과정은 子卯午酉로 표현하였다. 마무리에 丑辰未戌로 정리를 하여 다양한 자연의 흐름을 심묘(深妙)하게 짜놓고 있다. 아득한 우주에서 보이지 않는 미생물까지 부호를 이용하여 일체를 만들어 낸다는 것은 아주 특별한 이야기일 수밖에 없다. 자연을 부호로 옮겨 놓았기에 지장간을 알고자 한다면 부호를 먼저 이해하여야 한다.

인간의 성품을 살찌게 하는 문화나 학문, 생활을 이롭게 하는 수학과 과학 그리고 일상에서 절대적 소통을 위한 지식과 상식이 있다. 이외 인간이 살아가는데 필요한 무엇이든 지장간에 압축하여 두었다. 자연에서 현실적으로 이루어지는 것과 보이지 않는 사후세계, 마음과 생각 그리고 말과 행동을 알 수가 있다. 사물의 근원과 인간의 얼굴과 미래예측과 사건의 발생과 과정과 해결까지 지장간을 통하여 알 수 있다.

子: 동짓달
　壬: 맑은 물이
　癸: 깨끗하게 정화를 한다.

원인

土가 보이지 않는다. 이는 물이 땅 위로 흐르기 때문이고 공간 속이 가득 채워졌기에 土를 표현할 필요가 없어서이다. 즉 지면 위로 흐르면 보이기에 액체(液體)로서 壬水에 해당한다. 하지만 공간 속을 채우고 보이지 않고 확인하기 난감한 것은 기체(氣體)로서 癸水에 해당한다. 때로는 이들이 단단한 덩어리가 되면 이를 고체(固體)로 표현하여 얼음이라 한다. 戊土는 물 아래이고 공간이므로 표현하지 못한 것이다.

자연

子時에 칠흑 같은 어둠으로 사물을 구분하기 어려워 활동하기 힘이 든다. 子月은 해가 늦게 뜨고 일찍 지므로 활동할 시간이 짧다. 온도는 떨어지고 바람이 차다. 물이 차고 맑아서 얼기 시작하고 눈이 내린다. 자연으로 들어가면 산과 들은 앙상하며 흰 눈이 쌓여간다. 동식물들은 겨울잠에 들어가고 사람들도 낮의 길이가 짧아서 활동할 시간이 부족하다. 능률은 떨어지고 체온을 유지하려고 많은 에너지소모로 피로하다.

예문) 남자
시 일 월 년
壬 壬 甲 癸
寅 午 子 丑

동짓달 寅時에 子水겁재가 午火재성에 충을 하고 있다. 寅午合火는 한겨울이라서 마른 가지이므로 꺾어지기 쉽다. 하여 子水의 지장간에 壬癸水비겁이 火 재성을 탐하는 경우가 많으므로 항상 경쟁이 극심한 직업을 선택하거나 子月 壬癸水의 흐름이 빠르기에 한곳에 오래 머무는 직업을 하지 못할 것이다. 또 한 午火정재의 지장간에 丁火가 壬水와 合木상관으로 생활 속에 필요한 수리업이 좋다.

丑: 섣달
  癸: 차고 맑은 물이
  辛: 단단하게 변하여
  己: 덩어리졌다.

원인

丑土는 흙이라고 할 수도 있으며 낮고 좁은 공간이다. 다양한 이론으로 무엇이든 표현을 하려면 상황에 맞게 土를 활용하여야 한다. 공간에서 癸水는 차고 어둡고 눈으로 덮어져 보이지 않는 것이다. 辛金은 고정되어 움직임이 없으며 단단하여 변함이 없고 水가 얼음이 된 것이다. 己土는 작은 공간이며 크기는 상대성에 따라서 이야기할 수 있다. 하여 丑土의 공간은 깊이를 알 수 없고 무엇으로 채워져 있는지 모른다.

자연

자연은 丑時에 어제의 탁한 기운이 빠져나가면서 새로운 기운으로 채워질 때이다. 이러한 시간에 활동한다면 면역이 떨어진다. 丑月에 자연은 얼어붙어 꼼짝하지 않는다. 생명의 리듬을 멈춘 상태로 에너지를 뿌리에 모아야 살아날 수가 있다. 사람들은 시체처럼 되어 깊은 잠에서 깨어나지 못하고 새로운 기운을 충전하고 있다. 이 시간에 잠을 깊이 자지 않으면 다음 날 왕성한 활동을 하기 어려울 수가 있다.

예문) 남자
시 일 월 년
丁 庚 己 庚
丑 辰 丑 午

己丑月 丁丑時에 庚辰의 달이 구름에 가리어 가슴속 깊은 곳에 한이 쌓여만 간다. 庚午의 초승달이 예쁘게 빛이 발산하는데 일주는 월주 己丑정인과 丑辰파를 하면서 미움을 받게 된다. 하여 丑土정인 꼼꼼한 일처리, 지장간 癸水상관 불만, 辛金겁재 동료로 인하여 항상 열등감이

생겨나면서 己土정인 부모나 대표를 원망하며 방황한다. 하여 丑辰파로 그만두고 전문 공부를 해보려고 고민할 것이다.

시주의 丁丑은 공무원 쪽으로 가고 싶어서 다시 丑辰파를 하는 경우이다. 하여 丑土는 공부를 위하여 칩거하고자 하는 것으로 지장간의 癸水상관은 지나친 모험이고 辛金겁재는 자신을 희생하여 변화해 보고자 함이다. 己土정인은 깊이 있게 공부를 하여본다는 의미이다. 辰土의 지장간에 戊土편인과 癸水가 습火정관이 되므로 어느 날 갑자기 계획된 것이다. 이렇게 자신을 바꾸고자 한다면 파(破)보다는 충(沖)형(刑)이 좋을 것이다.

寅: 1월
　　戊: 산과 들에
　　丙: 싹이
　　甲: 돋아난다.

원인
　木은 무엇을 지탱하고자 하는 기초에 해당한다. 하여 어떠한 사물의 중심을 여기에 의지하여 위로 올라가고자 하는 것이다. 하여 戊土는 자연 속에 살아있거나 움직이는 모든 것을 품고 있음을 표현한다. 丙火는 에너지가 전달되어 새싹처럼 돋아나서 사방으로 확장되고 때로는 흩어진다. 그리고 甲木은 지금 시작하는 것일 수도 있다. 하여 공간이 밝아지고, 나무에 새싹이 트는 것이라서 丙火의 장생이다.

자연

　寅時에 먼 곳에서 동(해가 솟아남)이 트기 시작하면서 자연은 깨어난다. 활동하기 위함이 아니고 새로운 것을 시작하기 위해서 깨어나는 것이다. 寅月이 되면 산과 들에 살아있는 초목들이 지열(地熱)에 의하여 뿌리부터 활동하기 시작하면서 새로운 싹이 트고 북쪽에서 차고 맑은 물이 남쪽으로 흐른다. 사람들은 정신이 돌아오지만 아직은 완전한 회복은 하지 못하고 잠자리에서 뒤척이면서 몸을 깨우려고 노력한다.

예문) 여자
시 일 월 년
辛 己 壬 甲
卯 亥 申 寅

　7월 새벽에 천둥소리 요란하고 장대비가 내릴 때 己亥가 태어난 것이다. 하여 年月의 甲寅과 壬申이 충을 하여 아버지를 여의고 申金상관 홀로되신 어머니가 寅申沖으로 甲寅木의 지장간에 戊土겁재 별난 동생들, 丙火정인 두루두루 챙겨주고, 甲木정관 흐트러짐 없이, 寅亥合으로 항상 함께하기를 바라지만 破하여 잔소리만 늘어나고 말은 듣지 않고 寅亥역마로 밖으로 돌아다니니 申金의 원망이 쌓여간다.

卯: 2월
　甲: 줄기는 위로 자라고
　乙: 가지가 옆으로 자라면서 잎이 짙어지기 시작한다.

원인

　木이지만 수평적이며 살아있는 것이지만 부드럽고 연하고 유실수이다. 하여 비슷한 것끼리 어우러지고 있다. 수직적인 甲木은 부러질 수 있으며 열매를 맺을 수도 있다. 때로는 단단하여 열매를 맺지 못하는 것도 있다. 유연하고 수평적인 乙木은 사방으로 펼쳐져서 영역을 확장하기 때문에 己土를 완전히 덮어버린다. 그래서 土가 보이지 않는데 늦가을에 잎이 떨어지면 己土는 서서히 모습을 드러내기 시작한다.

자연

　卯時에 비몽사몽에서 벗어나 의식이 완전히 살아나고 잠에서 깨어난다. 卯月 나무에는 새순이 가지로 변하고 연한 잎은 조금씩 진하게 물이 오르고 잔뿌리는 수분을 열심히 찾는다. 자연으로 들어가면 새 잎이 계속 돋아나고 들녘에는 부드러운 풀이 왕성하게 돋아나기 시작한다. 사람들은 일과를 시작하기 위하여 혈기왕성하게 밖으로 나간다. 이때를 놓치면 발육이 늦어지고 하루의 수익이 부족할 수 있다.

　　　　　　　　예문) 여자
　　　　　　　　시 일 월 년
　　　　　　　　丙 壬 甲 丁
　　　　　　　　午 辰 辰 卯

　왕성한 삼월 한낮의 태양을 삼킬 만큼의 큰 꿈을 가지고 壬辰이 태어났다. 어릴 때 丁壬合木상관의 기질을 가지고 丁火의 아담한 꽃이 피어났다. 하지만 팔자에 자형이 많아서 뜻을 이루기 어렵고 卯木상관에 집중하지 못하니 꿈을 접어야 할 것이다. 이는 卯木상관의 지장간에 甲

木식신 순수한 이미지로서 성장 가능성을 드러내고 있지만 乙木상관 지나가는 바람이다. 특히 辰月 木이 무성하여 己土정관이 보이지 않으니 직업으로 하지 못한다.

辰 : 3월
　乙: 바람에 꽃가루가
　癸: 흩어져서
　戊: 높이 올라 멀리 간다.
　戊癸合火: 허공에서 수분과 결합하여 뭉게구름이 된다.

원인

土는 지지에서 4개로 나누어서 표현한다. 辰土자형(自刑)은 스스로 전환할 때를 알고 있다. 하여 乙木의 따스하고 가벼운 바람이 불어오고 癸水의 수분이 풍부하여 戊土의 허공이 넓어지면서 눈으로 멀리까지 볼 수 있다. 때를 놓치지 않은 동식물들은 순식간에 자신의 영역을 확장하려고 한다. 이를 戊癸合火로 표현한 것이다. 이때부터 자연은 가지를 힘차게 뻗치면서 잎은 진한 녹색으로 변화한다.

자연

辰時에 자연의 흐름은 매우 바쁘고 급하게 서두른다. 이는 내면의 에너지를 밖으로 전환하여 활동을 시작하기 때문이다. 辰月은 꽃이 피지 않는 식물이나 잎보다 꽃이 먼저 피는 초목은 바람에 화분을 최대한 먼 곳까지 날려야 한다. 미처 깨어나지 못한 짐승들이 나오면서 서서히 활동하기 시작하고 사람들은 한해의 농사를 준비하고 직장인은 출근하거나 일과를 시작할 준비를 하면서 바쁘게 활동한다.

예문) 여자
시 일 월 년
丙 壬 甲 丁
午 辰 辰 卯

  한낮이다. 출렁거리는 망망대해에 물보라가 잔잔하게 반짝이고 일찍 출발한 甲辰식신 편관의 여객선은 丁卯의 작은 항구에 정박한다. 그리고 새로운 세상을 탐험하고자 스스로 일지 辰土편관을 선택한 것이다. 지장간을 살펴보니 乙木상관 새처럼 날고 싶은 욕망 癸水겁재 여러 곳에서 모여든 경쟁자들 戊土편관 취업을 하기 위한 戊癸合火정재 능력을 검증하려고 한다. 월지 辰土의 지장간 乙木은 철새들로 가득하다.

  월지 辰土지장간에 乙木상관 좋다고 소문을 따라 꿈을 안고 갔는데 적응하지 못하고, 癸水겁재 기대하였던 수익이나 대우가 형편없어 戊土편관 자기 능력을 발휘하지 못하여 여기저기 또 다른 곳을 찾아보지만, 戊癸合火정재 자부하던 능력이 순간 무너지고 말았다. 하여 세상은 넓고 자신의 무능함과 초라함을 辰辰자형되어 스스로 깨닫는다. 辰月 甲木식신의 자부심은 지장간 乙木상관의 공격에 견디지 못한다.

巳: 4월
   戊: 산과 들에
   庚: 살아있는 것들이 수정하려고
   丙: 사방에서 모여들고 있다.

원인

火는 열과 빛으로 나누어진다. 巳火는 표면의 열을 사방으로 방출하지만 그렇게 뜨겁지 않다. 하여 戊土의 공간이 넓게 보이고 살아있는 온갖 동식물이 왕성하게 활동하기 시작한다. 번식을 위하여 庚金은 자연스럽게 곤충이나 바람에 의해 수정이 이루어진다. 이는 보전하기 위함으로 본능적 자연순환이기에 이를 거부하면 멸종한다. 그리고 이때가 지나면 수정을 하여도 온전하게 생산되기 어렵다.

자연

巳時에 열기가 오르기 시작하여 모든 것이 왕성한 활동을 시작한다. 문제는 내면에서 일어나는 진심이 아닌 살아남기 위한 본능적 또는 습관적인 행위에 불과하다. 巳月은 살아있는 동물은 먹이 사냥을 시작하고 식물은 꽃을 피워서 곤충들을 유혹하여 수정을 부탁한다. 자연이 성장하는 과정이므로 복잡할 때이다. 사람도 일상에서 가장 능률이 높을 때이고 한해 농사가 시작되고 적절한 에너지 분배를 하여야 한다.

예문) 여자
시 일 월 년
癸 乙 己 甲
未 卯 巳 寅

巳月 작은 텃밭에 자란 甲寅으로 인하여 그늘이 지어서 베어내고 나니 양지바른 곳에서 파란 싹이 돋아나고 있다. 하지만 일주 乙卯는 巳火상관의 지장간에 庚金정관과 합을 하고 싶은데 아직 꽃을 피우지 못하고 있으니 수정이 늦어질 것 같다. 즉 戊土정재 나름대로 재물을 모

아서 庚金정관 남자와 합하려고 준비를 하고 丙火상관 인물 좋은 사람을 찾아서 乙庚合金으로 열매를 맺으니 庚金정관은 다른 곳으로 가버렸다.

午: 5월
　丙: 형체 없는 것은
　己: 피부를 통하여
　丁: 그 깊이를 알 수 있다.

원인

　형체가 없는 午火는 보이지 않기에 느낌으로 알아차려야 한다. 하여 이를 자연으로 풀어보면 丙火열이 속으로 들어가서 己土공간을 가득 채우고 있는데 丁火빛은 더욱 기세를 부리고 있다. 즉 사방으로 흩어지는 열을 피부를 통하여 알 수가 있으며 빛은 더욱 따가울 것이다. 하여 午月 열기는 땅속으로 스며들기에 더위를 느끼지 못하고 햇빛은 더욱 강하니 자연은 진한 색(色)으로 변화하여 푸르다.

자연

　午時가 되면 태양의 열과 빛이 지구 가장 가까이 접근하여 발산하고 대지의 습도를 밀어내고 서서히 열로 채워지니 살아있는 것들은 왕성하게 활동한다. 하여 동식물은 번식하기 시작한다. 午月까지 열은 공간 깊숙이 파고들었다가 보이지 않는 곳까지 열을 전달하여 미생물을 깨운다. 하여 자연은 진한 녹색으로 변하고 물속에 부유물이 생겨나기 시작한다. 인간은 잠깐의 휴식을 취하고 오후를 준비한다.

예문) 남자
시 일 월 년
甲 庚 庚 丙
申 申 子 午

  동짓달 申時에 그림자가 늘어지기 시작할 때쯤 년주 丙午관성이 과감하게 열을 올리면서 깊은 곳까지 열전도를 하려고 한다. 하지만 한겨울 늦은 오후의 열기는 그렇게 강하지 못하고 오랫동안 유지할 수가 없다. 하여 午火정관의 지장간에 丙火편관 나름대로 요직이나 중심부에 자리하고 己土정인 다양한 정보를 수집하여 丁火정관 오로지 한 곳에 보고한다. 하지만 겨울이라서 항상 子水에 충을 당한다.

未: 6월
  丁: 열이 빛으로 바뀌고
  乙: 바람은 뜨겁고
  己: 구름이 뭉쳐지기 시작한다.

원인
  불안전한 土이다. 이러한 공간에서 무엇이든 안전을 보장받을 수가 없다. 하여 견디면 살아남고 그러하지 못한다면 사라진다. 丁火의 극성스러운 열은 빛으로 변하고 땅속으로 스며든 열은 수분을 밀어 올려 己土의 구름을 만든다. 그리고 위에서 내려오는 차가운 공기와 충돌하여 乙木의 바람이 발생한다. 즉 고온다습한 구름이 여기저기 생겨나면서 충돌하니 폭우와 폭풍이 수없이 발생하여 자연재해가 일어난다.

자연

　未時는 혼란하다. 성장과 열매를 키워야 하고 다가오는 추위를 대비할 때를 알려주기에 반환점을 돌아가야 하는 귀로(歸路)이다. 습기(濕氣)가 지나고 건기(乾氣)로 변화하는 과정에 혼란스러워진다. 그래서 未月은 자연이 출발한 곳으로 돌아가려고 반환점을 급하게 선회한다. 이때 위기를 느끼는 모든 동식물은 다음을 준비한다고 서두른다. 사람도 이때부터 그동안 지어 놓은 농사에 자연재해를 막으려고 관리하기 시작한다.

　　　　　　　예문) 여자
　　　　　　　시 일 월 년
　　　　　　　丙 乙 辛 丙
　　　　　　　戌 未 卯 子

　싹이 푸르게 돋아나는 어느 봄날 저녁에 어둠은 깊어가고 별도 총총히 떠오르는데 늦게 아궁이에 불을 지피고 있다. 乙未가 태어났으니 아버지와 형제들이 옹기종기 아궁이 앞에 모여 이야기를 하고 있다. 2월 丙火가 子水위에 있고 子未원진이니 간신히 살아난 것이다. 하여 부모는 未土의 지장간에 丁火식신 자식만 바라보고 乙木비견 매일같이 己土편재 건강하기를 바라는데 戌未파형으로 힘들어한다.

(영가 장애일 경우)

　丙子할머니가 병환으로 돌아가시고 丙戌할머니가 오셨는데 앞에 할머니께서 모시던 신주(神呪)를 戌未파형 깨트린 것이 인연 되어 乙未가 대신 고통을 받는 것이다. 이는 丙火 할머니 두 분의 관계에서 벌어지는 파장(波長)이 乙未에게 영향을 주는 것이다. 未土의 지장간을 살펴보면 丁火식신 할머니가 향과 초를 밝히고 乙木비견 매일 마을 당산 약명 신령님께 병이 완쾌되길 기도하며 己土편재 몸이 편하기를 기원하였다.

申: 7월
 戊: 많은
 壬: 물이
 庚: 바위틈 사이에서 흐른다.

원인

 무엇인가를 보전하기 위하여 부단한 노력이 필요할 때이다. 하지만 열과 빛의 도움이 없으면 불가능하다. 하여 戊土의 새로운 공간이 얼마만큼 커질 것인지 모르지만 나름대로 공간을 알차게 채우는 것이 목적이다. 壬水 어둠이 살아나기 시작하고 과일은 과즙을 채우면서 늘어난다. 그리고 물은 여과하기 위하여 북쪽으로 방향을 돌릴 것이다. 자연은 조건에 적합하게 때를 맞추어 목적이 이루어지는 것이다.

자연

 申時가 되면 알게 모르게 일과를 정리한다. 그리고 그림자가 길어지면서 어둠이 시작된다. 산과 들에 동식물들이 무엇에 쫓겨가듯 서두르기 시작한다. 申月부터 수온이 떨어지면서 초목(草木)이 머금고 있던 물을 서서히 내리거나 열매에 집중하면서 추위를 대비한다. 동물들은 추위를 앞두고 먹이 사냥에 집중하고 사람은 자연재해와 곤충피해를 막으려고 긴장하면서 한편으로 겨울나기를 위한 준비를 한다.

예문) 남자
시 일 월 년
甲 庚 庚 丙
申 申 子 午

　동짓달 흐르는 강물 위에(申子合水) 달그림자가(庚子) 무척 아름답게 (丙午) 보인다. 하지만 하늘에 둥근달(庚申)은 무엇이 그리 바쁜지 서두르고(甲申) 있다. 일주 庚申의 생각을 알아보자. 申金의 지장간에 戊土편인 어떠한 목적을 위한 공부나 기술 壬水식신 익힌 것을 표현하려고 庚金비견 한결같은 생각을 버리지 않고 있는데 강물은 보이지 않는 목적지로 하염없이 흘러간다. 그래도 甲木편재는 죽지 않고 살아있다.

　시주 甲申편재 비견에 대하여 알아보자. 친구를 따라나선 甲木은 申金위에서 위태롭게 견디고 있다. 즉 戊土편인 큰 희망과 기대를 안고.. 壬水식신 새로운 곳에서 꿈을 키우려고.. 庚金비견 친구를 따라간다. 이를 종합하여보면 정확하게 알지 못하는 곳에 기대하며 전 재산을 지인에게 과감히 건네주고 서로 의지하며 함께 가고자 한 것이다. 하여 이들이 자리를 잡고 흐름을 멈추고자 하는 곳이 辰土편인이다.

酉: 8월
　庚: 자연스럽게
　辛: 변화한다.

원인
　자연이 순환하는 과정에서 내성을 확고히 하고 표면을 마무리하는 단계로 접어든다. 모든 생명을 가진 것은 여하한 경우라도 멸종의 위기를 넘기기 위한 최후의 과정이 자연스럽게 이루어지길 바라는 부호가 庚金이다. 즉 부족하면 채우고 완전하면 껍질을 단단하게 하려고 한다. 하여 辛金으로 변화하여 영원히 보전이나 보존하기 바란다. 보이지 않는 土는 또 다른 공간이 만들어지고 다음에 얼마만큼 크게 변하는지 알 수는 없다.

자연

酉時가 되면 어둠이 자연을 서서히 삼키면서 토해내는 별만 바라보기를 원한다. 자연은 활동을 멈추고 식물은 많은 수분을 뿌리로 내리고 있다. 그리고 동물은 고요히 쉬거나 은밀하게 활동을 한다. 酉月의 자연은 색(色)이 바래고 열매의 표면은 수분이 마르면서 단단하게 변하고 착색(着色)되어 보호색을 가진다. 사람은 풍성한 들녘을 바라보며 수확할 날을 기다리고 피해를 줄이고자 부단한 노력을 한다.

예문) 여자
시 일 월 년
癸 戊 乙 庚
亥 申 酉 子

가을바람이 강물을 깨우고 바위틈 사이로 지나가면서 숨어있는 붉은 꽃을 흔들어 열매를 떨어뜨리게 한다. 戊申은 떨어진 씨앗을 품고 살아가는데 무슨 사연으로 酉金상관에 집착하는지 지장간을 통하여 알아보자. 庚金식신 자연스럽고 순수하게 辛金상관 변함없이 오랫동안 곁에 있기를 己土겁재 새로운 둥지 즉 착하고 부지런한 자식이 결혼하여도 변함없이 의지하고 싶다는 간절한 마음이다.

戌: 9월
  辛: 열매를
  丁: 볕에 건조하여
  戌: 한곳에 쌓아둔다.

원인

수분이 높이 올라가니 하늘은 맑고 시야가 넓어진다. 순환하는 자연은 이때부터 모든 성장을 멈추고 결실을 수확하거나 저절로 떨어져 다음 과정으로 전환할 때이다. 하여 辛金이 품고 있는 수분을 丁火를 통하여 최소한으로 줄인다. 그러하지 못하면 보전이 어렵고 보존하려면 수분을 조절하여야 한다. 열은 대부분 사라지고 丁火의 볕만 살아있을 뿐이다. 戌土의 공간을 이용하여 동물들은 부지런히 먹거리를 저장한다.

자연

戌時가 되면 어둠은 깊어가고 밤하늘에 별들이 늘어만 간다. 주변은 적막(寂寞)하고 바람만 오고 갈 뿐이다. 살아있는 모든 것은 활동을 멈추고 다음을 위하여 잠자리에 들어가려고 한다. 戌月 이슬은 새벽 찬 공기에 하얀 쌀가루를 뿌린 듯하지만 늦게 뜨는 햇살에 어디로 숨어버린다. 가을 따가운 볕에 열매는 수분조절을 하기 시작한다. 산야(山野)는 붉게 채색(彩色)되면서 잎이 떨어지고 사람들은 곡식을 거두어들인다.

예문) 여자
시 일 월 년
壬 戊 辛 辛
戌 戌 丑 亥

　매서운 칼바람이 산꼭대기 호수에 물을 꽁꽁 얼게 하였다. 그리고 밤하늘 별들은 얼어붙은 강처럼 미동(微動)도 하지 않고 이를 바라보는 일주 戊戌의 생각을 알아보자. 辛金상관 나름대로 자식을 곱게 키우고 丁火정인 학업으로 전문인이 되었으면 하는 소망이 戊土비견 변함없는데 즉 자식이 잘되기를 마음 깊이 바라고 있는데 丑戌형으로 자식이 어머니의 뜻을 알지 못하고 있음이 못내 서운함으로 쌓이고 있다.

　시주 壬戌편재 비견은 어떻게 생각할까? 辛金상관 행여 사라질까 근심으로 가득한데 丁火정인 믿을 수 있는 것은 오로지 문서이고 戊土비견 고이고이 감추어두고 있을 뿐이다. 즉 나름대로 능력 발휘를 하고 싶은데 지인들이 이를 보고 빈정거릴까 두려워 눈치만 보고 있다. 하여 丁壬合木정관으로 기회가 주어진다면 숨겨둔 재능을 끊임없이 보여주고 싶다. 하지만 丑戌형으로 기회가 오지 않으니 마음에 상처만 남았다.

亥: 10월
　戊: 산과 들에
　甲: 살아있는 모든 것은
　壬: 숨어버린다.

원인

　북방으로 흐르던 물은 수온을 급히 떨어트리기 위해 잠시 멈추고 부유물이 가라앉도록 기다린다. 자연은 순환을 일시적으로 멈추고 흐름을 조정하려고 한다. 戊土 공간 속에 가득한 차가운 기운이 멈추기 시작하고 甲木 살아남기 위하여 壬水 보이지 않게 깊이 숨어야 한다. 하여 생명을 가진 것은 이때를 놓치고 차가운 겨울을 만나면 얼어 죽을 수가 있어 다음을 기약할 수 없다. 물속의 미생물도 진화를 멈춘다.

자연

　亥時에는 활동을 멈추고 충분한 휴식을 위하여 몸을 숨긴다. 그리고 탁한 기운을 풀어내기 위하여 이완(弛緩)시키고 긴장하여 지친 몸을 충분히 쉬게 하여 새로운 에너지를 충전할 준비를 하여야 한다. 이때 활동을 계속한다면 독소를 제거하지 못하여 건강을 지키기 어렵다. 亥月 온도가 떨어지므로 식물은 수분을 뿌리로 내리고 동물은 추위를 피하려고 겨울잠을 잘 준비를 한다. 이때 사람은 월동준비를 하여야 한다.

예문) 남자
시 일 월 년
丁 戊 癸 戊
巳 寅 亥 辰

　亥月 우람한 산골짜기에 물은 흐르지 않고 사철나무 우거진 사이로 따스한 햇볕이 파고든다. 즉 일할 곳은 있는데 수익이 낮으니 망설이고 있다. 어찌하여 수익이 낮은지 알아보자. 戊土비견 평소에 癸水정재

능력이 부실하여 습火정인 단순한 일을 甲木편관 쉽게 처리하지 못하고 壬水편재 경험이 부족하여 능력 발휘가 안 된다. 하지만 癸水정재가 亥水편재를 만나서 한 곳에 충실하려고 노력할 것이다.

암합

지강간에서 암합을 하는 경우가 있다. 이를 대부분 오행으로 표현하고 있는데 이를 십신으로 통변 하고자 한다면 분명하게 음양을 정하여야 한다. 이러할 경우 천간에 어떠한 부호로 이루어져 있는가에 따라 오행이 다양하게 변화하는 것이다. 이는 합을 우선으로 하는 원칙에 따라서 십신을 선택하여 풀이하는 것이 원칙이다. 즉 辰土의 지장간에 戊癸合火가 있는데 천간에 辛金이 있으면 丙火이고 壬水가 있다면 丁火로 변화하는 것이다.

예문) 여자
시 일 월 년
辛 乙 辛 壬
巳 丑 亥 寅

亥月 巳時 절기상으로 눈이 내리는 소설(小雪)을 전후하기에 亥丑合水하여 개울에 흐르는 물은 마르고 조약돌 사이에서 乙丑이 고통스러워 보인다. 사방에는 巳丑合金하여 푸석한 돌뿐이고, 亥水정인은 寅木겁재에 합하고 乙丑에게는 파형하여 호되게 인성교육을 받았으니 어머니가 무서웠을 것이다. 하여 정(情)은 그립고 서러움은 가슴에 감추고 있다. 하여 형제 친구 지인들은 그들의 이익을 위한 합을 할 뿐이다.

壬寅정인 겁재 지장간 丙火상관은 월과 시간의 辛金편관과 合水편인으로 乙木에게 약간의 도움을 주고 생색을 내고 있다. 그리고 巳火상관 지장간 戊土정재가 丑土편재 지장간 癸水편인과 合火식신이 되어 잠시 그들의 뜻을 이루기 위하여 巳丑합하고 亥丑합하여 찾아왔다가 亥水정인과 巳亥충으로 돌아간다. 지장간은 어느 부호와 합 형 충 등을 하며, 지장간에 암합까지 이해하고 풀이를 하여야 한다.

년간 壬水와 합하면

壬寅정인 겁재와 합을 하기 위하여 丑土편재 지장간 癸水편인과 寅木겁재 지장간 戊土정재와 戊癸合火는 丁火식신이 되어 丁壬合木비견이 된다. 즉 잠시 밖으로 나가면 일주 乙丑에게 자상한 가르침이나 보살핌이나 정겨운 언어와 좋은 이야기를 해주는 이가 있다면 친구처럼 지내고 싶다거나 그러한 사람을 만나고 싶다는 생각이다. 또는 어린 시절이 생각나거나 어머니가 그립다고 할 수 있다.

월간 辛金과 합하면

辛亥편관 정인과 합을 하기 위하여 丑土편재 지장간 癸水편인과 亥水정인 지장간 戊土정재와 戊癸合火는 丙火상관이 되어 丙辛合水편인이 된다. 즉 일상이나 사회 또는 살아가기 위한 수익을 창출하려고 하니 글을 써주거나 전문적인 일을 하는 대가로 받은 작은 금액이지만 일주 乙丑은 상당히 보람되고 큰 금액이므로 이러한 일을 할 수 있음에 인연 된 사람에게 항상 감사한 마음을 전하고 싶은 것이다.

시간 辛金과 합하면

辛巳편관 상관과 합을 하기 위하여 丑土편재 지장간 癸水편인과 巳

火상관 지장간 戊土정재와 戊癸合火는 丙火상관이 되어 丙辛合水편인이 된다. 이는 년지 寅木겁재가 巳火상관과 해형으로 이루어진다. 하여 지인의 잔소리나 다그치는 소리 또는 알지 못하는 사람이 위협적인 언어를 하거나 고함을 치면 일주 乙丑은 겁나서 자신도 모르게 소심하여 어찌할 바를 모른다는 것이다. 하여 밖으로 나가거나 모르는 사람을 만나는 것이 두렵다고 할 것이다.

제11장

합(合) 그리고 형(刑) 충(沖) 파(破) 해(害) 원진(怨嗔)

1) 합(合)
2) 형(刑)
3) 충(沖)
4) 파(破)
5) 해(害)
6) 원진(怨嗔)

제11장
합(合) 그리고 형(刑) 충(沖) 파(破) 해(害) 원진(怨嗔)

우주의 모든 것은 무극(無極)에서 출발한다. 즉 한곳에 뭉쳐져 있기에 이를 합(合)이라고 하며, 우주가 팽창하여 대폭발이 일어나는 것을 형(刑)으로 본다. 은하계의 폭발은 충(沖)으로 생각하고, 지구가 폭발하면 파(破)이다. 화산(火山) 폭발은 해(害)가 된다. 그리고 지진(地震)으로 지각변동이 일어나면 원진(怨嗔)에 해당한다. 이러한 현상들은 일어나기 전에 반드시 전조현상이 있다. 이를 일상에 알맞게 응용하면 된다.

이러한 현상을 줄여서 지구 속으로 들어오면 이야기는 달라질 것이다. 그리고 이를 인간사에서 보면 또 다르게 표현하여야 할 것이다. 근본적인 원리는 하나이며 해석을 다르게 할 뿐이다. 하여 어떠한 상황을 알맞게 표현하여야 한다. 그리고 영원한 것이 없듯이 합을 하면 반드시 형 충 파해 또는 원진으로 이어지게 되어있다. 합을 이루고 나서 어떠한 형태로 떨어지는가에 따라서 다양한 표현을 할 뿐이다.

지구에서 인간은 보잘것없는 동물이다. 하지만 집단으로 사회를 이루고 있기에 엄청난 위력을 발휘하는 것이다. 그냥 자연의 일원으로서 가장 우수한 무리이며, 이들이 같은 언어를 사용하여 국가를 만들면 合이고, 보호받기 위해 법을 만들면 刑이다. 그리고 서로의 뜻이 맞지 않아서 부딪치면 沖한다. 하여 깨어져 나누어지면 破이고 감정이 쌓이면 害가 된다. 이도 저도 아닌데 근심하면 원진(怨嗔)이다.

원진(怨嗔)은 밖으로 표현하지 않고 있다가 어떠한 상황이 만들어지면 자신의 불만을 드러낸다. 즉 자기 생각과 다를 때 반발과 원망으로 후회하기 시작한다. 하여 원진을 내부 충으로 보는 것이다. 강한 힘은 없지만 끈질기고 집요하게 물고 늘어지는 성향이 강하다. 하여 자연에서 합(合)은 무리이며, 형(刑)은 천적 충(沖)은 앙숙(怏宿) 파(破)는 영역침범인데 해(害)는 영역방어이다. 원진(怨嗔)은 첩자라고 할 수가 있다.

인간사에 합은 인연이고 모임이다. 살생(殺生)이 형에 해당하며 복구하기 어렵다. 인연이 다투면 충으로 복원하기 힘들고 계획대로 안되면 파하여 수정하고 보완하면 된다. 실수로 작은 문제가 생기면 해라고 하여 항상 수정할 수 있다. 사소한 의심은 원진인데 이는 시시비비를 가리면 끝이다. 악보는 음악을 하는데 절대적이고 합과 형 충 파해 원진은 사주를 풀이하는데 절대적이며 강약(强弱)조절을 한다.

1) 합(合)

합이라고 하는 것을 어떻게 해석하며 이를 어떻게 응용하여야 할 것인가? 자연에서 바라보는 합은 살아남기 위한 수단과 방법이다. 하지만 부정적으로 생각하면 분명 한쪽은 상당히 괴로울 것이다. 역시 인간사에서 바라보는 합이 자연과 비슷할 것이다. 필요에 따라서 서로

돕고 이해하며, 더불어 살아가는 것은 지극히 당연한데 끼리끼리 어우러져 자기중심적으로 필요에 따라 다양하게 합을 할 것이다.

합을 하는 형식도 다양하다. 서로 다르지만 같은 목적(目的)을 이루기 위하여 예전부터 이어오는 합과 현재 진행하기 위하여 합하는 경우와 지금 서로가 필요하기에 합할 수도 있다. 그리고 미래를 위하여 합을 하기도 한다. 이러한 합을 삼합(三合)이라 한다. 그리고 같은 방향(方向)을 바라보고 뜻을 합하는 경우는 방위합(方位合)이다. 또 한 필요에 따라서 조건(條件)적으로 합하였다가 뜻을 이루면 깨지는 것이 육합(六合)이다.

합을 이해하고자 한다면 부호가 전하는 의미를 알고 이를 십신으로 해석하여야 한다. 그래야 합하는 원인과 결과를 알 수 있다. 이후 어떻게 끝을 내는가에 따라서 다양한 결과를 나타낼 것이다. 이처럼 지지의 합은 많은 사유(事由)가 있을 것이고 이를 이해하면 된다. 우주나 자연 그리고 인간사의 원리는 알기 어렵다. "만(萬) 가지 이론은 하나로 통(通) 하지만 자연을 벗어나면 한 조각의 빵과 같을 것이다."

삼합

삼합은 서로 다른 것들이 하나의 목적(目的)을 위하여 뜻을 모으는 방법을 다양하게 표현한 것이다. 즉 생산과 보전 그리고 변화와 진화를 위하여 서로 힘을 합치는 것이다. 물과 열이 합하여 자연 속에 만물을 만들어내고, 인간은 남녀가 합을 하여 번식을 이루기에 멸종하지 않는다. 자연과 인간 그리고 공간과 시간이 목적을 위하여 화합하는 이론(理論)이다. 온도에 의하여 자연과 공간의 변화를 표현한 것이 시간이다.

　삼합이란 공간을 만들기 위하여 언제 시작을 해서 어떠한 과정을 거쳐서 어떤 결과를 낳게 하는 것이다. 즉 이것이 과거부터 전해지거나 현재에 이어지는 것, 그리고 지금부터 시작하는지 또는 다음을 위해서 계획을 세우는 것인지를 삼합으로 전하고 있다. 기획(企劃)하면 시작과 과정 그리고 결론을 어떻게 하여 목적을 이룰 것인가는 스스로 참고 때를 기다리는 것이 가장 중요하다. 이는 큰 뜻을 이루기 위함이다.

亥卯未合木
　亥水와 卯木 그리고 未土가 어우러져 木오행으로 목적을 이루었다. 이는 과거의 亥水에서 기다림을 현재의 卯木을 통하여 未土에서 열매를 드러내어 木의 목적인 번식(繁殖)을 이어가는 것이다. 亥水는 살아남기 위하여 스스로 활동을 멈추고 따스한 기운이 올라올 때까지 기다린다. 이후 왕성한 봄을 만나면 卯木의 기운으로 완연한 모습을 갖추고 未土에서 木의 본성인 종족 번식을 위한 마무리에 들어간다.

　자연으로 이야기하면 亥月이 되면 차가운 겨울에 얼어 죽지 않고 살아남기 위하여 가장 깊숙한 곳으로 스며들어 위기를 넘기고 따스한 기운이 돌아오는 卯月에 왕성한 기운으로 성장하여 따뜻한 여름이 시작할 무렵 짝을 찾아서 수정한다. 火기운과 水기운이 교차하는 未月에 종족 번식의 사명을 다하기 위하여 새로운 씨앗을 드러낸다. 이렇게 자연은 돌고 돌아 자신의 존재를 영원히 보전하려고 합을 한다.

　인간사의 일상에서 바라보면 하루의 모든 일과는 亥時를 전후하여 마감하고 충분한 휴식을 취하기 위한 잠자리에 들어간다. 다음날 새벽 卯時를 전후하여 의식을 회복하고 하루의 일과를 계획하고 실천한다. 정신없는 하루가 未時를 지나면서 서서히 마무리에 들어가고 다음을 준비한다. 만약 때를 놓치면 상당히 수고스럽고 미래에 대한 보장을 약속할 수가 없다. 사람도 50대 중반부터 자녀들의 혼담(婚談)이 오고 간다.

예문) 단순 기능으로 이직(移職)을 못하는 남자.
시 일 월 년
乙 己 甲 己
丑 卯 戌 未

丑時에 己卯는 깊은 잠에서 수익이 높은 전문가가 되어 있는 꿈을 꾸고 있다. 즉 卯木편관 未土비견과 합을 하려고 일주와 시주 사이에 丁亥편인 정재가 음신으로 있다. 이는 오래전부터 하던 직업을 변화하지 못하고 좋으나 싫으나 그대로 이어가고 있다. 즉 한 직장을 떠나거나 업종을 바꾸지 못하고 있으니 융통성이 부족하고 직업전환과 이직하는 것을 두려워한다. 하여 亥水의 과거에 집착하여 스스로 벗어나지 못할 것이다.

亥卯未合木은 과거지향 형이다. 즉 시작이 어디이며 과정이 어떻게 진행하여 결과를 어디에서 맺는가에 따라서 합의 해석을 달리하여야 한다. 위 사주는 亥水가 보이지 않으니 이를 음신으로 선택하여 풀이한다. 일과 시주 사이에서 丁亥가 음신으로 작용하기에 지나간 일에 집착한다. 하지만 년주 己未비견이 예전의 경험도 있고 하여 같이 어울리자고 하여야 밖으로 나가거나 이직 또는 변화가 이루어진다.

寅午戌合火

寅木과 午火 그리고 戌土가 하나의 목적인 火오행을 위하여 합을 하였다. 과연 어떠한 목적을 위하여 합하였는지를 풀어보자. 현재 寅木에서 열이 오르기 시작하여 午火에서 안으로 가득 차면 밖으로 토하기 시작한다. 이후 戌土에서 열이 식어가기 시작하여 火기운의 흐름을 마감하게 된다. 자연은 寅木에서 서서히 피어나서 午火에서 최대한 팽창한다. 이후 스스로 확장을 멈추고 戌土에서 거두어들인다.

자연으로 보면 寅月부터 차고 어두운 기운이 서서히 물러나면서 보이지 않았던 것들이 드러내기 시작한다. 이때부터 차가운 기운이 물러나면서 살아있는 것이 깨어나서 午月까지 왕성하게 활동한다. 이후 잠시 습한 水기운이 살아나면서 자연은 방향을 바꾸고 戌月까지 수분을 높이 밀어 올리면서 火의 기운은 소진된다. 자연이 순환하는 것은 시간에 따르는 것이 아니고 온도 변화에 따라가는 것이다.

인간사로 이야기를 한다면 寅時에 서서히 정신을 차리기 시작하면서 깨어나기 시작한다. 午時가 되면 정신적 육체적 피로가 깊어지고 에너지가 고갈된다. 하여 정신이 흐려지면서 집중하지 못하고 육신도 힘을 모으기 어렵다. 일상적 흐름에서 사건 사고의 발생률이 높으므로 戌時까지 귀가하여 회복시켜야 한다. 때를 놓치고 흐름에 적응하지 못하면 능률이 오르지 않고 결과가 분명하지 못하여 어려움을 겪게 된다.

예문) 외도로 이혼하고 재혼에 실패한 남자.

시 일 월 년
壬 壬 甲 癸
寅 午 子 丑

甲子月 壬寅時에 壬午는 평소에 집에서 또 다른 예쁜 여자를(寅中丙火) 생각하며, 항상 午火정재의 눈치를 본다. 거짓말(壬午甲子沖)을 하고 밖으로 나간다. 하여 월과 일주 사이에 甲戌식신 편관이 음신이 되어 여자를 숨겨놓고 본처(午火) 대역으로 즐거운 관계가 이루어진다. 하지만 甲戌여자는 욕심이 많고 자신의 존재를 인정받으려고 드러낸다. 이를 재물로 보면 처(妻) 몰래 비자금을 많이 숨겨놓았는데 이를 처가 알게 되었다.

寅午戌合火는 현재 진행형이다. 하여 戌土가 음신으로 감추어져 있고 이를 통하여 풀어야 한다. 위 사주처럼 子午충을 하는데 戌土가 중재 역할을 할 수도 있다. 즉 직업을 핑계로 하여 寅木식신이 역마가 되어 서서히 진행하다가 午火정재 몰래 숨겨둔 甲戌식신 편관과 무리하게 동거를 하려고 한다. 하지만 子丑合土로 부모가 적극적인 丑戌형을 한다. 즉 이유 불문하고 부모님의 반대에 부딪치는 것이다.

巳酉丑合金

巳火와 酉金과 丑土가 金오행을 만들기 위한 목적으로 合을 하였다. 즉 지금 巳火의 열정적 활동으로 수정이 이루어지고 있다. 酉金을 거치면서 새로운 과정을 완수하여 단단하게 변화하고 丑土에서 진실을 감추고 다음을 위한 보전(존)을 하려고 한다. 巳火의 포근한 열기에 자연은 짝을 맺고 酉金에서 새로운 유전을 감추고 丑土의 고요하고 깊은 곳에서 金의 목적을 지금 온전하게 전하는 것이다.

　자연은 巳月부터 수온이 오르고 수분이 늘어나기 시작하면서 왕성한 활동으로 수정하여 흔적을 남긴다. 공간 속에 존재하는 모든 사물은 팽창하고 살아있는 것은 외형을 부풀릴 것이다. 이렇게 酉月이전까지 속과 겉이 부드럽고 이후에는 단단하게 변화하기 시작하여 저절로 터지거나 아래로 떨어져서 또 새로운 木으로 진화할 준비를 한다. 金은 온도와 수분에 예민하고 丑月이 지나면서 진화하기 시작한다.

　인간사로 보면 巳時에 가장 왕성한 활동력으로 하루의 에너지 절반 이상을 소진한다. 이후 酉時가 되면 내면에서 새로운 에너지가 만들어지기 시작하면서 丑時까지 완전하게 기운이 교체되는 것이다. 인간사에 이러한 과정은 지금 노력하지 않으면 무엇 하나 남겨지는 것이 없다는 것이다. 하여 힘들고 어려움이 닥치면 해결하지 못하고 고통을 받으며 살아야 한다. 지금 충실하지 못한다면 어떠한 기대도 할 수가 없다.

예문) 훗날을 위한 새로운 출발
시 일 월 년
戊 乙 辛 丁
寅 巳 亥 酉

　辛亥月 戊寅時에 乙巳가 32세를 지나면서 새로운 인생을 계획하고 巳酉丑合金편관으로 길을 떠나 종적을 감춘다. 하여 음신으로 년주 丁酉이전에 辛丑편관 편재에서 활동을 멈추고 인고(忍苦)의 시간을 보내면서 모습을 완전히 바꿀 것이다. 乙巳상관은 지금 힘들어서 丁酉식신

편관 새로운 직업을 찾아서 간 곳이 자신을 변화할 수 있도록 숨겨주는 辛丑이란 곳이다. 여기서 현실에 적응하여 살아갈 수 있도록 변화를 한다.

巳酉丑合金은 과거 현재 미래가 아닌 지금(只今)이다. 어떠한 것을 하여도 지금 최선을 다하여야 한다. 위 사주에서 乙巳가 시주 戊寅정재 배려하는 생각과 겁재가 寅巳해형 이라서 소극적이면서도 때로는 과감성으로 가까운 형제나 지인과의 관계가 원만하지 못하다. 하여 스스로 독립할 수 있는 길을 찾아보니 년주를 벗어난 辛丑편관 편재이다. 즉 대중이 선택하기 꺼리는 직업으로 나름대로 이끌어가는 것이다.

申子辰合水

申金과 子水 그리고 辰土가 모여서 水를 여과하여 다음을 위한 합을 한다. 水가 申金에서 수온을 내리기 시작하면서 子水를 통하기 전에 수온이 완전히 떨어져 맑아진다. 이후 다가올 辰土에 다시 수온이 오르기 시작한다. 즉 申金에서 본성을 회복하고자 북쪽으로 흐르기 시작한다. 子水에 도달하기 전에 부유물은 사라지고 여과를 시작하면서 차고 맑다. 그리고 辰土에서 온기를 품으면서 水의 흐름이 늦고 탁(濁)해진다.

자연에서 살펴보면 申月부터 물은 북향(北向)으로 돌려서 올라가기 시작한다. 이렇게 시작한 물은 수온부터 떨어지고 물속의 부유물은 가라앉는다. 북방에 도달하면 물이 동지(冬至)를 지나게 되고 이때부터 여과된다. 丑月에 저온 살균까지 마친 차고 맑은 물은 방향을 남쪽으로 돌아서 흐른다. 이러한 물은 辰月이 되면 온기를 회복하면서 자연의 생명수가 된다. 이는 자연의 흐름을 위한 최상의 희생이라고 할 것이다.

인간의 일상으로 이야기하면 申時에 어둠이 시작되면서 그림자가 길어지고 활동력이 떨어진다. 이후 子時까지 깊은 잠에 빠지고 이후부터 오늘의 탁한 기운을 새롭게 바꾸기 시작한다. 인간은 이러한 과정을 거부한다면 과로로 목숨까지 위협을 받는다. 다음날 충만(充滿)된 에너지를 바탕으로 하여 辰時부터 왕성한 활동을 하기 시작한다. 이때를 놓치면 인생은 선택할 권리를 잃고 헤매기 시작한다.

예문) 세계 일주에서 꿈을 깬 사나이
시 일 월 년
戊 庚 戊 己
寅 子 辰 巳

戊辰月 戊寅時에 태어난 庚子는 년주 巳火편관의 지장간에 庚金비견을 두고 있으니 맏형이 부모처럼 감싸주고 있다. 어린 시절부터 형(兄)의 지극한 애정과 보살핌으로 성장하였다. 하여 불안한 申子辰合水식신을 성립하려고 申金비견이 巳火와 辰土 사이에 丙申 음신으로 자리 잡고 또한 巳申合水식신.. 새로운 경험, 즉 형과 세계 일주 중에 인터넷을 통하여 여행 기록문을 적어서 올린 경험으로 방송을 시작하였다.

申子辰合水는 미래지향적이다. 하여 丙申이 음신으로 작용한다. 丙申 편관 비견의 성향이 강한 형(兄)은 조건적인 역마가 되어 庚子를 깨워서 巳火편관과 합水식신의 새로운 경험으로 세계 일주를 시도하였다.

하지만 巳申합파형의 이론에 따라 중간에서 寅巳해형 하여 경비조달이 어려워서 포기하였다. 이를 경험으로 庚子는 1인 방송인으로 己巳정인 편관 영화를 압축 편집하고 간단한 해설로 고수익을 올리고 있다.

방위합(方位合)

　방위합은 같은 생각을 가지고 같은 방향으로 가기 위하여 합을 하는 것이다. 인간사로 보면 가족이나 친인척이나 지인들이 무엇을 하기 위하여 모인 자리라고 생각하자. 자연은 계절의 흐름을 따르는 것 같지만 사실은 자연이 정해진 흐름에 따르는 것이다. 일상적으로 보면 하고자 하는 것에 대한 차례이며, 순서에 의하여 이상적으로 이루어지는 것이다. 즉 옷을 지으려고 옷감을 구하고 재단하여 재봉하는 것이 방위합의 이론이다.

　자연은 온도에 따라서 방향이 정해진다. 온도는 태양과 물에 의하여 변화하고 이를 계절이라고 표현하기에 "계절 합"이라고 하기도 한다. 또 한 일상적으로 무엇을 하여도 정해진 방향 따라 움직이는 것이 법칙(法則)처럼 되어있다. 무엇인가를 이루고자 하는데 진행하는 순서가 없다면 이루어지지 않는다. 자연은 정해진 방향에 따라서 진행하고 과정은 온도가 변화를 결정하며 결과는 계절로 표현한다.

　인간사는 이해관계가 그물처럼 이루어져 있으며, 일상적으로 살아가는데 대부분 이익되는 방향으로 기울어진다. 여하한 경우에도 이익이 되지 않는다면 그 방향을 선택하지 않으려고 할 것이다. 가장 큰 이익은 재물과 연관된 것이고 다음은 인연과 학연 지연으로 이어질 것이다. 이익이 없는 합을 하려고 하는 경우는 극히 희박하고 방향이 정확하게 정하여지면 반드시 이해관계를 따지게 되어있다. 이는 오롯이 하나를 위함이다.

亥子丑合水

"水의 본성은 차고 맑으며 성질은 흐르는 것이다." 차가우면 남쪽으로 흐르고 따스해지면 북쪽으로 흐른다. 하여 亥子丑合은 북방합 이라고 하는 것이다. 즉 亥水에서 부유물이 가라앉게 잠시 흐름을 늦추었다가 子水에서 맑아지면 빠르게 흘러간다. 이후 丑土에서 최대한 한곳으로 집중하도록 하여 다시 긴 여정을 새롭게 준비한다. 이들의 목적은 맑지 못한 물의 흐름을 조절하여 여과하고 맑게 하여 살균까지 하는 것이다.

자연은 亥月 이전까지 부유물이 많고 수온도 높다. 대부분 亥月이 되면 수온이 저절로 떨어지면서 맑아진다. 子月 동지(冬至)를 지나면 수온이 빙점(氷點)에 이르면서 여과되고 맑아진다. 이후 丑月이 되면 추위로 흐름이 빨라지고 얼음으로 변화하면서 미생물의 번식을 억제하고 살균하기 시작한다. 자연의 조화는 수온(水溫)에 의하여 변화하고 대부분의 동식물은 丑月을 무사히 넘겨야 다음이 있는 것이다.

인간의 일상에서 보면 亥時에 내일을 위하여 귀가한다. 이때를 지나면 안전을 보장받을 수가 없고 子時부터 몸이 이완되면서 깊은 잠을 잔다. 육신이 편안해지면 영혼이 정화되고, 丑時부터 새로운 에너지가 바뀌면서 정신도 맑아진다. 그리고 새로운 신경세포가 깨어나면서 근육에 힘이 오르고 하루를 시작할 수 있게 된다. 이렇게 새로운 에너지를 재충전하지 못하면 정신과 육신은 노화(老化)가 빠르게 진행된다.

예문) 돈이 최고야

시 일 월 년
壬 戊 辛 辛
戌 戌 丑 亥

辛丑月 壬戌時에 亥子丑合水재성을 이루고 싶은데 핵심적인 子水가 없다. 이러한 경우에 반드시 子水정재가 음신으로 작용하고 水왕지 이므로 집착이 강할 것이라고 풀이한다. 辛亥의 19세를 전후하여 오로지 재성만 생각하는데 핵심인 水재성은 실천하지 못하고 생각만 할 뿐이다. 하지만 丑土겁재가 丑戌형을 하기에 주변 사람이 수익이 된다고 하면 조건을 따지지 않고 투자를 하거나 따라가려고 할 것이다.

寅卯辰合木

"木의 본성은 번식이고 성질은 살아있는 것이다." 여하한 경우라 하여도 생명을 보전하기 위한 치열한 경쟁을 하게 된다. 하여 寅卯辰으로 합하여 木의 사명(使命)을 다하고자 하는 것이다. 즉 寅木에서 큰 뿌리를 내리면서 기초를 튼실하게 하여 卯木에서 빠르게 잔뿌리를 형성하여 강력한 생명을 가지기 시작한다. 이후 辰土에서 자신의 존재와 종족 보존하고 확장하는 것이 이들의 영원한 과제이며 목적이다.

자연으로 보면 寅月 이전에는 따스한 땅속에 뿌리부터 내리면서 생기를 느끼기 시작하며 싹이 돋아난다. 卯月을 전후하여 줄기가 튼실하고 가지를 펼치기 시작한다. 온도가 따스하게 올라가는 辰月부터 많은 꽃가루를 일순간에 먼 곳까지 날려 보낸다. 자연의 조화는 辰土에서 스스로 방향을 전환하고 바람에 씨앗을 멀리 그리고 많이 휘날리기 시작한다. 이러한 목적은 종족이 멸종하는 것을 방지하는 방법이다.

　인간사는 寅時에 깊은 수면에서 벗어나 정신을 차리면서 천천히 의식을 깨우기 시작한다. 卯時에 말초신경과 자율신경이 하나둘 깨어나기 시작하고 이완된 근육은 긴장하기 시작하여 새로운 환경을 맞이한다. 이후 활동할 준비를 마치고 辰時에 자발적으로 하루의 일과를 시작한다. 이러한 과정은 누구도 거부할 수 없는 일상으로 이를 거부하면 미래에 대한 계획이나 약속 그리고 지속적인 보존을 할 수 없다.

예문) 욕심으로 작은 텃밭에 잡목이 우거지다.
시 일 월 년
癸 乙 己 甲
未 卯 巳 寅

　己巳月 癸未時에 木이 왕성하게 자라는 시기이다. 하여 아담한 己巳의 작은 텃밭에 욕심이 많아서 여러 가지 꽃과 과수목을 많이 심어 寅巳해형이 되어서 잡목처럼 되어버린 것이다. 이는 寅卯辰合木으로 辰土가 일과 시주 사이에 음신으로 작용하여 답답하고 우거지면서 쓸모없는 잡목이 되어버린다. 이를 일찍 알고 있었으면 밖으로 나가서 丙辰상관 정재를 이용하였다면 참으로 아름다운 사주가 되었을 것이다.

巳午未合火

　"火의 본성은 무형(無形)이며 성질은 끊임없이 늘어나거나 다양한 색(色)으로 드러낸다." 하여 표면(表面)부터 서서히 물이들어 안으로 스며든다. 즉 巳火에서 열이 오르기 시작하면서 표면이 늘어나기 시작하면서 일부는 안으로 스며들어 午火에서 완전하게 채워지는 것이다. 이후 계속 확장하려고 하는 성질이 未土에서 水의 기운과 혼합되면서 고온 다습한 열과 본래 차가운 기운이 충돌하면서 火의 기운이 서서히 사라진다.

　자연으로 보면 巳月의 온기가 만물의 표면을 늘어나게 하고 열은 땅바닥으로 들어가려고 수분을 증발시킨다. 午月이 되면 지열(地熱)이 가득하고 동식물의 몸집이 최대한 늘어난다. 未月에 높이 올라간 수분이 허공에 가득 채워지면서 냉기로 변화하고 올라오는 온기와 충돌하면서 많은 비가 내린다. 이후 열이 시들고 동식물은 추위에 대비한다. 자연의 조화는 火의 정점인 未土에서 성장을 멈추고 내실을 다지기 시작한다.

　인간사에서 巳午未合은 성장기와 청년 시절이다. 왕성한 활동으로 자신의 미래를 설계하며 방향보다는 속도부터 낼 것이다. 일상에서 이때를 놓치면 중년을 지나면서 힘들어진다. 그래서 화려한 청년기를 이상(異常)적으로 보내야 하고 반환점인 중년에 심리적인 불안감을 가지게 된다. 巳火의 욕망과 午火의 욕심으로 파란만장한 때를 넘기면서 未土의 불규칙을 경험하고 정확한 방향을 잡아야 할 것이다.

　　　예문) 결정 장애와 과감함을 동시에 가지고 망설인다.
　　　　　　　　　　시 일 월 년
　　　　　　　　　　壬 乙 甲 丁
　　　　　　　　　　午 丑 辰 未

　甲辰月 壬午時에 乙丑은 火식상이 강하게 작용한다. 巳火음신이 일

주과 시주 사이에서 발원하여 안으로 들어가서 살펴보고도 결정을 하지 못한다. 즉 丑午 원진에서 여러 번 확인하고 확인을 하지만 火기운의 흐름이 바르지 못하기 때문이다. 巳火상관에서 형식적인 확인을 하고 午火식신에서 문제를 확인하고 未土편재 망설이며 결정하지 못한다. 음신으로 己巳편재가 상관 위에 있기에 표면만 보고 결정하는 단점이 있다.

申酉戌合金

"金의 본성은 보전(保全)과 보존(保存)이고 성질은 단단하거나 부드럽다." 그래서 申酉戌合으로 이를 완성하려고 한다. 즉 未土에서 밖으로 드러난 것을 申金에서 더 크게 부피를 키우면서 모양을 갖추기 시작한다. 酉金에서 늘어난 부피를 스스로 억제하고 표면을 火의 도움으로 환경에 적합하게 변화하면서 부피를 줄이기 시작한다. 이후 戌土에서 다음을 위하여 최대한 자신을 압축하여 오래 보존이나 보전할 수 있게 한다.

자연으로 보면 申月부터 열매가 확실하게 본연의 모습을 드러내기 시작하고 부드럽게 성장하여 酉月까지 단단하거나 자연이 바라는 조건에 알맞게 영글어간다. 戌月 볕에 수분을 조절하여 또 다른 환경에 적응하도록 자연이 만들어낸다. 자연 속에서 자신을 지키기 위해서 火를 이용하여 다양한 방법으로 수분을 조절한다. 이를 거역한다면 오랜 시간을 견디기 위해서 합을 하여도 목적을 이룰 수가 없다.

인간사에 보면 나이가 들어서 자손들이 분가할 수 있게 환경을 만들어주는 것이다. 그리고 하루는 申時에 일과를 마무리하고 내일을 위한 준비를 하여야 한다. 酉時에 하루를 마감하고 또 다른 활동을 하면서 나름대로 시간을 투자하여 건강을 위한 취미나 인간관계를 형성하고 유지하도록 노력한다. 戌時가 되면 어둠으로 활동을 멈추고 귀가하여 일과를 정리하고 내일을 위한 휴식에 들어간다.

예문) 학습을 거부하면서 뜻은 이루고 싶다.
시 일 월 년
癸 己 丙 甲
酉 巳 寅 戌

丙寅月 癸酉時에 申酉戌合金식신이 밖으로 향하고 있다. 하여 일과 시주 사이에 壬申을 음신으로 설정하여두고 이를 풀어야 한다. 즉 巳火정인이 申金상관과 合水정재 이므로 이는 어떠한 배움은 부족하여도 이를 감추고 자신의 목적을 성취하기 위하여 酉金식신 조건에 맞는 공부를 하여 戌土겁재 지인에게 인정받으려고 한다. 하지만 壬申은 己巳와 합파형하고 己土壬濁(탁)하여 진실을 감추고 지금의 상황을 빨리 정리하려고 하는 것이다.

육합(六合)

육합은 어떠한 조건을 이루기 위한 합이다. 그리고 조건이 이루어지면 대부분은 합이 깨어진다. 자연에서 이루어지는 육합은 무리나 군락을 이루고 외부의 침입을 막기 위함이다. 때로는 종족 번식과 보호 그리고 보전하기가 편리하기 때문이다. 인간의 일상은 대부분 육합으로 이어져 있다. 즉 어떠한 조건과 계약에 따라서 甲과 乙이 관계를 맺고 서로의 목적을 충족하면 돌아서듯이 육합은 조건적 합이다.

육합은 지구를 중심으로 달과 태양이 만들어내는 다양한 현상이다. 고서(古書)에 기록된 육합은 학문적으로 기술되어 다양한 표현이 어렵다. 하지만 자연으로 보면 쉽게 이해하고 응용된다. 즉 필요하면 개발하고, 아쉬우면 찾게 되고, 조건이 끝나면 폐기하는 것이 육합이다. 문자를 합리화는 정도의 수준에서 혁명(革命)이 일어나고 자연의 영향으로 개혁(改革)이 일어난다. 하여 순간의 선택이고 단순하다.

子丑合土

亥子丑合水의 방향으로 흐르는 것이 원칙인데, 亥水의 목적이 끝나면 子水와 丑土가 합을 하여 土오행으로 변화하여 흐름을 멈추고 영원하길 바라는 것이다. 子丑합은 흐름을 거부하고 단단하게 뭉쳐서 변화가 깨지는 것을 두려워한다. 子水는 차고 맑으며 丑土는 덩어리나 보이지 않는 곳에 숨으려고 한다. 하여 水의 목적은 亥水의 쓰임이 다하고 나면 土오행으로 얼어서 흐름을 더디게 하는 빙산 같은 것이다.

자연으로 보면 子水의 맑은 물이 丑土를 만나면 어두운 공간에서 멈추거나 얼음처럼 단단하게 변화하여 본성을 영원히 간직하려 한다. 즉 빙하(氷河)처럼 녹지 않으려고 하며, 지하수처럼 밖으로 드러나는 것을 싫어할 뿐만 아니라 무엇과 혼합되는 것도 거부한다. 하여 子月 맑고 차가운 물은 丑月이 되면 단단한 얼음으로 변화한다. 즉 子水의 액체(液體)가 丑土에서 고체(固體)로 변화하여 흐름을 멈추고자 한다.

인간사로 보면 子丑合土는 일상의 간섭을 거부하고 자기만의 작은 공간에서 생활하고자 한다. 하여 누가 이들의 삶을 깨트리고자 한다면 상당한 저항(抵抗)을 할 것이며, 자신의 비밀스러운 것을 알고자 한다면 다툼이 일어난다. 즉 수도(修道)나 수행(修行)하는 사람으로서 밖으로 노출되는 것을 꺼리는 것과 같다. 일상에서 벗어나 이상적인 삶을 찾아서 정신과 육체적으로 맑고 깨끗한 무릉도원 같은 세계를 원하는 영원한 합이다.

예문) 나의 여성관에 대하여 알고자 하지 마라.
시 일 월 년
戊 己 甲 癸
辰 丑 子 丑

동짓달 아침에 땅으로 흐르는 지표수(地表水)가 위로 솟아오르고 우람한 뒷산에 甲子의 고로쇠나무 여기저기에 구멍을 뚫고 수액을 채취하는 것 같다. 일찍부터 癸丑편재 비견의 여자를 짝사랑했는데 인연이 되지 못하고 추위에 외롭게 서 있는 甲子의 고로쇠나무를 선택하여 인연을 맺어서 감싸주고 있다. 하지만 戊辰으로부터 丑辰파를 당하여 해로(偕老)하지 못하고 수액이 부족한 甲子는 고사하고 말 것이다.

寅亥合木

寅木과 亥水가 합을 하여 木오행으로 변화하여 목적을 이루고 나면 亥水가 자형이 되어 깨어진다. 이는 亥水가 스스로 오르내리기 때문이다. 즉 寅木을 위하여 亥水가 들고 나는 것으로 오랫동안 합하여 목적을 달성한다. 살아있는 木을 위하여 흐르는 水가 때를 맞추어 들어가고 나가는 것이다. 필요에 따라서 합하는 시간이 다를 수도 있다. 결과는 木과 水의 뜻은 같아도 본성은 완전히 다르다.

자연으로 보면 寅月에 살아있는 모든 것은 물(亥)을 기다린다. 그래야 合木의 뜻을 이룰 수 있다. 하지만 亥月이 되면 정적(靜的)인 木은 살아남기 위하여 최소의 亥水만 남기고 나머지는 뿌리(寅)로 내리는 것이다. 활동적인 것은 땅속으로 파고 들어가 추위를 슬기롭게 넘긴다. 이는 겨울에 먹이가 부족하고 활동력이 떨어지면서 얼어 죽을 수 있으니 오로지 살아남기 위한 합이다. 하여 합 파 자형으로 이어진다.

인간사로 보면 寅時에 어둠이 물러가면서 맑은 정신이 회복되고 태양이 떠오르면 신경이 깨어나서 스스로 밖에 나가서 일과를 시작한다. 어둠이 깊어가는 亥時부터 일체의 행위를 멈추고 귀가하거나 잠자리에 들어서 새로운 에너지로 충전한다. 이러한 휴식이 없다면 다음날 일과를 수행하기 힘들고 과로로 집중력이 떨어져 사고로 이어진다. 하여 寅亥合하면 파하고 亥水가 자형이 되어 반복적으로 이루어진다고 할 수 있다.

예문) 쌍둥이기에 누나는 甲寅을 일주로 하여 풀어야 한다.
시 일 월 년
辛 己 壬 甲
未 亥 申 寅

壬申月 辛未時에 甲寅은 己亥를 잡고 合을 하였다가 파형으로 이어진다. 이 사주는 이란성 쌍둥이로서 甲寅이 누나이다. 甲寅은 亥水인성과 합을 하였으나 申月에 태어나서 亥水자형으로 오래 합을 하지 못하고 스스로 떨어져 나간다. 즉 부모님과의 인연이 짧고 동생들을 보살펴야 한다는 것이다. 시집을 가게 되면 시부모를 모셔야 하고 시작은 좋으나

자식을 두고 살아가다 문제가 발생하여 파행의 고비를 맞을 것이다.

卯戌合火

卯木과 戌土가 합을 하여 火오행으로 변화하여 외부의 영향을 받지 않는 한 영원히 합으로 이어지려고 한다. 이는 卯木과 戌土를 이해하지 못한다면 어떻게 火오행으로 변화하는지 알아차릴 수가 없다. 즉 색(色)으로 이해하여보자. 卯木의 확장과 푸름이 戌土의 단풍과 응축으로 이어진다. 이렇게 돌고 돌아 영원히 깨지지 않는다. 卯戌合火는 무(無)와 유(有)가 동시에 나타나는 것을 표현하였다.

자연은 火가 피어나는 유형(有形)과 소멸(消滅)하는 무형(無形)을 동시에 표현하고 있다. 火는 연속적이기에 卯戌合火는 영원한 것으로 卯月에 화려한 부활(復活)과 확장은 유형이다. 戌月에 火는 소멸(素幭)과 수확으로 무형에 해당한다. 하여 자연은 생멸(生滅)이 하나이며, 열과 빛은 하나이다. 이렇게 卯木은 丙火처럼 확장하는 표현이고, 戌土는 丁火처럼 한곳에 집중하는 표현이다. 하여 자연은 영원한 것이다.

인간사는 卯時에 깨어나서 활동을 준비하고 戌時에 활동을 멈추고 귀가(歸家)한다. 이러한 행위는 돌고 돌아 영원히 이어진다. 火오행을 인체에 비교하면 卯時에 정신과 신경이 완전히 회복되고 활동을 준비한다. 하지만 戌時가 되면 과로(過勞)로 인하여 정신과 신경을 쉬게 하려고 활동을 멈춘다. 하지만 정신과 신경은 영원히 함께하는 것이다. 하여 卯戌合火의 이론은 영원한 것이며, 火의 유무(有無)가 동시에 존재함을 이야기한다.

예문) 양쪽에서 합하는 경우
시 일 월 년
甲 己 丙 乙
戌 卯 戌 亥

丙戌月 甲戌時에 己卯는 양쪽에서 합을 하려고 한다. 하지만 己卯는 년주 乙亥에서 벗어나지 못하고 망설이다가 세월만 보내게 될 수 있다. 이는 월주 丙戌정인 겁재의 잘못된 합이다. 하여 己卯는 시주의 甲戌정관 겁재와 합하여 火인성으로 간다면 甲木에 꽃이 화려하게 피어날 것이다. 이렇게 양쪽에서 합하는 경우 적당한 시기에 戌土겁재 부모가 물러서야 한다. 이를 망각(忘却)하고 그냥 두면 실패다.

辰酉合金

辰土와 酉金이 합을 하여 金오행으로 변화하고 이들이 요구하는 것은 조건적 보전과 보존이다. 이들은 무엇인가를 먼 훗날까지 전해주거나 알리는 것을 목적으로 생각하고 합을 한다. 즉 辰酉는 자형이기에 조건에 의하여 때맞추어 합을 하였다가 깨지는 것이다. 辰土는 광범위하게 많은 것을 퍼트리는 것이 목적이며, 酉金은 확실하게 전하는 것이 목적이다. 辰酉合金의 조건은 많은 것을 확실하게 이루기 위한 합이다.

자연은 辰月이면 산과 들에 많은 변화가 일어난다. 들녘에는 다양한 것이 다투어 싹 틔워 성장하고 산에는 나무들이 꽃가루를 바람에 날려 보낸다. 酉月부터 열매가 성숙하여 단단하게 변화하여 오랫동안 이어가기 위해 스스로 보존하여야 한다. 즉 辰月 이후부터 생식(生殖)능력이 강하여 酉月 이후부터 확실한 생산(生産)을 하게 된다. 金이라고 하는 것은 변함없고 기약(期約)할 수 없는 시간을 이어가야 한다.

　　인간사로 보면 辰時에 밖으로 나가서 활동하기 시작한다. 물론 지금은 방대한 직업의 특성상 이러하지 않은 경우도 많은데 대부분이 이러한 시간에 일과가 시작된다. 이는 가족을 위한 노력이고 내일을 위한 약속이고 자신을 위한 것이다. 이후 酉時가 되면 일과를 마치고 하루를 따져보는 시간이다. 하여 조건에 만족하면 좋은 합이고 그러하지 못하면 자형으로 반성하면 되는 것이다. 하여 조건이 맞으면 투자와 사업으로 이어진다.

　　예문) 약간의 수익을 돌려주면 더 많은 투자자가 모인다.
　　　　　　시　일　월　년
　　　　　　癸　己　庚　乙
　　　　　　酉　酉　辰　巳

　　일주 己酉는 월주 庚辰상관 겁재와 조건 합을 하여 癸水편재를 계획한다. 즉 배수가 잘되는 庚辰밭의 乙巳뿌리에 많은 땅콩이 맺혀있다. 이를 잘 자라게 하는 방법은 복토(覆土)이다. 즉 개미투자자를 모아서 믿음을 주기 위해 약간의 이익을 배당하여주는 것이다. 하여 己酉는 庚辰상관 겁재와 합의하여 合金식신 새로운 癸水편재 투자금을 모으려고 한다. 그래서 己酉와 庚辰이 합하여 밖으로 나가 乙巳바람을 잡는다.

巳申合水
　　巳火와 申金이 합을 하여 水오행으로 잠시 액체(液體)가 되지만 빠르게 기체(氣體)로 사라진다. 하여 巳申합파형으로 진행한다. 이러한 과정은 신속 정확하며, 예상하지 못한 일들이 발생할 수도 있다. 때로는 상대적으로 결과를 예상하기 어려울 경우가 많으며, 이 둘의 관계는 돌발적인 경우가 많다. 때로는 계산적이지 못하고 우연히 발생하는 경우가 많아서 예측이 어렵고 빠른 판단을 원하기도 한다.

자연은 巳月의 따스한 기온에 의하여 申月까지 다양한 변화가 이루어지고 순간순간 경이로움이 일어난다. 자연은 이러한 환경을 놓치지 않고 순간적으로 목적을 이루고자 한다. 이는 종족 번식의 자연적 본능이며, 온도 변화에 따라 보존과 보전이 성립되는 것이다. 생태계는 온도가 올라가는 시기에 성장과 번식을 하며, 온도가 떨어지는 시기에 온전하게 보전하려고 모습을 드러내어 목적을 이루고자 한다.

인간사로 보면 지금 가는 길이 다음을 위한 순간의 선택이다. 하여 다양한 사건과 사고로 이어져 희비(喜悲)가 벌어진다. 하여 일상적인 변화를 예측하기 어렵고 이러한 관계로 일상은 또 다른 것으로 변화한다. 가장 왕성하게 활동하는 시간인 巳時부터 申時까지의 합은 숨 막히는 긴장감이 흐른다고 할 것이다. 하여 巳申合水는 지금과 미래를 동시에 진행하는 과정을 표현하고 이들은 빠르게 움직이는 역마 합이다.

예문) 수단과 방법을 가리지 말고...
시 일 월 년
丙 辛 甲 乙
申 巳 申 亥

甲申月 丙申時에 태어난 辛巳는 월주 甲申정재 겁재와 합하여 말다

틈이.. 파가되어 몸 다툼으로 변하여... 형으로 진행하니 사건사고로... 즉 사소한 말다툼이 주먹다짐이 되어 문제가 발생하기까지 순식간이었다. 하여 시시비비를 가리고자 甲申은 丙申에 위탁하게 되어 辛巳가 고통을 받게 될 것이다. 하지만 이를 빠르게 처리하면 무사하고 그러하지 않으면 힘들어진다. 때문에 丙辛合水식신.. 활동하는데 장애가 된다.

午未合火

午火와 未土가 합을 하여 火오행으로 변화하였다. 巳午未合火는 방위합 이지만 巳火가 보이지 않으면 육합이 된다. 즉 변함없이 火로 있지만 巳午未合火는 열의 흐름을 표현하였고, 午未合火는 열의 종류를 표현한 것이다. 午火는 수분이 적고 건조한 火이고, 未土는 수분을 가진 습한 火이므로 성질이 완전히 다른 火가 합을 한 것이다. 그래서 일상적으로 느낌은 뜨거울 뿐인데 그 차이는 가마터와 온천 같을 것이다.

자연에서 바라보면 午月과 未月의 차이가 아주 미미하다. 다만 午月의 열기는 건식으로 안으로 파고들어 더욱 火를 강하게 하고 未月의 열기는 수분이 많아서 열전도가 빠르게 일어난다. 午月에 열은 위에서 아래로 흐르면서 수분을 증발시키고 未月은 증발한 수분이 뭉쳐서 다시 내려오면서 강력한 충돌이 일어난다. 그래서 장마가 일어나고 자연은 피해를 많이 받는다. 이러한 고통을 견디면서 위기를 느낀다.

인간사로 보면 午時부터 未時까지 뜨거운 햇살 아래 많은 땀을 흘리면서 체온이 급격하게 상승한다. 그로 인하여 정신은 혼미하고 육체는 균형을 잃으면서 능률이 급격히 떨어지고 사고 발생률이 높아간다. 그래서 이 시간은 대부분 쉬면서 간단하게 에너지 보충과 땀을 식히고 남은 일과를 준비한다. 이를 무시하고 계속 일과를 진행하면 과열과 수분 장애로 다양한 병이 발생하고 심하면 생명에 위협을 받는다.

예문) 양인이라도 당할 수밖에 없을 때
시 일 월 년
乙 戊 辛 己
卯 午 未 亥

辛未月 乙卯時에 戊午가 양인의 성격을 가지고 태어나 未土겁재와 합을 이루어 다툼이나 분쟁이 자주 일어나기 쉽다. 특히 辛未는 부모 형제이고 직장의 동료일 수가 있는데 이들과 관계가 원만하지 못할 것이다. 이는 辛未를 중심으로 하여 亥卯未合木으로 戊午양인을 간섭하게 된다. 하지만 戊午는 辛金상관의 변덕에 따라갈 수가 없고 임기 능변(能辯)에 뛰어나 승산(勝算)도 없다. 이는 午未合에서 발생하는 기류(氣流)의 충돌이다.

예문) 午未合火의 회오리바람
시 일 월 년
庚 戊 乙 丙
申 辰 未 午

壬癸甲乙丙丁戊己 (대운
辰卯寅丑子亥戌酉
8 7 6 5 4 3 2 1

未月 오후에 엄청난 회오리바람으로(乙未와 丙午가 합)

바다에 용오름이 생긴다.(申辰合水)

물은 고요하지 못하고(戊辰)

44세 전에는 재물의 고통을 받지만(庚申)

49세를 넘어 새로운 인생을 맞이하고(庚申)

재물이 조금씩 안정을 찾기 시작하지만(申辰合水)

보이지 않는 子午沖은 항상 조심하여야 한다.

丙午양인의 강력한 세력을 믿고 일찍부터 재물을 탐하기 시작하였다. 하여 26세 丁亥대운에 수도꼭지에 물이 세차게 흐르듯이 재물이 넘쳐나지만 이를 관리하지 못하여 31세 丙子대운에 들어서면서 터져버린 꼭지의 물이 범람하기 시작하여 하늘로 올라가 흩어진다(戊辰). 차라리 넓은 임야(林野)나 과수원에 투자하였으면 53세부터 木이 무성하여 열매라도 수확할 것인데 이를 알지 못하니 망조(亡兆)가 드는 것이다.

하여 사주팔자의 흐름을 알고 선택하면 미래에 대한 불안을 해소할 수가 있지만 잘못된 선택은 실수이다. 부족한 사람이 자신의 사주를 알고 준비하면 다가오는 길조(吉兆)는 완벽하게 받을 것이고, 흉(凶)한 것은 능히 피할 수 있다고 한다. 전답(田畓)이 없어서 농사를 짓지 못하였으니 庚申의 열매는 그림의 떡이다. 조그마한 터를 마련하여 庚申식신을 유용하게 이용하면 재물의 아쉬움에서 벗어날 것이다.

午未合은 무변(無變)이라고 하지만 이는 자연을 이해하지 못하는 결과이다. 다 같은 火오행에서 寅午戌合火는 힘을 모아 무엇인가를 새롭게 이루고자 합하는 것이고, 巳午未合火는 최대한 확장하고 화려하게 하려는 합이다. 하지만 午未合火는 완전히 다르다. 午火의 건성과 未土의 습성이 합하여 순간적으로 다양한 변화를 표현하는 것이다. 하여 午未合은 광란 같으며. 卯戌合은 색(色)을 표현한 것이다.

2) 형(刑)

형(刑)이라고 하는 것은 어떠한 목적이 마무리되었거나 완성된 것을 불가피하게 구조변경하는 것으로 생각하자. 때로는 진행하는 과정을 완전히 바꾸어 버리는 경우도 형이라고 할 수가 있다. 즉 형이란 본래의 목적에서 완전하게 벗어난 것이다. 또는 하나의 과정을 완수하거나 전면적인 수정을 요구하는 수도 있으며, 부분적으로 목적에서 벗어나도 형이라고 할 수 있다. 하여 자의든 타의든 100% 바뀌는 것이라고 할 것이다.

본래의 목적이 어떠한 형태로 바뀌는가를 문자로 기록하였는데 이를 삼형(三刑)과 육형(六刑) 그리고 자형(自刑)으로 분리한 것이다. 삼형은 시작과 중간 그리고 마무리하는 과정으로 나누어서 목적물 변화를 강하게 요구한다. 하여 진행은 느려도 세력이 강하다. 반면에 육형은 부분적 변화를 요구하기에 단순하고 빠르게 진행한다. 자형은 목적이 이루어지도록 스스로 변화를 하거나 진화하는 것이다.

자연이나 인간사에 일상적으로 일어나는 것들이며, 이러한 문제점을 피할 수가 없는 것은 아니고 절대적으로 피할 수 있다. 하지만 인간이나 자연의 습관이 변화하지 않는 이상 불가능한 것이다. 또 한 형이라고 강력한 부정적인 성향으로 생각하면 안 된다. 무엇인가 문제가 있다면 어떠한 고통도 인내하면서 긍정적으로 바꾸려고 하는 것은 형에 해당하며, 이를 잘 다스리면 최고의 대우를 받을 수도 있다.

삼형(三刑)

   삼형은 강력한 힘을 가지고 진행하는 것으로 심각하면 전체적으로 모양을 변화하려고 한다. 때로는 내부의 문제점을 바꾸는 것도 해당한다. 이러한 변화가 시작되면서 문제가 발생할 수 있으며, 만족할 만큼의 변화에서도 문제가 발생하기도 한다. 그리고 순조롭게 진행하다가 마무리에서 문제가 발생하여 전체적으로 변화를 시도하여야 하는 등의 3가지 형으로 이루어져 있다. 이를 부정적으로 보면 사건과 사고로 이어진다.

   자연도 세 번의 변화 과정을 거쳐야 완전한 물건이 나온다고 한다. 즉 처음 싹이 트면 부분적으로 정리하고 나머지에 집중한다. 그리고 성장하여 꽃이 피어나면 수정하기 전에 또 한 번 정리하여 준다. 그래야 열매도 빨리 맺고 튼튼하다. 이후 열매가 밖으로 드러내기 시작하면 또 정리하여 따주어야 나무의 영양분을 충분하게 받고 자라서 알찬 수확을 할 수 있다. 이러한 과정도 형이며, 바람과 짐승들에 의하여 자연스럽게 이루어진다.

   인간사에서 형이라고 하는 것은 경쟁에서 절대적인 것만 인정하는 것이다. 즉 최고의 자리에서 문제를 결정하던가 아니면 최저의 자리에서 문제를 일으키던가 하는 것이다. 치열한 싸움에서 살아남는 자만이 형을 가지고 부릴 것이며, 패자는 형을 당한다. 하여 인간사는 합을 원칙으로 하는 것 같지만 모든 것이 형으로 이어지는 것이다. 다만 형의 위력을 어느 정도까지 허용하는가는 형을 가진 자의 권한이다.

寅巳申刑

寅巳申은 역마(驛馬)로서 처음 시작하는 과정이라고 할 수가 있다. 무엇인가가 출발하면서 강력한 문제가 발생하여 계획을 수정한다는 것이다. 자연으로 보면 처음 생겨나면서부터 가능성 있는 것만 두고 나머지는 정리하는 것이다. 인간사로 보면 강한 사람만 두고 나머지는 그 하나를 위한 희생물이 되는 것이다. 처음부터 어떠한 계획을 철저하게 세웠지만 시작하면서 어쩔 수 없이 수정을 피할 수 없다.

예문) 혁명(革命)의 대명사 박정희 대통령

시 일 월 년
戊 庚 辛 丁
寅 申 亥 巳

己庚辛壬癸甲乙丙丁 (대운
亥戌酉申未午巳辰卯
9 8 7 6 5 4 3 2 1

가을에서 겨울로 넘어가는 계절 새벽에 둥치가 성하지 못한 고목 나무에 열매가 맺어 있다. 이 사주는 고 박정희 대통령의 사주로 정확성은 없다. 寅巳申亥의 장생이 어지럽게 자리하고 있다. 일주 庚申은 일찍 丁巳정관을 따라 잠시 공직에 머물다가 22세 乙巳대운을 만나면서 과감하게 방향을 전향하여 37세 甲午대운에 장군이 되었다. 이후 45세 癸未상관 정인 대운에 혁명(寅巳申)하여 정권을 잡고(辛亥), 己未년 甲戌월 丙寅일에 사망하였다.

子卯刑

　子卯는 水生木의 관계로 왕지(旺地)에 있다. 이는 무엇인가가 절반 이상 진행하는 과정에서 문제점이 발생한 것이다. 이를 자연으로 보면 나무가 사태(沙汰)로 인하여 뿌리까지 뽑혀나가거나 강력한 기후변화로 건실한 나무들이 쓰러지는 것이다. 인간사로 보면 청년이 된 자식을 잃어버린 부모의 마음과 같다. 어느 기업이 어렵게 성공하여 주식을 공개하였는데 순간 몰락하여 무너지거나 아니면 누구의 도움으로 크게 성공하는 경우이다.

예문) 노조 위원장을 꿈꾼다.
시 일 월 년
庚 丁 辛 癸
子 卯 酉 丑

　酉月 야밤에 갑자기 우박이 쏟아지고 나무에 열매가 떨어지고 번개가 번쩍일 때 예쁜 꽃이 피어나듯이 丁卯가 태어났다. 하여 일주 丁卯 편인이 시주 庚子정재 편관과 형을 하고 있다. 즉 庚子의 부족한 자식을 가르쳐 정상의 자리에 오르도록 하려고 최선을 다하는 것이다. 가정으로 보면 힘없는 丁卯가 참고 인내하여 화합을 요구하는 것이며, 직업으로 보면 46세를 전후하여 노조 위원장이나 노동운동가로 명예직에 도전할 것이다.

丑戌未刑

　丑戌未는 묘지(墓地)에 있으면서 마무리 단계에서 발생하는 문제라고 할 수가 있다. 즉 마지막에 어떠한 원인으로 인하여 어쩔 수 없이 변경하거나 정리되는 것이다. 자연으로 보면 수확할 시기에 자연재해로 피해를 보는 것이다. 인간사로 보면 마무리 단계나 준공 후 건물이나 토지의 구조변경을 하거나 재개발로 철거하는 경우이다. 이는 새로운 공간이 만들어지거나 사라지는 것 등의 다양한 표현이 가능하다.

예문) 큰 나무는 넓은 땅에서 큰 꽃을 피워야 한다. 김영삼대통령
시 일 월 년
甲 己 乙 戊
戌 未 丑 辰

癸壬辛庚己戊丁丙乙 (대운
未午巳辰卯寅丑子亥
9 8 7 6 5 4 3 2 1

산골짜기에서 차가운 바람이 내려오는 섣달 밤에 장남으로 태어난 己未는 甲己合土 하여 많은 비겁을 이끄는 무리에 수장(甲戌)이 되기를 꿈꾸고 있다. 하여 25세 丁丑대운에 丑戌未삼형으로 새로운 길을 선택하였다. 이후 寅卯辰대운을 거치면서 많은 풍파(風波)를 견뎌내고, 62세 辛巳대운을 만나면서 꽃을 피우고 수정하기 시작한다. 하지만 87세 癸未대운 乙未年 丁亥月 辛丑日을 고비로 壬寅日에 사망하였다.

상처뿐인 甲木이 살아남을 수 있는 조건은 고목(古木)의 뿌리를 하늘에 깊이 두고 한 몸이 되었다. 乙丑 땅속을 깊이 파고드는 칡뿌리 같은 근성을 가진 乙木은 겨울을 넘기면서 서서히 본색을 드러낸다. 이때가 33세 戊寅대운이다. 이후 산천을 뒤덮은 덩굴은 甲木을 타고 올라서 마지막에 3당 통합이라는 과제를 완수하여 꽃피우고 열매가 맺

어 수확하였다. 이때가 壬申년 壬子월 甲子일에 戊辰을 장악하고 대통령에 당선된 것이다.

六刑

육형(六刑)이라고 하는 것은 삼형(三刑)의 구조에서 강도(剛度)는 조금 떨어지지만 진행하는 속도는 더 빠르다. 하여 부분적으로 변화를 요구하는 것이라고 할 수가 있다. 이를 자연으로 보면 부분적인 환경파괴 또는 원상복구를 의미한다. 인간사로 보면 순간의 실수로 부분적인 신체장애나 정신질환이라고 할 수가 있을 것이다. 사물은 심각한 손상으로 인하여 부분적으로 복구하거나 일부분을 폐기하려고 하는 것이다.

寅巳刑

寅木과 巳火의 관계는 해(害)에서 형(刑)으로 진행하기 때문에 작은 시비로 인하여 어떠한 합의점을 찾지 못하였을 경우 큰 피해가 발생하는 것이다. 여하한 경우라도 초기에 해결하는 것이 좋다. 자연으로 보면 '보다 확실한 것'을 위한 정리 또는 때를 맞추지 못한 새싹을 정리하는 것이다. 때를 놓치면 제대로 성장하지 못하게 된다. 이를 인간사로 보면 어릴 때 습관을 잡아야 하고 사물은 원료가 불량하면 좋은 물건이 생산될 수가 없다는 의미이다.

예문) 시비가 이별이다.
시 일 월 년
癸 乙 己 甲
未 卯 巳 寅

木이 무성하고 꽃이 만발하면서 수정을 준비할 때 巳火상관과 甲寅 겁재가 월간 己土편재를 두고 시비 끝에 형으로 진행한다. 이러한 경우는 대부분은 시비 정도로 마무리하는 것이 좋은데 시주 癸未로 인하여 욕심을 내게 되어 형으로 발전하면서 피해를 볼 수가 있다. 하여 己巳 편재 상관.. 허세로 흩어져 버리고 나면 후회한다. 乙卯의 입장으로 보면 己土편재가 巳午未合火하여 안으로 들어오는 과정에서 午卯破를 당한다.

寅申刑

寅木과 申金은 시작과 결과를 따지는 역마로 충하고 난후에 수습이 되지 못하면 형으로 진행한다. 하여 형으로 진행하기 전에 이동하는 것이 좋다. 자연으로 보면 새싹은 다듬어주고 열매는 부분적으로 정리해주는 것이 좋다. 인간사로 보면 어릴 때 습관은 바로잡아야 성장하면 성공하기 쉽다. 사물로 보면 생산하기 전에 기계 점검하고 생산하면서 불량률을 최대한 줄이는 것이 좋다. 木金은 하나이면서 둘로 나누어진 것이다.

예문) 나를 낳고 부모가 이별을 예고한다.
시 일 월 년
壬 甲 戊 辛
申 寅 戌 丑

가을 오후 그림자가 늘어지기 시작하고 하늘은 붉은 노을이 드리우기 시작하는데 아버지는 일손이 부족하여 직접 밭을 뒤집어 열심히 고구마를 캐고 있을 무렵에 甲寅이 장남으로 태어났다. 그런데 이놈을 낳고 壬申어머니가 甲寅과 충을 하였다. 즉 가을걷이가 끝난 들판에 돌아나는 새싹을 생각하지 않고 뒤집어 버린다. 이때가 빠르면 6세 늦으면 9세쯤이다. 하여 寅木은 戌土와 合火식신으로 戌戌의 꽃으로 성장할 것이다.

巳申刑

巳火와 申金은 표면과 목적의 관계를 다루는 역마로 合으로 시작하여 파(破)를 하면서 형으로 진행하는 것이다. 즉 합하여 목적이 이루어지면 빠르게 판단을 내려야 한다. 자연에서 보면 남의 둥지에 알을 낳고 사라지는 뻐꾸기 꼴이다. 인간사로 보면 작은 부딪침이 시비로 커지고 주먹다짐으로 발전하여 서로가 피해자이면서 가해자가 된다. 사물로 보면 자동차 사고의 상해와 파손 정도를 법의 저울로 따져보는 것이다.

예문) 부모형제가 나를 이렇게...(여자)
시 일 월 년
戊 戊 戊 丁
午 申 申 巳

초가을이라고 하지만 여름의 기운이 남아있다. 하여 부모는 고지(高地)에 서둘러 가을 감자를 쪼개서 심었다. 그리고는 따사로운 햇살에 하나둘 싹이 터 나올 무렵에 戊申이 태어나 부모 형제들에 의하여 성장하였다. 바쁜 부모 형제는 정성을 들이지 않고 조건을 붙여서 움직이게 버릇을 들인 것이다. 이렇게 성장한 막둥이의 성격은 모든 것이 자기 위주이며 巳申합파형이 되어 단순하고 게으르며 일방적인 생각만 하게 된 것이다.

丑戌刑

　丑戌은 조건 없이 刑을 하고 있다. 갑자기 원인도 알 수 없이 무너지거나 솟아나는 것이다. 자연은 높은 곳에서 깊은 곳으로 순간 떨어지는 것이며, 어떠한 징조가 없이 화산이나 지진이 나는 것이다. 인간사는 갑자기 무엇으로부터 당하거나 구제받는 것이고, 사물은 높이 쌓여 있는 제품이 순간 무너져 깨져서 폐기하거나 재생하는 것이다. 하지만 丑戌형이 발생하여도 멀리 이동하지 못하고 제자리나 주변에 머문다.

예문) 운이 아니고 선택이 성공의 비결이다.

시 일 월 년
壬 庚 己 庚
午 戌 丑 戌

　섣달 한낮이라고 하여도 눈구름이 해를 가리고 칼바람은 방향 없이 순간 불어오니 매우 춥다. 하여 따스한 난로 곁에서 책을 펴놓고 졸다가 난로 위에 올려놓은 주전자에 물이 끓어 넘치니 화들짝 놀라 정신을 차린다. 늦게 공부의 소중함을 알고 열심히 하여 학원을 운영하는데 丑戌형으로 갑자기 힘들어져서 전업을 생각한다. 하지만 午戌合火하여 그 상태에서 교수(教授)법을 개발하면 능력을 인정받을 것이다.

丑未刑

　丑土와 未土는 沖을 하여 결과가 없으면 형으로 이어지는 관계이다. 즉 마무리에서 밖으로 나온 것은 깎고, 꺼진 부분은 메워야 한다. 자연으로 보면 싹이 트면 반드시 결실을 보아야 할 때이다. 인간사로 보면 법을 어김으로 인하여 벌금과 강제노동이 동시에 집행(執行)되는 꼴이다. 사물은 재료를 가지고 생산하여 밖으로 내놓을 때이다. 이러한 과정을 놓치면 폐기하여야 한다. 하여 丑未충형은 이동하여 복원을 원하는 관계이다.

예문) 한겨울에 구름은 이불이다.
시 일 월 년
戊 己 癸 丁
辰 丑 丑 未

섣달 아침에 사방이 눈으로 덮여 있으니 속을 알 수가 없을 것이다. 옹기종기 붙어 있는 작은 집 굴뚝에 연기가 피어나면서 己丑이 태어난 것이다. 하여 동네 꼬마들은 추운 줄 모르고 놀이에 빠져서 저쪽은 丑未충 형으로 요란하고 이쪽 戊辰겁재 형(兄)들은 내기하면서 丑辰파하여 시끄럽다. 하여 일찍부터 경쟁하면서 스스로 자생력이 생겨난 것이다. 하여 눈치와 센스가 있고 순발력이 뛰어날 것이다.

월간 癸水편재를 한곳에 모아서 년간 丁火편인의 완벽하지 않은 문서를 丑未충하여 넘기는 방법으로 재물을 취하였을 것이다. 즉 부동산에 비교하면 미등기 전매형식이라고 할 수가 있고 타인 명의로 거래하는 형식일 것이다. 엄동설한에 己土구름은 찬 공기를 막아주는 이불 같은 역할을 하므로 土비겁에게 이익을 주는 것처럼 하면서 丑未충하고 丑辰파하여 癸水편재를 자신의 것으로 만들어버리고자 한다.

戌未刑

戌未土의 관계는 파(破)가 일어날 때 보수를 하거나 정리하여 두지 못한다면 형으로 진행하여 폐기처리 된다. 자연에서 보면 사태가 나는 것을 사전에 보수하였으면 문제가 없는데 그대로 방치되면 엄청난 피해를 보는 꼴이다. 인간사에 작은 시비를 참고 참는데 끝까지 괴롭히니 분노가 폭발하여 살인으로 이어지는 것이다. 사물은 사소한 고장이 대형사고로 이어지는 것이다. 戌未파형은 이곳에서 저곳으로 전이(轉移) 되는 것이다.

예문) 게임으로 많은 재물을 잃어버린 남자.
시 일 월 년
丙 乙 丁 壬
戌 未 未 申

습도가 높은 여름날 밤에 선풍기에 더운 바람이 돌아 나온다. 하여 화면을 보고 하는 게임(丙戌)을 즐긴다. 즉 호기심에 시작한 것이(丁火식신) 서서히 빠져들어(丁壬合木비견) 戌未가 파형을 당한다. 본전 생각에 대출(壬申)까지 내어서 하였으나 몽땅 잃어버린 것이다. 이는 게임에 중독(戌土지장간에 辛丙合水편인)된 것이다. 이는 새로운 사람(丁未)이 모여들고(丁壬合木) 丙戌상관 정재의 불법적인 높은 수익을 바라고 있다.

자형(自刑)

자형은 스스로 문제를 찾고 해결하려는 성향이 강하며 때로는 실수라고 할 수도 있다. 자형이 겹쳐지면 조급증이나 서두르는 성격을 드러내지만 가끔은 느긋하기도 하다. 부호마다 특징이 다르기에 이론을 정확하게 알고 응용하면 좋다. 자연은 스스로 복원과 소멸이 반복적이고,

인간사는 장애 기피 자해 같은 것을 가지고 있는 것으로 스스로 극복할 수 있다. 사물은 시간이 흐르면서 용도가 저절로 떨어지는 것이다.

辰土 자형

辰土의 성향은 수평적 자형으로서 먼 곳까지 흩어지려고 한다. 즉 끝없이 펼쳐지는 넓은 공간이다. 그리고 辰土는 寅卯辰合木의 이야기이다. 이러한 공간 속에는 만물의 번식과 이동이 자연적 발생이다. 하여 파종(播種)도 하지만 꽃가루가 멀리까지 저절로 날아간다. 申子辰合水는 많은 물이 달의 중력에 의하여 스스로 움직이는 것이다. 辰酉合金은 辰土에서 시작이 있으면 어떠한 조건에 의하여 酉金에서 결과가 있다.

인간사로 보면 성인이 되어서 분가(分家)하고 가정을 이루어 자식을 낳아 기르고 가르친다. 그리고 가족을 책임지며, 때가 되면 자녀들을 분가시켜 대우를 받으려고 한다. 사회로 보면 아침에 알아서 일터로 찾아가고 스스로 자신이 해야 할 일을 찾아서 한다. 그리고 때 되면 정리하고 귀가하고 내일과 미래를 위하여 스스로 무엇인가 준비하려고 한다. 그래서 辰土는 스스로 욕망과 욕심을 많이 가지려고 한다.

예문) 노후 준비를 알아서 한다.
시 일 월 년
戊 丙 癸 壬
戌 辰 卯 辰

卯月 높은 하늘이(戊戌) 어둠에 잠기면서(丙辰) 반짝이는(戊癸合火) 별들이(丁火) 호수에(壬辰) 하나둘 떨어지기(丁壬合木) 시작한다. 즉 동

료들이 하나둘 일을 마치고 밖으로 흩어져 나름대로 갈 곳으로 헤어지고 있다. 하지만 丙辰은 노후(戊戌)를 위하여 밖으로 나가는 것을 거부(卯辰해)하고 안으로 새로운 시작을 준비(辰戌충)하려고 한다. 이는 戊土지장간에 辛金정재와 合水정관 야간작업을 신청한(丙辰식신) 것이다.

午火 자형

午火의 성향은 내적 지향을 원칙으로 하지만 과(過)하면 스스로 폭발하는 자형이다. 巳午未合火는 외부의 열을 안으로 품어서 가득 채워지면 넘쳐난다. 寅午戌合火는 현재 진행 중인 것으로 자연적인 확장이다. 午未合火는 같은 火의 기운을 가지고 있으나 건기와 습기의 성질이 충돌하면 혼란스럽다. 하여 午火스스로 통제하지 못하면 기복(起伏)이 일어나고 자연은 지금 회귀(回歸)할 기회라고 느낀다. 이때가 未土에서 일어난다.

인간사는 누구나 자신을 과장(誇張)하려고 한다. 스트레스나 체온이 오르면 밖으로 발산하는 것이 편안하다. 하지만 안으로 품고 있으면 폭발한다. 하여 스스로 풀어내어야지 그러하지 못하면 돌발적인 행동을 한다. 사회로 보면 巳午未時에 활동력이 왕성하지만 스스로 에너지 조절을 하여야 한다. 그러하지 못하면 순식간에 에너지가 고갈되면서 정신이 흐려지고 의욕도 상실되고 심하면 쓰러지는 경우가 있다.

예문) 글과 그림을 수집하였다.
시 일 월 년
戊 癸 辛 甲
午 未 未 午

아지랑이 아롱거리는 무더운 여름 한낮 밤나무(甲午) 아래서 걸음을 멈추고 낮잠(辛未)으로 더위를 넘기고자 한다. 나무는 푸르고 밤꽃은 지저분한데(甲午癸未合火) 꽃향기는 자극적(癸未戊午合火)이다. 辛金 편인을 위하여 이렇게 더운 날에 午火편재가 양쪽에서 서둘러 未土편관을 자극하고 있다. 즉 특정 인물(甲午)의 그림이나 글(辛未)을 고가에 (戊午) 수집하여 저장하고 때를 기다리고 있는데 금전적 부담을 견디지 못하고 스스로 포기하였다.

酉金自刑

酉金의 성향은 기다리는 자형으로 넓게 흩어지지 못하고 좁은 지역에 옹기종기 떨어져 있다. 申酉戌合金은 조건에 따라서 공간을 만들어 보전(保全)이나 보존(保存)을 하려고 한다. 이러한 변화는 火의 도움이 절대적이며, 火의 도움이 없으면 金오행이 원하는 것이 이루어지기 어렵다. 巳酉丑合金은 수정(受精)하고 부화(孵化)하여 다음 때까지 기다림이다. 辰酉合金은 각자의 조건에 맞추어 부드러운 것과 단단한 것이 있다.

인간사로 보면 조상으로부터 물려받은 가업을 지키고자 하는 것이다. 그러하지 못하고 변경을 한다면 상당히 어려울 것이다. 또 한 대를 이어 가업을 이어가는 것으로 타의 추종을 허락하지 않을 것이다. 사회로 보면 아침에 살아남기 위하여 스스로 일터로 나가서 일정한 대가를 약속하고 열심히 일한다. 이러한 사회는 조건을 약속하고 이를 지키지 못하면 믿음이 떨어져 신용 불량자로 사회생활에 제재를 받을 것이다.

예문) 텃밭에서 갈등
시 일 월 년

癸 乙 癸 己
未 卯 酉 酉

　가을 열매가 무르익어가는데 작은 텃밭에(己酉) 채소도 수확을 앞두고(卯酉충) 있다. 그런데 저만치에 뭉게구름은(己酉) 저절로 변하여(酉酉자형) 우박(癸酉)으로 떨어진다. 하여 채소에 많은 상처(卯酉충)를 남기고 지나간다(卯未合木). 즉 재물과 수행을 두고 갈등하는 乙卯는 망설이다가 亥卯未合木 비견으로 가려고 다짐한다. 하여 음신으로 辛亥편관 정인을 성급하게 택하고 독학(獨學)으로 어렵게 승부수를 던진 것이다.

亥水 자형

　亥水의 성향은 제자리에 멈추어서 돌고 돌아가는 것이다. 움직임이 느리고 반경이 좁다. 亥子丑合水는 수온에 따라서 반복적인 흐름으로 끊임없이 흐트러진 본성을 회복하려고 한다. 亥卯未合木은 과거로부터 이어지는 木에서 벗어나지 못하고 윤회(輪廻)하는 것이다. 寅亥合木은 정적인 木을 위하여 亥水가 천천히 오르내린다. 이러한 상황은 계절과 온도에 따라 역할을 바꿀 수 있겠지만 결과는 돌고 도는 것일 뿐이다.

　인간사로 보면 어두운 밤이나 차가운 겨울에는 위험과 추위로 인하여 활동을 하지 못하는 것이다. 하지만 위험이 사라지고 추위가 물러나면 서서히 일상적인 활동이 반복적으로 이어진다. 처음 사회생활을 하게 되면 미숙하여 반복적 실수를 경험하게 된다. 하지만 환경에 익숙해지면서 부담을 떨치고 능력을 발휘할 것이다. 이러한 부담을 스스로 해결하고 극복할 줄 알면 좋으나 그러하지 못하면 움직임이 둔하다.

예문) 나는 싫어요.
시 일 월 년
辛 丁 癸 辛
亥 巳 巳 亥

癸巳月 어두운 밤에 亥水정관이 년과 시지에 자리 잡고 丁巳겁재를 괴롭히고 있다. 이를 피하려고 몸부림치며 스스로 밖으로 나간다. 즉 년주 辛金편재 아버지가 늦게 귀가하시어 巳亥충으로 자식 훈육(訓育)을 하시는데 癸巳겁재는 당연한 듯이 하지만 丁巳는 이를 부당(不當)하게 생각하고 가출한다. 하여 일찍 丁壬合木편인 직장생활과 학업을 병행하면서 좁은 곳에서 발버둥 치며 우직하게 견디었을 것이다.

3) 충(沖)

충이라고 하는 것은 서로 반대 방향에서 마주 보면서 어떠한 힘이 작용하는 것이다. 강한 충돌을 긍정적이나 부정적으로 나타내는 것이다. 자연으로 보면 밀어붙이려는 것과 견디려고 하는 것의 관계라고 할 것이다. 인간사로 보면 철저한 경쟁의 관계로서 75% 이상의 강력한 힘을 이용하여 밀어내고자 한다. 사회로 보면 많은 이익을 보려고 하는 자와 절대 손해를 보지 않으려고 하는 자가 정면충돌하는 것이다.

子午沖

子水는 내면의 본성을 회복하기 위하여 차고 맑게 흘러가려는 반면에 午火는 에너지를 한곳으로 집중하여 무엇인가를 생산하기 위한 이해관계로 충돌하는 것이다. 또 한 올라가는 기운과 내려오는 기운이 충돌하여 일어나는 다양한 변화이다. 자연에서 보면 午火가 자형이기에 열을 저장하려고 하는데 子水가 이를 압축하여 더 많은 열을 저장하여 자연을 원활하게 돌아가도록 하려고 충을 일으키는 것이다.

인간사로 보면 변화(變化)와 진화(進化)를 위하여 절대적으로 필요하며 子午충이 없으면 인간이 발전하는데 애로가 많을 것이다. 사회로 보면 함께 힘을 모아 잘해보자는 진보와 원칙을 유지하면서 기득권을 고수하여 보존하려는 보수와의 충돌이다. 하여 子水처럼 냉정하고 한 방향으로 흐르는 무리와 午火처럼 억압으로 참고 견디며 희생하여 다 함께 변화하려는 이해관계로 부정적인 것을 제거하면 좋다.

예문) 공부보다 멋으로 승부한다.
시 일 월 년
戊 甲 壬 壬
辰 午 寅 子

壬寅月 이지만 아직 추위는 기승을 부리고 내린 눈이 나뭇가지에 쌓여(壬寅)있다. 사람들이 일터로 가는 길에 풍경(寅午合火)을 담으려고 와글거릴(子午충) 때 甲木은 午火상관을 타고 태어났다. 하지만 일주 甲午는 학창시절 壬子정인과 충을 하여 학업에 관심을 가지지 못하고 午火상관에 집중하여 꾸미고 멋을 부리는데 타고난 재능을 가지고 있으니 寅木비견이 주변으로 모여들고 있다. 하여 甲午는 戊辰에 뿌리를 내릴 것이다.

丑未沖
丑土는 차고 어둡고 좁으면서 건조하며 고요한 공간이라고 할 수가 있다. 未土는 뜨겁고 습도가 높으며, 일정한 규칙이 무너진 공간으로 개방되어 있다. 이 둘은 같은 공간에서 함께할 수 없기에 충돌이 일어난다. 자연으로 보면 丑土의 골짜기를 未土의 언덕을 깎아서 평지를 이루고자 하면 형이 된다. 하여 丑未충은 서로가 상처를 받지만, 모양이 변화하면 형이라고 할 것이다. 하지만 적당하게 충으로 단점을 보완하여 바뀌면 형이 완성된다.

인간사로 보면 성격 차이다. 丑土의 내성적인 성격과 未土의 변화무상한 성격이다. 이 둘의 감정 충돌이므로 이들의 생각이나 삶은 서로가 이해하기 어렵고 엄청난 성격 차이로 간섭할 수 없다. 때로는 서로 조율(調律)하여 긍정적인 사회를 만들 수도 있다. 사회성으로 보면 공개와 비공개의 관계라고 할 수 있다. 이들이 충돌하면 상당히 혼란스러울 것이다. 하여 원만한 합의로 서로의 영역침범을 허락할 뿐이다.

예문) 들어만 주고도 수익이 된다.
시 일 월 년
丁 丁 己 壬
未 丑 酉 寅

己酉月 점심을 먹고 나니 검은 먹구름이 몰려와 하늘의 빛을 가리면서 흘러가고 있을 때 丁丑이 태어난 것이다. 하지만 건강이 좋지 못하여 부모님의 속을 태우며 건강을 회복하고 가정을 꾸려보지만 해로(偕老)하기 어려울 것이다. 하여 丑未土식신이 충을 하면서 한편으로 酉金편재와 합을 하는데 巳火겁재가 丑未충 사이에 음신 작용을 하고 있으니 찾아오는 이를 상대로 하여 유료상담으로 충고와 하소연을 들어주

고 있다.

寅申沖

　寅木은 오랫동안 생존을 이어오고 있는 것으로 알아야 한다. 申金은 먼 옛날부터 지금까지 변함없이 보전되어 오는 것이다. 이를 일상으로 이야기하면 寅木과 申金은 끊임없이 수평적으로 충하고 형한다. 자연으로 보면 寅月에 보전하기 위하여 申金에 강력하게 촉을 틔운다. 반면에 申月에 열매속에 새롭게 보존을 위한 寅木이 확실하게 시작된다. 이렇게 木金은 충과 형으로 생존과 보전을 이어간다.

　인간사로 보면 어릴 때부터 적당한 제재를 가하지 않는다면 성장하여 큰 인물이 되기 어렵다. 또 한 뛰어난 아이들을 뽑아서 집중관리를 한다면 큰 인물로 성장시킬 수가 있다. 사물로 보면 원자재가 불량하면 좋은 물건이 생산될 수가 없다. 사회로 보면 더불어 살아가기를 외면하고 항상 의견 충돌이 일어나면 좋은 결과가 없다. 하여 寅申충은 일방적 타협이고 형은 과감한 변화를 원하는 것이다.

　　　　　　예문) 열매를 위하여...
　　　　　　　시 일 월 년
　　　　　　　丙 己 庚 戊
　　　　　　　寅 未 申 午

　열매가 붉게 익어가는 庚申月 동이 트는데 아직 맑은 하늘 서편에는 둥근 달이 지지 않고, 화단 한쪽에 화초가 돋아나듯이 己未가 태어난 것이다. 하여 설익은 열매를(庚申) 곱게 키우려고 부모(丙寅)와 형제(戊

午)들이 힘을 합쳐서 庚申상관에 집중하고 있다. 즉 기능(庚申)을 익히려고 밖으로 나가서 지인들(戊午)의 도움을 받고 귀가하여 다양한 이론(丙寅)을 열심히 읽으면서 부단한 노력(寅申충)을 하고 있다.

卯酉沖

卯木은 최대한 부드럽게 확장하려고 하는 본성(本性)과 酉金은 최대한 단단하게 변화하여 깨지지 않으려는 본성을 가지고 자신을 보호하려는 목적이다. 자연은 무성하면 쓸모가 없고 무르면 보전하기 어렵기에 이를 충으로 표현한 것이다. 일상에서 卯時에 깨어나서 열심히 활동하다가 酉時가 되면 알아서 귀가한다. 이러한 관계는 수평적이고 반복적이다. 자연은 卯月의 부드럽고 무성함이 酉月이면 단단하고 앙상하게 변화한다.

인간사로 보면 부모가 많은 자식을 낳고 가르쳐 끊임없이 가보(家寶)가 이어지기를 바라는 과정이다. 하여 卯木처럼 왕성하게 씨족(氏族) 사회가 만들어지면서 외부의 침입을 걱정하지 않는다. 이는 酉金처럼 알아서 자기 몫을 다하여야 한다. 사회로 보면 다양한 능력을 발휘하여 결과를 드러내야 존재를 인정받는다. 즉 최고가 되기 위하여 부단하게 갈고 닦고 익혀서 경쟁에서 지지 않고 이를 다음으로 전해야 한다.

예문) 투자 손실...
시 일 월 년
癸 丁 己 壬
卯 卯 酉 寅

己酉月 이른 아침에 땅속에 유충(幼蟲)들이 먹이활동을 시작하면서 뿌리 열매까지 피해를 주니 癸水편관 주인이 농약을 치고 있을 무렵에 丁卯가 태어난 것이다. 丁卯는 일찍 취업하여 寅木정인의 지장간 甲木에 적금을 들어서 모은 돈을 불확실(己土壬濁)한 곳에 투자(己酉)하고 후회(寅酉원진)를 하고 있다. 즉 힘들게 모은 재물을 여러 종목(癸卯)의 주식에 투자(卯酉충)하여 원금을 회수하기 어렵게 된 것이다.

辰戌沖

辰土는 넓게 트여있는 공간으로서 수분이 많고 여유로워 대부분이 편안하다. 하여 원활하게 생산을 할 수가 있는 좋은 공간이기에 모으고자 하는 성향이 약하다. 하지만 戌土의 공간은 높고 수분이 부족하여 생산이 안 되므로 최대한 모아서 보전하려고 하여 辰戌을 붕충(朋沖)이라고 해석한다. 자연으로 보면 辰土에서 많은 것이 번식하려고 부단히 노력하여 戌土에서 다음을 위하여 적당하게 건조하여 쌓아둔다.

인간사로 보면 辰土는 자원이 풍족하여 욕심이 적고 여유로운 환경이 유지되는 곳이다. 하지만 戌土는 자원개발이 힘들며 좁고 열악한 환경에서 살아남기 위한 심각한 경쟁이 항상 일어나는 곳이다. 사물로 보면 다목적으로 사용하는 辰土와 특별한 목적을 위하여 만들어진 戌土로 나누어져 있다. 사회로 보면 누구나 기회를 가질 수 있는 일반적인 집단은 辰土이고, 선택된 일부에게 기회가 주어지는 소수의 집단은 戌土이다.

예문) 언니의 재산을 탐내는 여자
시 일 월 년

壬 辛 丙 庚
辰 巳 戌 戌

　丙戌月 이른 오전에 저무는 달은 빛을 잃고 바위 끝에 걸려있을 무렵에 辛巳가 태어났다. 생활이 어려워 재물 욕심과 불만이 가득하다. 하여 辛巳는 년월지에 戌土정인의 지장간에 丁火편관이 탐나서 壬水상관으로 습木편재에 욕심을 내고 있다. 즉 庚戌과 丙戌형부의 재물을 壬辰상관 정인으로 빌려서 辰戌충하여 재물을 늘려보려고 하였는데 형부(兄夫)의 반대로 뜻을 이루지 못하고 법정소송(丙戌)을 하게 되었다.

巳亥沖
　巳火는 내면의 에너지보다 밖으로 확장하려는 힘이 강하다. 亥水는 외적인 에너지를 한곳으로 모이게 하는 힘이 강하다. 이 둘의 이해관계가 다르기에 충돌한다. 일상에서 보면 소비와 저축의 관계이며, 자연으로 보면 동적인 巳火가 정적인 亥水를 이용하여 강력한 변화를 원하고 있다. 하여 활동적인 巳火와 그러하지 못한 亥水는 서로 다른 성향으로 부딪치면서 또 다른 木金을 생산하려고 강력한 충을 일으키고 있다.

　인간사로 보면 巳火는 들뜬 기분으로 우쭐거리며 필요 이상의 과장된 표현이다. 亥水는 움직임이 둔하고 소극적인 표현 때문에 서로 충돌이 생긴다. 사물로 보면 과장된 포장이나 필요 이상을 생산하여 재고로 쌓여가는 것을 차고 어두운 곳에 저장하여 소비에 맞도록 공급을 조절하려고 한다. 사회로 보면 진실성이 부족한 말과 행동으로 허세를 부리는 무리와 내실을 튼튼하게 하여 다음을 준비하려는 두 무리의 의견 충돌이다.

예문) 엄마의 치맛바람 때문에 멍든 아들
시 일 월 년
己 乙 己 己
卯 亥 巳 卯

포근한 초여름 산천은 더욱 푸르고 여기저기에 질서 없이 심어둔 과수나무에 피어난 꽃을 따주어야 할 무렵에 乙亥가 태어난 것이다. 뭉게구름은 바람 따라 생겨나고 사라지는데 자식이 많아 아버지는 분주한데(巳亥충) 어머니는 매일 자식들 학업을 핑계로 밖으로 나가는 즐거움(亥卯未合木)에 빠진 것이다. 어머니는 학교에서 허세를 부려 보지만 자식의 성적은 오르지 않고 있으니 창피하여 그만두었다.

4) 파(破)

파라고 하는 것은 깨어지거나 결점이 발생한다는 의미이다. 즉 50% 이상의 부분적인 흠집이나 장애가 있어서 폐기하거나 수리를 하여야 한다. 자연으로 보면 환경에 따라 충격이 가해져서 깨어지거나 부분적 상처가 난다. 인간사로 보면 사고로 인하여 부분적인 상처가 심하거나 골절이 되어도 회복할 수가 있다. 사물은 처음부터 또는 사용하다가 물리적이거나 자연적으로 깨지거나 흠집이 발생한 것이다.

子酉 파

인성과 식상의 관계이다. 子水의 흐름 속에 酉金끼리 부딪치면서 깨지고 마모되는 것이다. 즉 모난 돌이 둥글게 다듬어지는 것은 水의 지속성으로 이루어진다. 자연을 보면 아무리 단단하다고 하여도 물을 만나면 깨지거나 풀어지고 수분을 머금은 양에 따라 단단함을 알 수가 있다. 계절적으로 보면 酉月에 단단한 열매도 子月이 되면서 추위에 오그라들게 된다. 심하면 깨지거나 속에서 새로운 생명이 꿈틀거리기 시작한다.

인간사로 보면 학문을 탐구하면 원리를 알게 되는 것이다. 또 한 자식은 부모님의 대인관계를 보면서 성장하는 것이다. 사람은 子水처럼 끝없이 숨을 쉬고 酉金처럼 스스로 모든 것을 해결할 때쯤에 분가하기 시작한다. 사회로 보면 비밀스러운 것이지만 때가 되면 공개되듯이 비밀은 없다. 사물로 보면 보전과 보존을 위하여 오랫동안 전해오는 것도 어떠한 원인으로 깨어지거나 드러날 수 있다.

예문) 인연
시 일 월 년
甲 丁 己 壬
辰 巳 酉 子

己酉月 가을 수확을 앞두고 마지막 관리를 위하여 분주한데 검은 구름이 소나기를 뿌리고 사라질 무렵에 丁巳의 고집이 센 아이가 태어났다. 하지만 그렇게 건강하지 못하여 일찍 새로운 삶을 찾기 위하여 巳酉丑合을 완벽하게 하려고 丑土가 음신으로 작용한다. 丁巳는 년주 壬子와 合木편인 공부하려고 하지만 월지 酉金편재로 인하여 子水편관이 깨지고 己土식신의 생각이 옹졸하여 재물마저 놓치게 된 것이다.

丑辰 파

　비겁의 관계로 다투는 것이다. 옹골찬 丑土를 파괴하여 辰土처럼 넓게 활용하려고 하기 위함이다. 계절적으로 보면 丑月추위로 땅속 깊이 스며들어 얼어버린다. 하지만 辰月부터 서서히 온도가 오르면서 온기가 서서히 전해져 얼었던 땅이 녹으면서 수분이 많아서 질퍽해진다. 자연으로 보면 차고 어두운 공간에 빛이 들어가서 온기가 전해지면서 밝고 온화해지므로 새로운 생명이 돋아나는 것을 丑辰파로 표현하였다.

　인간사로 보면 힘들어 고통받는 사람과 평범한 사람들이 변함없이 어우러져 살아가면서 사소한 갈등이 발생한다. 이렇게 갈등하면서 새로운 방법이 나오고 이를 이용하여 서로의 삶이 윤택하게 변화할 것이다. 사회로 보면 열린 공간에서 활동하는 사람들과 폐쇄된 공간에 격리되어 활동하는 특수성을 가진 사람이 바라보는 부러움이다. 사물로 보면 가치성을 따져서 분리하는 것이다. 丑辰 파는 같은 성질을 가진 것이 이익으로 갈등하는 관계이다.

　　　　　　예문) 자존심 때문에 방황하는 남자.
　　　　　　　　시 일 월 년
　　　　　　　　戊 己 丁 己
　　　　　　　　辰 丑 卯 亥

　丁卯月 아침부터 논밭을 뒤집어(丑辰파) 놓았다. 그곳에 파릇하게 새싹이 돋아날(丁卯) 무렵에 己丑이 태어난 것이다. 하여 학업에는 관심이 없고 직장에 다니며 돈을 벌고 싶어서 친구를 따라 객지(亥子丑合水)로 나간다. 그곳에서 알고 지내던 여자와 결혼하여 자식을 낳았지

만 팍팍한 살림에 다툼이 자주 벌어지니 己丑은 밖으로 나가버린다. 즉 수익은 없는데 식구만 늘어나니 자식 문제로 부부 갈등이 심하다.

寅亥 파

 인성과 식상의 관계이다. 亥水는 스스로 寅木을 위하여 합을 하고 목적이 이루어지면 파로 진행 亥水가 떨어져 나간다. 이는 정적인 寅木을 동적인 亥水가 스스로 합하고 파를 주도하고 있다. 이는 寅木을 위함이고 亥水는 실리(實利)를 챙길 수 없다. 자연으로 보면 寅月에 살아있는 것들이 어둠에서 깨어나 주변에 남아있는 亥水를 섭취하고 활동하기 시작한다. 이러한 과정이 반복적으로 이루어지기에 합파(合破)로 표현한 것이다.

 인간사로 보면 활동하는 시간에는 물을 서서히 섭취하지만 지쳐서 활동을 멈추고 충분한 휴식을 취하는 시간에는 수분을 내린다. 이러한 생활이 반복적으로 이어지면서 살아있는 것은 변화하고 성장하게 된다. 사회로 보면 활동하기 전에 서서히 준비하여 활동하고 목적이 이루어지면 서서히 멈추는 것이다. 사물로 보면 생산하는 것으로 사용 후 쓰임이 다하면 파기 또는 저장하여 두는 것이다.

<blockquote>
예문) 어머니 정이 그리워요.
시 일 월 년
辛 乙 辛 壬
巳 丑 亥 寅
</blockquote>

 亥月 오전에 차가운 바람이 학교 가는 길을 막아서서 가지 못하게

한다. 하여 멍하게 바라보니 담장 밖 잎 떨어진 앙상한 감나무 가지 끝에 힘겹게 달린 열매에 작은 새들이 벗 삼아 괴롭히고 있다. 즉 어머니가 친구들과 사귀지 못하는 乙丑을 가슴에 끌어안고(辛亥) 틈나는 대로 글을(寅亥合) 가르치고 있다. 하지만 반복적인 글을 연습하라고 하시고 壬寅정인 겁재 되어 떠나셨다. 매일 어머니가 그리워(丑亥寅合) 몰래 울고 있다.

卯午 파

인성과 식상의 관계이다. 卯木과 午火가 파를 한다. 즉 卯木을 성장시키고 억제하는 역할은 午火의 몫이다. 하여 木이 火를 이용하여 번식하는 것이다. 그래서 시작과 과정까지 午火가 열로 희생하고 결과에서 午火는 빛으로 희생하는 것이다. 자연은 卯木이 확장할 때 午火의 열이 필요하고 과정에서 午火의 열과 빛이 필요하다. 그리고 결과에서 午火의 빛을 요구하는 것이다. 午卯파는 결과를 위하여 스스로 통제(統制)를 하는 것이다.

인간사로 보면 부모가 여유 있을 때 장성(長成)한 자식을 분가(分家)시켜 후손을 볼 수 있게 하는 것이다. 만약 이때를 놓치면 부모는 책임을 다하였다고 할 수가 없다. 또 한 자식도 교육을 받지 못한다면 장래가 불투명하다. 사회로 보면 단체의 외형 확장에 힘을 모으는 것보다 일정한 세력이 형성되면 내실을 강화하는 것이다. 사물로 보면 쓰임이 많으면 깨어지기 쉽기에 적당하게 사용하도록 조절하는 것이다.

예문) 호수에 잠긴 태양
시 일 월 년

丙 壬 甲 丁
午 辰 辰 卯

甲辰月이다. 은빛 물결 찰랑거리며 하늘의 해를 호수가 삼켜버릴 때 壬辰이 태어났다. 이후 태양은 호수를 두고 서쪽으로 향하고 壬辰은 돛단배를 타고 길을 찾아 떠나간다. 즉 壬辰은 타고난 예능(丁卯)을 발휘하려고 나가보지만(丁壬合木) 부모(丙午)가 후원하지 못하여(午卯파) 뜻을 이루지 못한다. 하여 스스로(辰辰) 寅卯辰合木상관을 찾아 호주로 가서 치과 공부를 하여 의료상담사가 되었다.

巳申 파

재성과 관성의 관계이다. 巳火와 申金은 역마로서 잠시 역동적인 만남에서 水오행이 흐른다. 이후 파하여 원만하게 마무리하면 좋은데 그러하지 못하고 형으로 진행하게 되면 상당히 불편하다. 이는 온도와 조건이 결정한다. 자연에서 보면 온도가 따스하게 오를 때 순간적으로 합하여 수정(受精)한다. 이후 파하여 외면하면 형으로 진행하는 것이다. 巳申합은 진화(進化)를 위해 합하고 순간 파로 변화(變化)하여 형으로 진행한다.

인간사로 보면 부부가 합하는 것이다. 순간의 합과 적당한 파의 고통으로 자녀가 생산되어 형으로 가족이 늘어나는 것이다. 즉 남녀가 부모로 호칭이 바뀌는 것이다. 목적이 분명한 申金의 유전을 巳火를 통하여 이루어내는 것이다. 사회로 보면 도로 위에 승용차와 화물차가 부딪친 것이다. 이를 수습하는 과정은 파 형으로 진행한다. 사물로 보면 일회용일 가능성이 크다. 장식용이나 구색(具色)을 갖추기 위한 도구에 불과하다.

예문) 유혹을 거부하지 못하면...
시 일 월 년
乙 丙 乙 壬
未 申 巳 午

　순간 봄바람에 꽃가루가 사방으로 흩어지고 마당에 솥을 걸어놓고 풍구를 돌리면서 불 피워 물을 끓이는데 丙申이 태어났다. 丙申은 巳火 비견과 습水편관... 잠깐 용건을 정리하자고 한다. 申金편재를 주고 乙木정인을 받아들이고 빠르게 거래를 마무리하고 자리를 뜨고자 한다. 즉 거래 후 壬午를 찾아가려고 하는데 巳火가 따라오면서 乙未정인 상관으로 유혹하는 것이다. 이를 뿌리치지 못하면 申金편재는 녹아버릴 것이다.(영상참조)

未戌 파

　비겁의 관계로 다투는 것이다. 未土의 언제 어떻게 변할지 모르는 성질과 까칠하고 자존심도 강한 戌土가 파하여 부딪쳐보고 부족하니 다시 형으로 진행하는 관계이다. 자연으로 보면 일정하지 못하게 흩어져 있는 것을 한곳으로 모아서 쌓을 때 일어나는 다양한 사건과 사고들이다. 즉 불편한 관계를 정립하려고 부분적으로 파를 하여 바르게 하고자 하는 것이다. 하여 戌未파형은 드러내서 형체를 바꾸는 것이다.

　인간사로 보면 중년을 전후해서 이것저것 다양한 사건과 그 원인을 말년이 오기 전에 하나둘 정리하여 다음 세대를 준비하는 것이다.

또 한 인과관계에 얽혀있는 것까지 정리하는 것이 파이다. 사회로 보면 의견이 맞지 않는 많은 단체가 뜻을 한곳으로 모아 세력을 키우는 것이다. 사물은 동안 사용하였던 다양한 것을 한 곳에 정리하는 과정이다. 다음을 위하여 흩어진 것들을 정리하여 한곳으로 모으는 형상이다.

예문) 소통과 공존
시 일 월 년
丙 己 丙 乙
寅 未 戌 亥

늦가을 동이 트기 전에 어둠으로 높고 낮음이 구분하기 어렵다. 가을바람이 언덕 위에 갈대를 흔드니 己未는 견디지 못하고 밖으로 나온다. 하지만 먼저 태어난 丙戌겁재는 벌써 학교 갈 준비를 하면서 동생이 태어난 것에 반가워하지 않는다. 이는 丙火정인 부모님이 오로지 丙戌만 위하다가 동생이 생기면서 부모의 사랑과 관심이 멀어진다고 생각하기 때문이다. 하여 戌土는 寅木을 핑계로 己未를 파형하고 있다.

5) 해(害)

해라고 하는 것은 이롭지 못하거나 때로는 25% 이상 손상되어 폐기하려니 아까워 보수하여 재사용이 가능하다. 이를 자연으로 보면 어떠한 환경에 의하여 부분적으로 상처를 받거나 손상되거나 전체를 위하여 부분적인 파괴가 필요한 것이다. 인간사로 보면 무엇을 하려고 하는데 장애가 발생하거나 무엇으로부터 훼방이나 방해를 받아서 진행에 걸림이 되는 것이다. 사물은 보관과 폐기에서 갈등하는 것이다.

子未 해

子未 해는 원진으로 시작되어 해로 이어지는 것이다. 즉 재성과 관성이 대립하는 관계이다. 하여 사소한 의심이 시비로 확대된다고 할 것이다. 그래서 서로가 불편하고 마음에 상처를 주니 갈등과 원망이 심각하여 밖으로 표현하는 것이다. 자연은 마른 나무가 불에 잘 타고, 젖은 수건이 물을 빨리 흡수하는데 이를 모르고 일을 진행하는 꼴이다. 투명하고 깨끗하기를 바라는 것과 혼탁하여 투명하지 못함의 차이이다.

인간사로 보면 같은 환경에서 적응력이 떨어져 이탈하려는 생각을 품고 있다. 이로 인하여 지인이나 주변 사람으로부터 의심을 받거나 시비와 다툼이 벌어지는 꼴이다. 이를 사회로 보면 자기 생각과 행위가 정당하다는 주장에 타인은 의심과 불만으로 시시비비를 가리려고 한다. 사물로 보면 가치성이 의심스러울 만큼 거슬리거나 아무렇게 방치된 물건이다. 둘 곳도 없고 버리지도 못하는 애물단지 같은 것이다.

예문) 지나보니 후회스럽다.
시 일 월 년
戊 庚 丁 壬
寅 申 未 子

여름날 새벽 강가에 안개가 짙게 피어오르고 조금 부족한 둥근달은 하늘 높이 떠 있고, 호두나무 열매가 익어갈 때 庚申은 자신만만하게 세상으로 나온 것이다. 하지만 일찍 교우관계나 학업에 집중하지 못하고 갈등만 쌓여가고 있다. 하여 평범한 직장에 취업하여 나름대로 적응하려고 다짐하였다. 그런데 壬子식신 상관과 丁未정관 정인이 원진에서 해로 진행하니 학창시절이 원망스럽고 자신이 미웠다.

丑午 해

丑午 해는 원진에서 해로 진행하는 것으로 인성과 식상의 관계이다. 무엇인가를 확인하고 싶은 과정에서 생겨나는 관계이다. 즉 스스로 관련된 지식을 쌓고 의문을 풀어보려고 하지만 자신감이 부족하다. 거듭되는 원망으로 앙금이 쌓여가며 그로 인하여 안으로 상처가 크다. 자연으로 보면 웅덩이나 경사진 땅이 얼었다가 녹으면서 사태로 이어지는 현상이다. 즉 영원히 감추고자 하는 성향과 모아두었다가 드러내는 성향이다.

인간사로 보면 완전 비공개와 때에 따라 부분적인 공개를 원하는 차이에서 발생하는 갈등이다. 丑土의 감추고 은밀하게 이루고자 하는 생각과 午火의 깊이 파고들어 서서히 밖으로 들어내고자 하는 내부갈등을 스스로 덮어두려고 할 것이다. 사회로 보면 치열한 경쟁으로 권모술수가 난무하여 암투와 정보교환이 필요할 것이다. 사물로 보면 금고에 감추고 싶은 것과 필요에 따라서 드러내고자 하는 관계이다.

예문) 원만하지 못한 대인관계
시 일 월 년
乙 乙 戊 丙
酉 丑 戌 午

戊戌月 하늘을 이고 있는 서산(戊戌)이 온통 붉게 물들어(午戌合火)

있다. 나무는 앙상하고(乙酉) 말리려고 흩어둔 열매(酉丑)를 한곳으로 모아두고(乙丑) 한숨 돌릴 때쯤에 乙丑이 태어난 것이다. 금전적인 부담으로 학창시절부터 타고난 재능을 살리지 못하고 학업에 충실하지도 못한 것이다. 하여 교우들과 화합하지 못하고 사회에 나가서는 지인들과 소통이 어렵고 또한 대인관계도 원만하지 못하였다.

寅巳 해

寅木과 巳火의 관계는 미약한 해에서 멈추지 못하고 육형(六刑)으로 진행하면 많은 문제가 생겨날 수 있다. 역마(驛馬)로 보면 계획과 목적도 없이 서둘러 출발하였지만 이내 후회하며 돌아오는 꼴이다. 즉 시작은 별것 아닌 것처럼 생각하였는데 그 결과는 심각한 것이다. 자연으로 보면 처음 새싹이 우후죽순처럼 트는데 부분적으로 정리하지 않으면 전체가 쓸모없어질 수도 있다. 하여 부분적으로 형을 하여주면 좋다.

인간사로 보면 어릴 때 버릇을 잡아주지 못한다면 사춘기를 지나면서 문제아가 되어 인생사에 큰 부담을 가질 것이다. 즉 寅木은 신생아에서 사춘기로 접어드는 시기이며, 巳火는 사춘기에서 결혼할 무렵까지다. 이때 부모가 바르게 가르치지 않으면 생존경쟁에서 떨어질 수가 있다. 사회로 보면 공정(工程)을 정비하지 않으면 불량이 많아서 손실을 보게 된다. 사물로 보면 내용을 확인하지 않고 구매하여 후회하게 된다.

예문) 허술한 기록으로 재물 욕심을 낸다.
시 일 월 년
壬 戊 乙 壬
戌 午 巳 寅

乙巳月 밤에 좁은 물길(乙巳) 따라 졸졸졸 물이 흐르고(壬寅) 밤벌레 목청 올려 노래를 부르고(乙巳) 있을 때 적막을(壬戌) 깨고 戊午가 나오면서 어머니가 조금 힘이 들었을(寅巳해) 것이다. 이후 직장에서(乙巳) 재무담당(壬寅)하기 시작하면서 자신도 모르게 탐욕이 발동하여 거래를 조작하여 문제가 되었다. 巳火편인 형식적 관리가 화근(禍根)이 되어 寅木편관과 시비가 길어지면서 원만한 조율을 하지 못한다면 법정 다툼까지 생각하여야 한다.

卯辰 해

卯木과 辰土는 寅木이 없으므로 인하여 해가 되어 辰土자형이 스스로 포기하는 꼴이다. 거대한 계획을 세우고 시작을 하지만 그 계획이 부실하여 과정과 결과가 흐지부지하다. 자연으로 보면 나무를 지탱하는 큰 뿌리가 없이 잔뿌리로 지탱하면서 수분흡수를 하고 있다면 원만하게 성장하기 어렵다. 실한 생명을 가진 것이라도 근본이 부실하면 쉽게 쓰러져 버리는 것이다. 하여 寅木은 잡아주는 역할을 한다.

인간사로 보면 새로운 가정을 이루고자 하지만 기반이 없거나 빈약하다. 엄청난 노력을 하지만 결과를 보지 못한다. 어떤 곳으로 가고자 하는데 寅木의 인솔자가 없어서 저절로 흩어져 버리는 것이다. 사회로 보면 어떠한 단체의 지도자가 없어서 지향하는 방향을 찾지 못하고 저절로 와해(瓦解)되는 것이다. 사물로 보면 출입문의 열쇠나 잠금장치가 허술하여 외부의 침입을 막지 못하는 꼴이라고 할 것이다.

예문) 근본이 약하여 실패하다.
시 일 월 년

　　　　　　戊 辛 丙 癸
　　　　　　戌 巳 辰 卯

　　丙辰月 戊戌時에 년월에 辰土정인과 卯木편재가 해를 이루고 있다. 즉 근본이 빈약(貧弱)하여 재물이 서서히 사라지는 형상이다. 丙辰정관 정인... 정상적인 방법은 담보를 제공하고 癸卯식신 편재... 다수의 새로운 투자를 받고 싶은 생각이지만 卯辰해로 작용하기에 묘책이 서지 않는 것이다. 하여 일주 辛巳는 辰巳지망으로 근본이 약하여 투자를 받기 어렵다. 욕심을 내게 되면 자기 꾐에 빠질 확률이 높다.

申亥 해
　　申金과 亥水의 만남은 부적절하다. 申金의 성향(性向)과 亥水의 성향은 완전히 다르다. 그래서 장애로 시비가 발생하는 것을 해라고 한다. 申金은 목적을 가지고 서두르고 있는데 亥水는 지극히 제한적이다. 하여 같은 공간에 존재한다면 망설임이나 결정 장애로 힘이 들 것이다. 자연으로 보면 열매가 커가면서 과즙을 채우는데 차가운 기운을 만나면 성장하지 못하고 그러한 상태로 오랫동안 노출되면 해롭다.

　　인간사로 보면 뜻이 확실하여 빠르게 실행하는 사람은 申金의 부류이고, 아무리 노력해도 결과가 부족하여 이를 포기하고 관망하는 사람은 亥水에 해당한다. 사회로 보면 목적이 확실한 집단과 어영부영하면서 목적이 불분명한 집단이 서로 화합하여 어울릴 수가 없다. 사물로 보면 일상에 꼭 필요로 하여 만들어진 물건을 다른 용도로 사용할 수가 없어서 방치되거나 보이지 않는 공간에 저장하여 두는 것이다.

예문) 정주영 회장의 실수
시 일 월 년
丁 庚 丁 乙
丑 申 亥 卯

　丁亥月 누구도 바라보지 않는 깊은 밤(丁丑)에 둥근달(庚申)이 사방으로 빛을 발산하면서 별(丁火)과 함께 바람(乙卯)을 따라가고 있다. 일찍부터 재물을 따라 북(亥)에서 남(未)으로 내려오면서 보이지 않는 未土정인의 인연과 일할 곳과 배우자를 찾는다. 亥水식신은 부하직원으로 믿음을 두지 않고(申亥해) 항상 지켜보는 스타일이다. 하지만 한 번 믿으면 끝까지 믿는데 이것이 자충수(自充手)이다. 하여 庚申의 재물을 삼키는 부하직원이 많이 있다.

酉戌 해

　酉金과 戌土가 申金이 없으므로 인하여 해로 변한다. 이는 酉金이 자형을 하기 때문이다. 완벽하지 못한 상태로 보존하게 되면 오래가지 못한다는 것이다. 하여 시작을 철저히 하지 않으면 결과에서 문제가 많이 발생하여 보전하지 못하고 때로는 보존하기 어렵다. 자연으로 보면 열매가 맺으면서 씨방이 생겨나지만 이를 보호할 과즙을 채우지 못하거나 확실하게 익지도 않은 것을 수확한다면 金의 목적을 이어가기 어렵다.

　인간사로 보면 만대(萬代)를 이어가야 하는 책임이 있는데 어떠한 원인으로 인하여 후손이 끊어지고 대를 이어갈 수 없음을 해라고 한다. 이렇게 되면 순수한 혈통을 이어갈 수 없기에 양자를 들여 후손을 이어간다. 사회로 보면 어떠한 단체가 정확한 목적 없이 만들어져서 제대로 활동하지 못하는 것이다. 사물로 보면 어떠한 물건이 꼭 필요하여 계획을 세우고 구매를 하려고 하지만 과정에서 조건이 맞지 않아 포기한 것이다.

예문) 성급함이 미움을 받는다.
시 일 월 년
庚 壬 辛 癸
戌 戌 酉 丑

辛酉月 밤하늘에 별들은 흐리고, 달무리로 빛나지 않는다. 깊은 산 속에 숨어서 작은 마을에(癸丑) 어쩔 수 없이 태어난 壬戌이 앙칼지게 울고(丁壬合木) 있다. 어려운 살림살이에 자식이 늘어나니 부모의 걱정(酉戌해)만 더해간다. 하지만 고집스럽게 공부하였는데 壬戌은 辛酉정인이 해로 이어지니 사회에서 마땅하게 능력을 인정받지 못한다. 하여 직장동료들과 화합하지 못하고 시시비비로 丑戌형으로 이어지려고 한다.

6) 원진(怨嗔)

원진은 어떠한 관계에서 이유 없이 발생하는 25% 이하의 미약한 갈등이다. 내부적인 문제로 일어나는 것이 많다고 하여 이를 내부 충이라고 한다. 자연으로 보면 어떠한 무리 속에 갈등이나 병원균이 발생하여 서서히 균열이 가는 형상이다. 인간사로 보면 누구를 막론하고 사소한 인연으로 엮어져 있다고 할 것이다. 사회로 보면 표면으로 드러나지 않게 암투하는 관계이다. 사물로 보면 외부는 정상이나 내부가 썩어가는 꼴이다.

   원진에는 丑午 巳戌은 인성과 식신 관계로 부모는 자식을 근심하는데 자식은 이를 외면하는 경우가 많다. 그리고 子未 寅酉 卯申 辰亥는 재성과 관성의 관계로 근심이 쌓이면서 의심이 되어 따지고, 걱정은 원망이 되어 끊임없이 다툼으로 이어진다. 인연으로 보면 내부갈등이 심하여 파국으로 몰아가는 경우가 많으나 떨어져 있으면 오히려 더 걱정되고 정(情)이 돈독 해지는 경우가 있다. 때로는 재물과 문서변동이 원활하지 못하는 경우도 많다.

   子未: "원망"이 시비가 된다.
   丑午: "불신"하고 의심하게 된다.
   寅酉: "불안"하고 스스로 겁을 낸다.
   卯申: "집착"이 심하여 극단적으로 간다.
   辰亥: "시비"와 "논쟁"이 심하여 화합이 어렵다.
   巳戌: "관심"이 없으며 자신과 무관하다고 생각한다.

子未 원진

   子水와 未土의 관계는 원진에서 해로 진행하는 것이다. 子水는 차고 맑으며 투명하기를 바라는데 未土의 온기로 인하여 뜻을 이루지 못하니 서로 원망하는 것이다. 자연은 子水는 남(南)으로 가려고 준비하는데 未土는 북(北)으로 가려고 하니 서로의 뜻이 맞지 않아 원망(怨望)과 시비가 이어진다. 차고 맑은 액체로 이루어진 子水가 차분하게 흐르는데 未土의 열에 의하여 기체로 증발하여 극심한 갈등을 일으키고 있다.

인간사로 보면 동행자와의 갈등이다. 같은 공간 속에 서로 다른 성격이 공유하고 있다. 투명과 불투명 사이에 벌어지는 시비이다. 하여 끝이 없는 갈등으로 서로에게 정신적 피해가 있을 것이다. 사회로 보면 같은 모임에서 다른 의견으로 화합이 어려운 상태이다. 빠르게 합의점을 찾지 못하면 시기와 질투와 모함이 생기면서 서로 의심하기 시작한다. 사물로 보면 용도에 맞지 않은 것을 가지고 마음고생을 하는 것이다.

예문) 시집 재물을 빼돌리려고 결혼한 여자.
시 일 월 년
己 甲 壬 己
巳 子 申 未

壬申月 오전에 강가에 버드나무가 자라고 있다. 하지만 주변 풍경과 좁은 장소를 원망한다. 한 점 먹구름이 몰려오고 구름 사이로 내려오는 햇살을 타고 甲子가 태어난 것이다. 甲子는 未土를 이용하여 몰래 巳火식신 지장간에 庚金편관과 이중생활을 하다가 이를 의심한 己未시 어머니의 미행으로 들통나면서 원망과 원인을 추궁받고 쫓겨났다. 시집 재물이 탐나서 巳火와 짜고 혼사를 하였지만 실패하고 무속인으로 살아간다.

丑午 원진

丑土의 감춤과 午火의 감추는 방법이 다르기에 시비가 생겨나는 것이다. 丑土는 차갑게 하여 보이지 않게 감추거나 가두는 것이다. 午火는 열을 가진 것을 안으로 모아두는 것이다. 자연으로 보면 어둠 속에서 음밀(陰密)하게 활동하는 부류와 공개적인 상태에서 음밀하게 활동하다가 순간적으로 돌변하는 부류가 서로 불신(不信)이 깊어 시비로 이어진다. 방법이 비슷한 것 같지만 다르므로 의심을 하고 함께하면 시비가 많다.

인간사로 보면 어머니가 자식의 이야기를 믿지 못하여 갈등으로 원망하고, 자식은 어머니 말씀을 듣기 싫어하여 불신이 앞서므로 항상 의견 충돌이 일어난다. 사회로 보면 판매하는 사람은 자신의 이익을 생각하여 구매자를 설득하고, 구매자는 이를 믿지 않고 의심하여 약점을 찾아서 집요하게 물건값을 깎으려고 한다. 사물로 보면 새것인지 중고인지를 살펴보고 확인하고 또 확인하여 보는 것이다.

예문) 대인관계를...
시 일 월 년
癸 癸 壬 庚
丑 未 午 子

壬午月 癸未가 태어날 무렵에 하늘은 캄캄하고 달도 사라지고 움직일 수가 없다. 하지만 어머니는 몸을 틀어 힘들게 자식을 낳아 午未합하여 바라보시고 子未원진으로 기력을 회복하지 못하고 돌아누우신다. 성장하면서 다른 형제들과 丑未충에서 丑午원진으로 이어지기에 형제들은 癸未의 대인관계를 따지고(丁壬合木) 있다. 비겁이 강하고 子午충과 午未합과 丑未충이 꼬여 있으니 丑午원진이 살(殺)로 진행한다.

寅酉 원진

　寅木의 여유로운 시작과 酉金의 성급한 결과에서 목적이 불투명하기에 불안(不安)한 것을 원진으로 표현한 것이다. 현재 연약한 상태인데 결과를 걱정하는 꼴이다. 과정이 어떻게 진행되는지 모르고 오로지 예측만으로 결과를 걱정하는 것은 어리석음이다. 자연으로 보면 천천히 자라는 식물과 태어나면서 뛰어다니는 동물의 차이이다. 생존하려는 寅木과 보존하려는 酉金은 영생이 목적이지만 의지는 완전히 다르다.

　인간사로 보면 부모에서 태어난 같은 형제라 하여도 행동은 느려도 끝까지 노력하여 성공하는 자식이 있다. 하지만 총명하고 순발력은 좋은데 인내심이 부족하여 일마다 실패하는 자식이 있는 것과 같다. 사회로 보면 같은 동료와 손발이 맞지 않아서 불안하고, 소통이 안 되니 불만이 많은 관계이다. 사물로 보면 완제품이 아닌 조립품을 구매하여 직접 조립하였으나 작동이 불량하여 마음이 불편한 것이다.

예문) 공부시켜 주고 원망 듣는 누님
시 일 월 년
壬 乙 壬 丁
午 亥 寅 酉

　壬寅月 한낮에 봄비가 내려 개울에 물이 흐르고(乙亥) 나무에 새싹이 앞다투어 돋아나고(寅酉) 있다. 즉 일주 乙亥는 일찍 丁火식신에서 힘들게 일하여 그 돈으로 壬寅을 가르치는데 행여 부족할까(寅酉) 걱정하고 있다. 결혼하고도 남편 몰래 생활비를 아껴서 형제들을 챙겨주며 살펴주고 있다. 하지만 壬寅겁재들은 丁酉식신 편관에 寅酉원진으로

불만을 품으면서 더 많은 것을 요구하고 있으니 답답한 마음에 부모님을 생각한다.

卯申 원진

卯木의 활기찬 성장력에 따라서 申金의 결과를 집요하게 기다리며 집착(執着)하는 관계를 원진으로 표현한 것이다. 卯木의 번식과 申金의 보전의 관계에서 서로가 조급하게 기다리고 있다. 하여 완전하게 알기 전에는 믿음이 부족하고 집착과 불신으로 이어지는 것이다. 자연으로 보면 생존에 집착하는 것이지 번식에 집착하는 것이 아니다. 하여 본래 木金이 하나인데 둘로 나누어져 서로 집요하게 경계하는 관계이다.

인간관계로 보면 결혼한 부부가 자식 낳는 것을 생각하지 않고 오로지 재물에 집중하는 꼴이다. 하여 부인은 남편에게 집착하고 남편은 재물에 집착하여 더 많은 재물을 늘리고자 할 뿐이다. 사회로 보면 지도자의 능력만 믿고 따르는 무리가 능력도 없으면서 편을 가르고 있다. 자신은 노력하지 않고 지도자의 잘잘못을 가리고자 하는 어리석음이 원망스럽다. 사물은 버리지 못하고 행여 하는 마음에 보관하는 것이다.

예문) 손위 동서의 재산을 문서조작으로 빼돌린 남자.
시 일 월 년
庚 癸 乙 戊
申 卯 卯 申

乙卯月 나무 그림자가 서서히 길어지고 있을 무렵에 癸卯는 노을을 바라보며 태어난 것이다. 하여 卯申원진으로 일찍 한탕을 노리려고 신

기루 같은 戊申에 집중하고 있다. 즉 직장에서 문서를 위변조하여 감쪽같이 재물을 취하려고 계획하고 있다. 일주 癸卯는 戊申에 근무하면서 문서를 조작하여 재물을 빼돌려 가족의 명의로 숨겨두었다.(乙庚合金) 계속 다양한(乙卯) 문서를 변경(卯申원진)하려고 하다가 발각되어 조사(庚申)를 받는다.

巳戌 원진

巳火는 따스한 기운을 목적 없이 채워 가려고 하고, 戊土는 오로지 한곳에 집중하고 다른 것에 관심이 없다고 하여 원진으로 표현하였다. 巳火는 외형에 집중하며 정성을 들이는데 戊土는 이를 무시하고 오로지 내실을 다지는데 집중할 뿐이다. 자연으로 보면 巳火에서 꽃이 만발하여 수정만 할 뿐이지 결실에는 관심이 없다. 戊土는 남은 것에 집중하여 적절하게 보관할 생각이니 서로에게 무관심할 뿐이다.

인간사로 보면 巳火의 외형 지향적인 어머니와 戊土의 관심거리에 집중하는 자식은 서로 다른 곳에 관심(關心) 가지고 있다. 즉 부모가 자식에게 노력하라고 타일러도 자식은 잔소리로 듣고 근성으로 답을 할 뿐이다. 사회로 보면 엄청난 투자를 하지만 능률이 오르지 않으니 심각하게 갈등하고 있다. 사물로 보면 화려한 포장에 비하여 형편없는 내용물이기에 아무도 관심을 가지지 않는 것이다.

예문) 부모 형제보다 지인이 우선..
시 일 월 년
甲 壬 癸 辛
辰 戌 巳 卯

癸巳月 나름대로 꽃이 피어나고 옮겨 심은 묘종(苗種)에 물을 뿌려줄 준비가 한창일 때 壬戌이 장남으로 태어났다. 巳戌이 원진이라서 부모 형제보다 巳火의 지장간에 丙火편재가 년간 辛金정인과 合水겁재로 지인에 해당한다. 그리고 년 일 지지에 卯戌合火정재를 의리로 생각한다. 즉 안으로 부모 형제는 무관심하고 밖으로 나가서 지인들과 어울리면서 정을 나누고 의리를 핑계삼아 챙겨주고 있다고 본다.

辰亥 원진

　辰土의 넓은 곳으로 흩어지려는 성향과 亥水의 활동을 거부하고 한곳으로 모이려는 성향에서 벌어지는 논쟁(論爭)을 원진으로 표현한 것이다. 즉 폭넓은 토론을 원하는 쪽과 이를 거부하고 핵심만을 논하자고 하는 쪽이 대립하는 관계이다. 하여 이 둘은 한곳에 존재하기 어렵다. 자연으로 보면 스스로 전환하여 진화를 원하는 辰土와 이를 거부하고 한곳에 머물고 싶은 亥水가 같은 공간을 공유하기는 난감하다는 것이다.

　인간사로 보면 다양한 변화를 원하는 쪽과 그대로 유지하는 쪽이 대립하여 심각한 갈등이 일어나고 있다. 즉 항상 새로운 것을 주문하는 사람과 옛것을 버리지 못하는 사람의 생각은 완전히 다르기에 갈등이 생긴다. 사회로 보면 새로운 것으로 바꾸자는 진보집단과 과거 지향적인 보수집단이 대립하여 끊임없이 토론하는 것이다. 사물로 보면 신형이라서 쓰임새가 많을 것 같은데 그러하지 못하고 창고에 보관된 상태이다.

예문) 어미는 정이 없고 아비가 애태우지만...
시 일 월 년

辛 壬 丁 庚
丑 辰 亥 午

丁亥月 지독하게 어두운 밤 눈썹 같은 달은 가늘어도 아름답고(庚午) 이제 태어나는 새벽별도 나름대로 반짝이는데(丁亥) 무리에서 떨어지는 유성이(辰亥원진) 되어 달을 두고 고요한 밤하늘을 가로질러 적막을 깨고 壬辰이 태어난 것이다. 庚辛金편정인은 壬辰을 외면하고 丁火정재가 丁壬合木상관을 잡아보려고 부단하게 애태우지만 辰亥원진으로 이를 외면하고 홀로 어두운 밤길을 헤쳐가다 辛丑 돌부리에 걸려 쓰러진다.

제12장

이십사 절기(節氣)

제12장
이십사 절기(節氣)

1년을 24등분으로 나누면 하나의 절기가 약 15일이며 입춘부터 시작하며 양력으로 산출(算出)하는데 이는 자연이 깨어나기 시작하기 때문이다. 물론 저마다의 특성이 다르기에 활동하는 시기도 다를 수가 있다. 하여 살아있는 것을 중심으로 하여 만들어진 학문이기에 木오행이 중심이다. 절기는 계절을 구분하고 자연의 흐름과 때를 표현하지만 기후변화로 인하여 자연과 절기 흐름의 차이가 나고 때로는 맞지 않을 수도 있다.

입춘(立春) 02월 04일 전후로 봄의 시작을 나타낸다.
우수(雨水) 02월 19일 전후로 봄비가 내리고 싹이 돋아난다.
경칩(驚蟄) 3월 05일 전후로 겨울잠에서 깨어난다.
춘분(春分) 3월 21일 전후로 낮이 길어지기 시작한다.
청명(淸明) 4월 05일 전후로 공기가 맑고 농사를 준비한다.
곡우(穀雨) 4월 20일 전후로 비가 내려 곡식을 이롭게 한다.
입하(立夏) 5월 05일 전후로 여름이 시작된다.

소만(小滿) 5월 21일 전후로 본격적으로 농사가 시작된다.
망종(芒種) 6월 06일 전후로 보리가 익고 벼를 심을 때이다.
하지(夏至) 6월 21일 전후로 낮이 가장 길다.
소서(小暑) 7월 07일 전후로 더위가 시작된다.
대서(大暑) 7월 23일 전후로 일 년 중 가장 더울 때이다.
입추(立秋) 8월 08일 전후로 가을이 시작된다.
처서(處暑) 8월 23일 전후로 더위가 식어간다.
백로(白露) 9월 08일 전후로 이슬이 내리기 시작한다.
추분(秋分) 9월 23일 전후로 밤이 길어지기 시작한다.
한로(寒露) 10월 08일 전후로 찬 이슬이 내리기 시작한다.
상강(霜降) 10월 24일 전후로 서리가 내리기 시작한다.
입동(立冬) 11월 07일 전후로 추위가 시작된다.
소설(小雪) 11월 22일 전후로 눈이 내리기 시작한다.
대설(大雪) 12월 07일 전후로 많은 눈이 내린다.
동지(冬至) 12월 22일 전후로 밤이 가장 길다.
소한(小寒) 01월 06일 전후로 추위가 깊어진다.
대한(大寒) 01월 20일 전후로 한해 중 가장 추울 때이다.

제13장

십이운성(運星)

제13장
십이운성(運星)

  장생(長生) 목욕(沐浴) 관대(冠帶) 건록(建祿) 제왕(帝旺) 쇠(衰) 병(病) 사(死) 묘(墓) 절(絶) 태(胎) 양(養)으로 이루어져 있다. 자연이 만들어지는 과정을 12단계로 나누어서 표현한 것으로 다양한 원인을 품고 있다. 이는 계절에 따라서 천간의 강약을 알기 위함이며, 양간과 음간은 반대로 돌아가게 하였다. 이러한 이치는 양간은 태양을 따르고 음간은 달을 따르기 때문에 거꾸로 흐르는 것이다.

원인)
  지구가 태양을 한 바퀴 회전하는데 365일이다. 이를 30일로 나누어 음양을 정하고, 7달을 양으로 하고 하루가 더 있다. 반대로 음은 5달이고 30일을 두었으며 음이 가장 강한 2월은 2일 부족하다. 또한 30일을 음양으로 나누어 차오르는 15일은 양이고 저무는 15일을 음으로 하여 24절기를 만들었다. 이를 음과 양으로 나누어서 오행의 흐름을 자연으로 표현한 것이 12운성이다. 하여 운성에서 水火는 양이고 木金은 음에 해당한다.

차이)

　양이 왕성한 건록(建祿) 제왕(帝王)과 음이 왕성한 절(絶) 태(胎)의 흐름이 비슷한 것은 음양이 서로 의지하고 있음을 알 수가 있다. 하여 양간이 출발하여 9번째 되는 절기부터 음간이 거꾸로 출발하는데 이는 태양과 달이 정반대 방향에서 돌아가는 것이기 때문이다. 하여 태양을 양간으로 하여 성장과 변화를 주도하기에 변함이 없고, 달을 음간으로 하여 번식과 생산을 조절하기에 물처럼 계속 변화하는 것이다.

시작)

　음간 子卯午酉가 장생하는 절기는 동지(冬至) 춘분(春分) 하지(夏至) 추분(秋分)이며, 양간 亥寅巳申이 장생하는 절기는 입동(立冬) 입춘(立春) 입하(立夏) 입추(立秋)이다. 그리고 건록(建祿) 제왕(帝旺)을 지나면서 반환점을 돌아서고 묘(墓) 절(絶)을 지나면서 새로운 것으로 전환하려고 한다. 하지만 자연파괴로 인하여 환경과 기후변화가 자주 일어나기 때문에 24절기의 흐름이 12운성과 잘 맞지 않는다.

기운)

　양(養)과 장생(長生) 목욕(沐浴)은 분열하는 단계이며 부드러운 기운이고, 관대(冠帶) 건록(建祿) 제왕(帝旺)은 강력한 기운을 발휘하여 대부분 밖으로 표현하는 시기이다. 그리고 쇠(衰) 병(病) 사(死)는 다음을 위한 준비과정으로 모든 기운을 소진할 것이다. 이후 새로운 시작을 위하여 깊이 파고들어 때를 기다리며 내성을 회복하는 시기가 묘(墓) 절(絶) 태(胎)에 해당한다. 하여 기운을 4등분으로 하여 초기 중기 말기로 분할한 것이다.

자연)

　12운성을 자연(自然)의 이치로 보면 水火는 태양을 중심으로 하나가 되어 변화(變化)와 성장(成長)을 주도하며 계절에 따라 변화하고 있다. 木金은 달을 중심으로 하나가 되어 진화(進化)와 보전(保全)을 주도한다. 지구가 태양을 한 바퀴 돌아오는데 1년이다. 하지만 달이 지구를 한 바퀴 돌아오는데 약 1개월 즉 30일 정도이다. 그래서 水火는 변함없는 태양을 따르기에 삶을 주도하고 木金은 달처럼 변화하기에 생사(生死)를 결정한다.

오행)

　12운성에서 오행은 태양의 영향으로 변화하는 것을 양이라고 표현하며 늘어나면 火이고 줄어들면 水이다. 하지만 음으로 표현하는 木은 번식이 목적이고 이를 보전하는 것은 金의 목적일 뿐이다. 하여 생존은 늘어나기를 바라고 보전은 줄어들어야 오랫동안 보존할 수가 있다. 오행은 이렇게 土를 이용하여 나름대로 뜻을 이루고자 하는 것이며, 생극제화를 하여 자연스럽게 균형을 이루고 있다.

음양)

　12운성을 압축하여 보면 양이 열리면 음은 닫히는 것이 자연의 이치고 그래서 양과 음이 거꾸로 흘러가고 있는 것이다. 하여 양은 성장(成長)과 분열(分列) 그리고 억제(抑制)와 응집(凝集)을 담당하고, 음은 생존(生存)과 번식(繁殖) 그리고 보전(保全)과 보존(保存)을 책임지고 있다. 그래서 土라는 공간도 나누어 보면 양의 공간은 크거나 작아지는 것이고, 음의 공간은 부드럽거나 단단하게 변화하는 것이다.

인간사)

    12운성을 인간사로 이해하려고 한다면 생로병사를 지나서 새로운 인연으로 이어지는 것으로 윤회하는 과정을 표현한 것이다. 하여 사람은 달의 영향으로 태어나서 태양을 바라보면서 성장하고 살아가다 죽음을 맞이한다. 그리고 이후는 누구도 알지 못하는 과정을 거쳐서 다시 태어나는 과정을 12등분으로 나눈 것이다. 즉 장생(長生)에서 성장과 번식을 하고, 병(病)에서 억제와 보존을 위하여 완전히 음으로 사라진다.

    이와 같이 12운성은 음양처럼 돌고 돌아 오욕(五慾)의 강을 건너 다시 그 자리로 돌아오는 과정이 끊임없이 이어지고 있다. 하지만 기후변화로 인하여 예전처럼 12운성의 흐름이 일정하지 못하다. 이는 인간의 욕망으로 자연을 파괴하여 水火의 균형이 흔들리니 환경이 급하게 변화하고 이에 적응하지 못하는 木金은 변이(變異)되어 보전과 번식을 이어가지 못한다. 하여 12운성이 현실적으로 적합하지 않은 것이다.

절기와 운성의 관계)

    24절기에 맞추어 12운성의 양간은 시계방향으로 흐르고 음간은 시계 반대 방향으로 흐른다. 그리고 절기상 양간과 음간은 9절기의 간격을 두고 마주 보고 출발하여 중간을 지나면서 교차하게 된다. 이때가 건록(建祿)과 제왕(帝王)이며 이후 간격이 벌어지면서 묘(墓)지와 절(絶)지를 지나면서 다시 간격이 좁혀진다. 이처럼 운성은 절기를 벗어나지 못하고 흐름을 따라가고 있다. 하여 기후변화로 절기와 운성의 정확성이 떨어지고 있다.

(도표)

일간 운성	갑(甲)	을(乙)	병(丙)	정(丁)	무(戊)	기(己)	경(庚)	신(辛)	임(壬)	계(癸)
장생 長生	亥	午	寅	酉	寅	酉	巳	子	申	卯
목욕 沐浴	子	巳	卯	申	卯	申	午	亥	酉	寅
관대 冠帶	丑	辰	辰	未	辰	未	未	戌	戌	丑
건록 建祿	寅	卯	巳	午	巳	午	申	酉	亥	子
제왕 帝旺	卯	寅	午	巳	午	巳	酉	申	子	亥
쇠 衰	辰	丑	未	辰	未	辰	戌	未	丑	戌
병 病	巳	子	申	卯	申	卯	亥	午	寅	酉
사 死	午	亥	酉	寅	酉	寅	子	巳	卯	申
묘 墓	未	戌	戌	丑	戌	丑	丑	辰	辰	未
절 絶	申	酉	亥	子	亥	子	寅	卯	巳	午
태 胎	酉	申	子	亥	子	亥	卯	寅	午	巳
양 養	戌	未	丑	戌	丑	戌	辰	丑	未	辰

1) 木과 12운성 관계

木은 살아있는 것이다. 하여 태양의 영향으로 성장하고 변화(變化)하면서 생존한다. 甲은 무실수(無實樹)로 생존을 위하여 열과 빛의 영향을 받아서 외적 활동성이 강하다. 자연이 순환하는데 다양한 방법으로 순종하고 이를 어기면 영생하지 못하고 멸종하게 된다. 乙은 유실수(有實樹)로서 번식을 위하여 최선을 다하고 있다. 달의 영향으로 번식과 진화한다. 살아있는 木은 水의 지배를 받지만 서로 지향하는 목적이 다르다.

장생(長生)

甲木이 亥月에서 장생을 하는 것은 입동(立冬)인 양력 11월 07일을 전후해서 잎을 떨어트리고 생존을 위하여 줄기에 있는 수분을 뿌리로 옮겨야 추위에 얼지 않고 견딜 수가 있다. 乙木이 午月에 장생하는 것은 하지(夏至)인 양력 6월 21일을 전후해서 수정한 열매를 밖으로 드러내고 번식하려고 열에 팽창하고 빛으로 단단하게 성장한다. 이때를 놓치면 木으로서 생존과 번식의 뜻을 이루지 못하고 멸종하게 된다.

목욕(沐浴)

甲木은 子月에 목욕이다. 이는 대설(大雪)인 양력 12월 07일을 전후해서 눈이 내리면 이불처럼 땅을 덮어주니 지열(地熱)이 밖으로 나가지 못하고 뿌리를 온화하게 하여주어 편안하다. 乙木은 巳月에 목욕이다. 소만(小滿)인 양력 05월 21일을 전후해서 다양한 방법으로 수정한다. 즉 수정을 위하여 모든 에너지를 유혹(誘惑)에 집중한다. 이때는 오로지 번식을 위해 부단하게 노력하고 미래를 준비하는 과정이다.

관대(冠帶)

甲木은 丑月에 관대이다. 소한(小寒)인 양력 01월 06일 전후로 온도가 떨어지면서 추위가 땅속으로 파고들기에 자력으로 새로운 기운을 바꾸려고 뿌리를 땅속으로 내려서 온기를 받아들여 반항한다. 乙木은 辰

月에 관대이다. 아지랑이가 피어오르고 바람에 꽃가루를 휘날린다. 이때가 곡우(穀雨)인 양력 04월 20일을 전후해서 산들바람이 불어오면 꽃가루를 날리고 새로운 줄기가 왕성하게 뻗어 나가면서 꽃이 피어난다.

건록(建祿)

甲木은 寅月에 건록이다. 입춘(立春)인 양력 02월 04일을 전후해서 얼었던 땅에 따스한 기운이 감돌면서 녹기 시작한다. 이때부터 지탱하기 위한 큰 뿌리에 생기가 돋아나고 잔뿌리는 수분을 흡수하려 한다. 乙木은 卯月에 건록이다. 춘분(春分)인 양력 03월 21일을 전후해서 새순이 돋아나기 시작한다. 살아있는 것들은 서서히 활동을 시작하고 자신의 영역을 확보하려고 공격적인 성향으로 변화하거나 부드럽게 어울리기 시작한다.

제왕(帝旺)

甲木은 卯月에 제왕이다. 이는 경칩(驚蟄)인 양력 3월 05일을 전후해서 뿌리에서 줄기로 왕성한 에너지 이동을 시작한다. 이후부터 자생력이 강해지고 가지에 새순이 나오기 시작한다. 乙木은 寅月에 제왕이다. 우수(雨水)인 양력 02월 19일을 전후해서 뿌리를 깊숙이 내려서 땅의 기운을 강하게 빨아들이기 시작하면서 하나둘 싹을 틔우기 시작한다. 내린 눈으로 찬 기운을 막고 땅속의 온기로 자생력이 강해진다.

쇠(衰)

甲木은 辰月에 쇠(衰)하는데 이는 청명(淸明)인 양력 4월 05일을 전후해서 꽃이 피거나 꽃가루가 바람에 휘날리기 시작하고, 뿌리는 수분을 충분히 흡수하고 잎은 빛을 이용하여 에너지를 만들기 시작한다.

乙木이 丑月에 쇠(衰)하는데 대한(大寒)으로 양력 01월 20일을 전후해서 땅속의 열기로 간신히 열매가 얼지 않고 생명을 유지한다. 찬 기운에 껍데기가 오그라들고 내성은 더욱 강하게 진화한다.

병(病)

甲木은 巳月에 병(病)지에 들어간다. 이때가 입하(立夏)인 양력 5월 05일을 전후하여 무성생식(無性生殖)의 포자(胞子)나 씨앗이 돋아나기 시작한다. 잎은 무성하고 색(色)이 진하여 신록이라고 한다. 乙木은 子月에 병(病)지에 들어간다. 이는 동지(冬至)인 양력 12월 22일을 전후해서 잎은 완전히 떨어지고 줄기도 남아있는 수분을 뿌리로 내리고 마르기 시작한다. 이때를 놓치면 겨울을 넘기지 못하고 얼어 죽는다.

사(死)

甲木은 午月에 사지에 들어간다. 이는 망종(芒種)인 양력 6월 06일을 전후해서 잎이 무성하고 푸른 빛이 진한 녹색으로 변한다. 무더위에 잎이 에너지를 만들지 못하여 힘들어한다. 乙木은 亥月에 사지에 들어가는데 이는 소설(小雪)인 양력 11월 22일을 전후해서 찬 이슬이 서리로 변하여 잎과 줄기에 내리면서 추위를 견디지 못하고 시들어 버린다. 하여 줄기의 잔여영양분을 최대한 빠르게 뿌리로 내린다.

묘(墓)

甲木이 未月에 묘지에 들어간다. 이는 소서(小暑)인 양력 7월 07일을 전후해서 무더위가 시작되고 온도가 높이 올라가면 줄기에 수분이 늘어나면서 흐름에 장애가 발생한다. 하여 수분을 줄이기 시작한다. 乙木이 戌月에 묘지다. 이는 상강(霜降)인 양력 10월 24일을 전후해서 밤이 길어지고 보전하기 위하여 열매의 과즙을 농축하고 안으로 씨방을 단단하게 감싸면서 보존을 위한 여정(旅情)이 시작된다.

절(絶)

甲木이 申月에 절지에 들어간다. 이는 입추(立秋)인 양력 8월 08일을 전후해서 자연은 팽창을 완전히 멈추고 빛에 의존하여 내성을 단단하게 하려고 한다. 하여 오르던 물을 내리기 시작한다. 乙木이 酉月에 절지에 들어가는 것은 추분(秋分)인 양력 9월 23일을 전후해서 모든 에너지를 열매에 집중한다. 이는 생존은 포기하고 다음 생(生)을 이어갈 준비과정이다. 하여 씨방을 보호하려고 과즙을 채우면서 껍질을 질기고 단단하게 한다.

절처봉생(絶處逢生)

우리가 알고 있는 절처봉생(絶處逢生)은 木오행 이외 다른 오행은 해당하지 않는다. 즉 생명이 다하였는데 다시 다른 것으로 변하여 생겨나는 것을 말한다. 이를 잘못 알고 끊어진 곳에서 다시 살아나는 것이라고 주장한다면 오류(誤謬)다. 절이라는 것은 하나의 시작이 끝을 맺은 것인데 火土金水에서 절(絶)은 또 다른 시작이다. 하지만 木은 이어가기에 봉생(逢生)이라고 한다.

모든 지식은 어떠한 기준을 두고 단어를 선택하여 전하고 있다. 火는 조건에 의하여 소생(蘇生)하거나 회생(回生)하는 그때가 절(絶)이다. 水는 생겨남도 사라짐도 늘어남도 줄어듦도 없으며 혼탁(混濁)함이 절이다. 木이 끝난 자리에는 반드시 다른 모습으로 이어간다고 하여 절이라 한다. 金은 재생(再生)하거나 완전히 다른 것으로 윤회(輪廻)를 한다고 하여 절이다. 즉 木의 종점은 없으며 영원한 것이다.

"인간은 자연을 알고 물리(物理)를 터득하면 지혜(智慧)가 열리게 되고 버릴 수 없는 욕망(欲望)을 벗어버릴 것이다."

예문) 여자
시 일 월 년
甲 甲 庚 己
戌 申 午 亥

庚午月 甲戌時에 甲木이 申金편관의 절지에 앉아있다. 하여 甲木은 비견을 따라서 관성에 관련된 가능한 모든 것을 바꾸면 살아나는 것이다. 만약 이를 거부한다면 살아가는데 상당한 고통을 감수하여야 할 것이다. 하여 甲戌비견 편재를 따라서 甲申은 절처봉생의 또 다른 모습으로 이어서 살아가야 원만할 것이다. 즉 편관의 고통으로 새롭게 봉생을 한다면 甲木은 아름다운 조각으로 거듭날 것이다.

태(胎)

甲木은 酉月에 태지이다. 백로(白露)인 양력 9월 08일을 전후해서 생존하려고 가지와 줄기의 수분을 서서히 뿌리로 내리기 시작한다. 하여 잎은 수분이 부족하여 서서히 본래의 색(色)을 잃어가기 시작한다. 乙木은 申月에 태지이다. 이때는 처서(處暑)인 양력 8월 23일을 전후해서 가장 덥고 습하여 다양한 미생물이 살아나기 시작한다. 즉 번식을 위하여 열매속에도 씨방이 자란다. 자연은 열과 수분으로 木에서 金이 생겨나게 한다.

양(養)

甲木은 戌月에 양지이다. 이때부터 밖으로 활동하던 모든 에너지를 안으로 돌리고 생존을 이어갈 준비를 한다. 이때가 한로(寒露)인 양력 10월 08일을 전후해서 마른 잎은 붉게 물들고 살아남기 위한 저장을 하기 시작한다. 乙木은 未月에 양지이다. 이때가 대서(大暑)인 양력 7월 23일을 전후이며 짧은 시간에 열매와 씨방이 같이 영글어간다. 자연이 순환하는 과정에서 번식을 위한 절호의 기회이다.

2) 火와 12운성 관계

火는 형체가 없는 것으로 열(熱)로 인하여 빛이 나는 것이다. 하여 12운성에서 丙火는 양으로 열에 해당하고 변화무상하기에 확장하거나 형체를 크게 보이려는 성향이 강하다. 丁火는 음으로 색(色)이다. 하여 색은 다양하지만 여러 가지 색을 혼합하여도 하나의 색으로 표현하는 것이다. 丁火의 여러 가지 색을 동시에 표현할 수는 없고 위장이 필요한 경우 동시에 여러 가지 색을 보호 수단으로 쓴다.

장생(長生)

丙火가 寅月에 장생하는데 이는 입춘(立春)인 양력 02월 04일을 전후해서 온도가 서서히 오르면서 추위에서 벗어나기 시작한다. 땅속 깊은 곳에서 열이 올라오기 시작한다. 丁火는 酉月에 장생한다. 이는 추분(秋分)으로 양력 9월 23일을 전후해서 일교차가 심하여 자연은 고유의 보호색을 가지기 시작하면서 교란(攪亂)하기 시작한다. 다양한 보호색을 드러내면서 본래의 자연색이 서서히 사라진다.

목욕(沐浴)

丙火는 卯月에 목욕이다. 이는 경칩(驚蟄)인 양력 3월 05일을 전후해서 자연은 나름대로 활기를 찾아 조건 없이 활동하기 시작한다. 어둠이 서서히 사라지고 지면(地面)이 녹으면서 활동할 시기가 빨라진다. 丁火는 申月에 목욕을 만나니 그림자가 눈에 띄게 드러난다. 이때가 처서(處暑)인 양력 8월 23일을 전후해서이다. 아직은 본래의 자연색으로 강한 색감을 드러내어 위장하려고 준비하며 볕이 따가워 피하고 싶다.

관대(冠帶)

丙火는 辰月이 관대이다. 이때가 청명(淸明)인 양력 4월 05일을 전후해서이며, 열이 오르니 수온이 적당하게 오르면서 자연은 왕성한 활동성으로 먼 곳까지 영역확장이 시작된다. 丁火는 未月이 관대이다. 즉 대서(大暑)이며 양력 7월 23일을 전후해서 열과 빛이 가장 강력하니 자연은 최고로 화려하게 보인다. 열이 빛으로 바뀌는 시점이라 자연은 화려한 것 같지만 혼란스럽다. 이때부터 열은 식어가고 빛이 강하게 된다.

건록(建祿)

丙火는 巳月에 건록이다. 이는 입하(立夏)인 양력 5월 05일을 전후해서 서서히 열이 오르면서 수분을 밀어내기 시작한다. 그리고 땅속으로 열이 스며들기 시작하면서 자연은 화려해진다. 丁火는 午月에 건록이다. 이때가 하지(夏至)로 양력 6월 21일을 전후해서 수분이 열전도를 빠르게 하므로 습도가 가장 높을 때이다. 빛이 강하여 낮의 길이가 가장 길다. 자연은 화려한 색으로 위장하여 또 다른 무엇인가를 드러내고자 한다.

제왕(齊王)

丙火는 午月이 제왕이며 절기는 망종(芒種)으로 양력 6월 06일을 전후해서 온도가 급격하게 오르기 시작하면서부터 자연은 최대한 늘어난다. 하여 번식하기 적합하여 밖으로 드러낸다. 丁火는 巳月이 제왕이다. 이때가 소만(小滿)으로 양력 5월 21일을 전후해서이다. 빛이 강해지기 시작하면서 자연이 가지고 있는 특별한 색을 가장 부드럽고 화려하게 드러낸다. 그리고 특유의 진한 향기를 발산(發散)한다.

쇠(衰)

丙火가 未月에 쇠지에 들어간다. 이때가 소서(小暑)로서 양력 7월 07일을 전후해서이다. 열은 수분(水分)으로 인하여 열전도(熱傳導)가 빠르게 이루어져 습한 공기로 채워지고 자연은 엄청난 변화를 경험한다. 丁火는 辰月에 쇠지에 들어간다. 때는 곡우(穀雨)인 양력 4월 20일을 전후해서 비가 내리기 시작하고 자연은 왕성한 기운을 가지고 성장기로 전환한다. 하여 나름의 방법으로 번식을 위한 영역 확장을 한다.

병(病)

丙火는 申月에 병지를 만난다. 이때가 입추(立秋)로서 양력 8월 08일을 전후해서이다. 열이 식어가면서 수온이 떨어지기 시작한다. 살아있는 것은 에너지를 결실하는데 집중할 것이다. 丁火가 卯月에 병지이다. 이때가 춘분(春分)으로서 양력 03월 21일을 전후해서이다. 길었던 밤은 이때를 지나면서 낮이 길어지기 시작하고 열은 오르고 빛은 더욱 밝아지기 시작한다. 하여 자연은 본래의 색을 가지려고 노력을 하고 있다.

사(死)

丙火가 酉月이면 사지에 들어간다. 백로(白露)라고 하여 양력 9월 08일을 전후해서 태양의 거리가 멀어지면서 이슬이 내려서 열을 식히고 빛은 따가워지고 자연은 서서히 줄어들기 시작한다. 丁火가 寅月이면 사지에 들어간다. 이때가 우수(雨水)로 양력 02월 19일을 전후해서 벌거벗은 대지를 보호해줄 색이 없다. 아직 추위가 남아있고 엉성한 빛은 힘을 잃어서 회복력을 잃어버린다. 그래서 색이 사라진 상태이다.

묘(墓)

丙火가 戌月이면 묘지이다. 한로(寒露)인데 양력 10월 08일을 전후해서 찬 이슬이 내리기 시작하면서 열이 없어서 확장할 수가 없다. 하여 자연은 수분조절을 시작한다. 丁火는 丑月에 묘지에 들어가는 것이다. 이때가 대한(大寒)으로 양력 01월 20일 전후해서 온도가 떨어지고 밤이 깊어만 간다. 자연은 어둠에 가려지고 추위로 활동을 하지 못하기에 새로운 기운을 모으고 있다. 하여 가장 힘들 때이므로 또 다른 기회를 기다린다.

절(絶)

丙火가 亥月이 되면 절지이다. 즉 추위가 시작되는 입동(立冬)으로 양력 11월 07일을 전후해서이다. 이때부터 찬바람이 시작되고 열이 사라지니 자연은 휴식기로 들어갈 준비를 한다. 丁火는 子月을 만나면 절지가 된다. 동지(冬至)인 양력 12월 22일을 전후해서 빛이 활동하는 시간이 가장 짧고 어둠이 가장 깊어졌다가 이때를 지나면서 서서히 벗어나기 시작한다. 하여 자연은 보호색을 잃어버리고 앙상하게 드러내고 있다.

태(胎)

　丙火는 子月이 되면 태지이며 대설(大雪)인 양력 12월 07일을 전후해서이다. 태양이 멀어지면서 추위가 시작되고 땅속 깊은 곳에서 올라오는 열에 의지하여 뿌리 식물들이 견디고 있다. 丁火는 亥月에 태지이다. 소설(小雪)이라 하여 양력 11월 22일을 전후해서 간신히 빛이 남았다. 자연이 가지고 있는 색은 서서히 사라지고 밤하늘의 별빛은 더욱 초롱 하다. 하지만 내면 깊은 곳에서 본래의 색을 기억하고 있다.

양(養)

　丙火가 丑月에 양지이다. 이때가 소한(小寒)으로 양력 01월 06일을 전후해서 기온이 떨어지면서 지면이 얼거나 눈이 지면을 덮어 깊은 곳에서 올라오는 열이 모이기 시작한다. 丁火가 戌月이면 양지에 들어간다. 이때가 상강(霜降)인 양력 10월 24일을 전후해서 이슬이 내리면서 서리로 변화할 수도 있다. 하여 자연은 수분을 조절하기 시작하면서 본래의 보호색은 빛에 수분이 사라지고 붉게 변하여 떨어진다.

3) 土와 12운성 관계

　土는 어떠한 공간을 표현하는 오행이다. 즉 높고 넓은 공간과 낮고 좁은 공간으로 이루어져 있다. 이러한 공간에는 하늘과 구름 그리고 땅과 바다라는 공간이 자연 속에 자리하고 있다. 하여 戊土는 양간으로 높고 넓은 공간으로 火의 영향으로 변화한다. 하지만 己土는 음간으로 낮고 좁은 공간이다. 빛의 영향으로 사물이 가지고 있는 거리와 모양과 크기 그리고 색도(色度)까지 구별하는 것이다.

장생(長生)

戊土는 寅月에 장생하는데 입춘(立春)인 양력 02월 04일을 전후해서 공간이 넓어지기 시작한다. 이때부터 서서히 열이 오르고 여명에 의하여 공간이 확장된다. 자연은 보이지 않는 곳에서 움트기 시작한다. 己土는 酉月에 장생한다. 이는 추분(秋分)으로 양력 9월 23일을 전후해서 땅거미가 확실하게 드러나기 시작하면서 자연은 그림자 속으로 모습을 감출 준비를 하고 있다. 어둠의 시작으로 밤하늘의 별은 빛나기 시작한다.

목욕(沐浴)

戊土는 卯月에 목욕에 들어간다. 이는 경칩(驚蟄)인 양력 3월 05일을 전후하여 태양이 가까워지고 자연은 서서히 모습을 드러내기 시작한다. 하여 보이지 않았던 부분까지 드러낸다. 己土는 申月에 목욕을 만나니 이때가 처서(處暑)인 양력 8월 23일 전후이다. 그림자가 발아래에서 벗어나기 시작하고 어둠이 깨어나기 시작한다. 자연 속에는 또 다른 공간이 이루어지고 이를 감추려고 다양한 색으로 위장하려고 한다.

관대(冠帶)

戊土는 辰月이 관대이다. 이때가 청명(淸明)인 양력 4월 05일을 전후해서이다. 하늘은 맑아서 넓게 보이기 시작하고 자연은 나름대로 공간과 영역을 확장하려고 방향을 전환한다. 己土는 未月이 관대이다. 즉 대서(大暑)이며 양력 7월 23일을 전후해서 수분이 줄어들며 뭉게구름이 손에 잡힐 것 같은 느낌이다. 자연은 새로운 공간을 만들어 내실을 튼튼하게 하면서 테두리를 더욱 확실하게 하려고 한다.

건록(建祿)

戊土는 巳月에 건록이다. 이때가 입하(立夏)인 양력 5월 05일을 전후해서 열에 의하여 공간이 확장되니 수분은 증발한다. 자연은 나름대로 공간을 채워가려고 부단한 노력을 하게 된다. 己土는 午月에 건록이다. 이때가 하지(夏至)로 양력 6월 21일을 전후해서이다. 가장 깊은 곳까지 빛이 들어가면서 섬세한 부분까지 드러내기 시작한다. 자연은 또 다른 공간을 밖으로 드러내면서 공격적으로 확산한다.

제왕(齊王)

戊土는 午月이 제왕이며 절기는 망종(芒種)으로 양력 6월 06일을 전후해서 열이 왕성하여 수분을 최대한 밀어내고 공간을 확보하려는 것이다. 자연도 이때가 가장 활동적이고 풍성하다. 己土는 巳月이 제왕이다. 이때가 소만(小滿)으로 양력 5월 21일 전후이다. 수분이 뭉쳐져 하늘에서 뭉게구름을 만들어 새로운 공간을 만들고 자연은 왕성한 기운으로 나름 화려함을 표현하여 주변과 경쟁을 시작한다.

쇠(衰)

戊土가 未月에 쇠지에 들어간다. 이때가 소서(小暑)로서 양력 7월 07일을 전후하여 뜨거운 열기로 공간이 터질 것 같다. 자연은 불볕더위를 견디지 못하고 위기를 느끼면서 빠르게 회귀할 준비를 한다. 己土는 辰月에 쇠지에 들어간다. 이때가 곡우(穀雨)인 양력 4월 20일 전후이다. 수분이 왕성하여 공간이 분명하지 못하다. 자연은 풍부한 수분으로 왕성하여 빽빽하다. 하여 사소한 다툼이 발생하고 답답하게 된다.

병(病)

戊土는 申月에 병지를 만난다. 이때가 입추(立秋)이며 양력 8월 08일을 전후해서 더 이상 열이 확산하지 못하고 시들면서 어둠이 살아난다. 자연도 이때부터 다음을 위한 준비에 집중하기 시작한다. 己土가 卯月에 병지이다. 이때가 춘분(春分)으로 양력 3월 21일을 전후해서이다. 기온 차가 심하고 숨겨져 있던 작은 것들이 드러내기 시작한다. 자연은 활동할 준비를 하면서 기지개를 켜고 좁은 공간 속으로 살포시 드러낸다.

사(死)

戊土가 酉月이면 사지에 들어간다. 백로(白露)라고 하여 양력 9월 08일을 전후해서 이슬이 내리고 어둠이 빠르게 다가오면서 공간이 줄어든다. 자연도 때를 알고 움츠리기 시작한다. 己土가 寅月이면 사지에 들어간다. 우수(雨水)이며 양력 02월 19일 전후하여 어둠이 기승을 부리고 있기에 섬세하게 알 수 있는 것이 없다. 자연도 아직 깨어나서 활동할 때가 아니기에 내면에서 밖으로 나갈 준비를 하고 있을 뿐이다.

묘(墓)

戊土가 戌月에 묘지이다. 한로(寒露)인 양력 10월 08일을 전후해서 어둠과 찬 이슬이 내리면서 공간이 빠르게 좁아진다. 자연으로 보면 나름대로 몸집을 줄이면서 수분을 최소화한다. 己土는 丑月에 묘지이다. 이때가 대한(大寒)으로 양력 01월 20일을 전후해서 온도가 급하게 떨어지면서 춥고 어두워서 모든 공간이 닫힌다. 자연은 활동을 멈추고 최대한 깊이 숨어서 에너지를 한곳으로 모으기 시작한다.

절(絶)

戊土가 亥月이 되면 절지에 들어가는 것이다. 이때가 입동(立冬)으로 양력 11월 07일 전후이다. 열은 찬 기운에 물러가고 밝은 공간은 어둠으로 채워진다. 자연은 최소의 에너지를 이용하여 스스로 열을 내어야 한다. 己土는 子月을 만나면 절지다. 동지(冬至)인 양력 12월 22일을 전후해서 공간을 차지하고 있던 것은 사라진다. 자연은 또 다른 공간 속으로 파고들거나 숨어버린다. 이후 공간을 활용하지 않는다.

태(胎)

戊土는 子月이 되면 태지이다. 이때가 대설(大雪)인 양력 12월 07일 전후이다. 시야가 좁고 어둠은 깊어진다. 자연은 일체의 활동을 멈추고 공간 속으로 숨어서 새로운 기운을 배양(培養)하려고 한다. 己土는 亥月을 만나면 태지다. 소설(小雪)이라 하여 양력 11월 22일을 전후해서 나름대로 공간을 차지하고 있지만 잠시이다. 자연으로 보면 간신히 유지하던 미약한 공간이다. 하여 새로운 공간을 만들 준비가 시작된다.

양(養)

戊土가 丑月에 양지이다. 소한(小寒)이라고 하여 양력 01월 06일을 전후해서 서서히 어둠이 줄어들고 아득하지만 밝음이 시작되고 있다. 자연은 새롭게 만들어지는 공간으로 들어갈 에너지를 모으고 있다. 己土가 戌月이면 양지에 들어간다. 이때가 절기상 상강(霜降)인 양력 10월 24일을 전후로 그림자는 더욱 길어지고 어둠 속에 별은 더욱 빛난다. 자연은 작은 공간에서 자신의 존재를 알릴 뿐이고 활용은 하지 못한다.

4) 金과 12운성 관계

金이라는 오행은 단단하거나 부드럽고 강하여 오랫동안 끊어지지 않고 이어가려는 것이 목적이다. 하여 보전(保全)을 하거나 보존(保存)하기 위한 것으로 자연스럽게 이루어지는 庚金은 부드럽고 단단하다. 辛金은 2차 적인 에너지가 전달되면서 더욱 강하게 단단해지고 때로는 하염없이 부드러워 쉽게 끊어지지 않으려고 한다. 하여 金은 스스로 어떠한 변화를 하지 못하고 타의 에너지가 전달되어야 뜻을 이룰 수가 있다.

장생(長生)

庚金은 巳月에 장생하는데 이때가 입하(立夏)라고 하여 양력 5월 05일 전후해서이다. 꽃들이 활짝 피어나고 바람과 곤충들이 여기저기 다니면서 수정을 하려고 왕성하게 활동을 시작한다. 辛金은 子月에 장생을 하는데 이때가 동지(冬至)인 양력 12월 22일 전후해서 물이 얼기 시작하고 찬 서리와 눈이 내릴 때이다. 자연은 추위에 내성을 강하게 하고 다음을 위하여 깨지지 않을 만큼 서서히 응축을 시작한다.

목욕(沐浴)

庚金이 午月에 목욕이다. 이때가 망종(芒種)으로 양력 6월 06일을 전후해서 온도가 올라가기 시작하면서 보전하기 위하여 모습을 밖으로 드러내어 나름대로 자연의 영향을 받기 시작한다. 辛金은 亥月에 목욕인데 이때가 소설(小雪)이라고 하여 양력 11월 22일을 전후해서 찬 이슬이 서리가 되면서 더욱 강하게 변화한다. 이때부터 추위를 대비하고 생존의 법칙에 따라 보존하려고 자연을 최대한 활용하려고 한다.

관대(冠帶)

　庚金이 未月에 관대이다. 절기로 소서(小暑)이며, 양력 7월 07일을 전후해서 보전하기 위하여 또 다른 씨방을 만든다. 자연은 혹독한 시련으로 자연스럽게 강한 생존력을 가르친다. 辛金이 戌月에 관대이다. 이때가 상강(霜降)으로 양력 10월 24일을 전후해서 어둠이 깊어지고 수분은 줄어든다. 자연은 또 다른 환경을 경험하게 하여 나름대로 보존의 가치를 익히게 한다. 하여 바람과 볕을 이용하여 변화를 시도한다.

건록(建祿)

　庚金이 申月에 건록으로 자연스럽게 씨방이 자라나고 몸체도 늘어난다. 이때가 입추(立秋)로서 양력 8월 08일을 전후이다. 자연은 유전(遺傳)하려는 본능이 강력하게 작용한다. 辛金이 酉月에 건록이며 이때가 추분(秋分)이다. 양력 9월 23일을 전후하여 음기가 강해지고 활동보다 보존을 위한 과정을 따라간다. 자연은 속을 빈틈없이 채워가며 부드러움을 단단하게 변화하기 시작하면서 오랫동안 견디게 한다.

제왕(齊王)

　庚金이 酉月에 제왕이라고 하여 절기는 백로(白露)이다. 양력 9월 08일을 전후해서 영원히 보전하려고 밖으로 단단하게 하고 안으로 연하게 하여 어떠한 환경을 만나도 견디게 다듬는다. 辛金이 申月에 제왕이다. 이때가 처서(處暑)로서 양력 8월 23일을 전후해서 외형은 크게 변화하고 안으로 더욱 단단하게 한다. 자연은 온도와 기후 그리고 환경에 적합하도록 변화하기 시작하여 가장 오랜 시간을 견디도록 다듬어 간다.

쇠(衰)

庚金이 戌月이 되면 쇠하게 된다. 이때가 한로(寒露)로서 양력 10월 08일을 전후하여 성장을 완전히 멈춘다. 자연은 서서히 수분을 조절하기 시작하고 보전을 위한 마무리 과정으로 전환한다. 辛金이 未月이 되면 쇠하게 된다. 이때가 대서(大暑)로서 양력 7월 23일 전후이다. 반환점을 돌아갈 때이므로 가장 힘들 때이다. 자연은 새로운 환경을 만나고 적응하기 위한 고통과 노력이 필요 할 때이다.

병(病)

庚金이 亥月이 되면 병지에 들어가는데 이때가 입동(立冬)이다. 양력 11월 07일을 전후하여 차가운 이슬이나 서리가 내린다. 자연은 환경의 변화에 적응하지 못하고 다음을 기약하려고 한다. 辛金이 午月이 되면 병지에 들어선다. 절기는 하지(夏至)로 양력 6월 21일을 전후해서 새로운 도전이 필요하기에 불안한 미래가 시작된다. 하여 자연은 많은 번식을 위하여 밖으로 밀어내어 환경에 적응하도록 한다.

사(死)

庚金이 子月이 되면 사지에 들어가는 것이다. 즉 대설(大雪)이므로 양력 12월 07일을 전후해서 스스로 무엇을 하지 못하고 기다리고 있다. 자연은 환경변화에 견디면 보전하고 그러하지 못하면 끝이다. 辛金이 巳月이 되면 사지에 들어가는데 이때가 소만(小滿)이며 양력 5월 21일 전후이다. 실체가 없으니 변화할 수가 없다. 자연은 이때부터 수정되어 변화를 기다리고 있다. 하여 정체(正體)성이 없다고 할 것이다.

묘(墓)

庚金이 丑月이 되면 묘지에 들어간다. 이때가 소한(小寒)인 양력 01월 06일 전후이다. 최악의 환경으로 온도가 떨어지면서 오그라든다. 자연은 깨어나기 위한 하염없는 기다림이다. 辛金이 辰月이 되면 묘지에 들어간다. 곡우(穀雨)로 양력 4월 20일을 전후로 하여 金이 완전 변화를 하도록 자리를 마련해준다. 자연은 새로운 환경에 적응하지 못하면 더 이상의 보존은 없다. 하여 사라지고 말 것이다.

절(絶)

庚金이 寅月에 들어가면 절지다. 절기로 보면 입춘(立春)이며 양력 02월 04일 전후로 보전이라는 기운이 완전하게 사라진 상태이다. 자연은 金이 새로운 기운으로 변화하기 시작한다. 辛金이 卯月에 들어가면 절지이다. 춘분(春分)인 양력 3월 21일을 전후하여 본래의 성품이나 모양은 완전히 사라지고 없다. 자연은 보존에서 생존으로 완벽한 변화가 이루어진다. 하여 뿌리가 나기 시작하면서 木의 기운이 강하게 살아난다.

태(胎)

庚金이 卯月에 태지이다. 이때가 경칩(驚蟄)인데 양력 3월 05일을 전후해서이다. 생존하는 기운이 다음을 위하여 서서히 기지개를 펼치기 시작하고 새로운 金의 본능이 돋아난다. 辛金은 寅月이 태지이다. 절기로 보면 우수(雨水)이며 양력 02월 19일을 전후해서이다. 金과 木의 기운이 하나가 되어 보존이 보전하는 기운으로 바뀐다. 자연은 왕성한 생존력을 발휘하고 내면에 본능적인 번식이 보존이며 金의 기운이다.

양(養)

庚金이 辰月이 되면 양지에 들어간다. 이때가 청명(淸明)으로 양력 4월 05일을 전후하여 생존하기 위하여 자연은 꽃을 피우고 새로운 목적을 이루기 위한 여정이 시작된다. 辛金이 丑月이 되면 양지이다. 이때가 대한(大寒)으로서 양력 01월 20일을 전후하여 엄청난 추위를 견디려고 가장 깊은 내면으로 에너지가 모여든다. 자연은 높고 멀리 뛰기 위한 힘을 모으고 있다. 하여 木을 이용하여 金은 목적을 이루고자 한다.

5) 水와 12운성 관계

水는 흐르는 것으로 차고 맑으며 그 수량이 일정하여 늘어남도 줄어듦도 없다. 다만 그 모습이 다양하게 변화하여 물처럼 낮은 곳으로 흐르는 액체(液體)가 壬水다. 그리고 안개처럼 올라가는 것이나 이슬처럼 내려오는 기체(氣體)를 癸水라고 한다. 때로는 얼음이 되어 변화를 거부하는 고체(固體)는 壬水이고 눈이나 우박은 癸水이며, 水는 온도 변화에 따라서 모양을 바꾼다. 이렇게 끊임없이 흐르면서 정화하고 온도까지 조절한다.

장생(長生)

壬水는 申月에 장생이라고 하여 절기는 입추(立秋)인 양력 8월 08일 전후이다. 온도가 떨어지면서 부피가 줄어들고 서서히 여과하기 시작한다. 자연은 이때부터 어둠이 살아난다. 癸水는 卯月에 장생하니 이때가 춘분(春分)이며 양력 3월 21일 전후이다. 새벽과 초저녁의 온도 차가 심하게 난다. 하여 자연은 낮에 따스한 온도를 품고 있다가 새벽에 차가운 기운이 수면 위로 증발하는 수분을 냉각시켜서 보이는 것이 안개이다.

목욕(沐浴)

壬水가 酉月에 목욕이다. 절기는 백로(白露)이며, 양력 9월 08일을 전후하여 수온이 떨어지면서 수면(水面)은 맑게 보이지만 깊이 들어가면 부유물이 그대로 있어 혼탁하다. 癸水가 寅月에 목욕으로 우수(雨水)인 양력 02월 19일을 전후로 밤새워 내린 서리가 낮에 녹으면서 자연에 이로움을 준다. 그리고 내린 눈이 이불이 되어 지열이 흩어지지 못하게 하면서 조금씩 눈을 녹여 자연을 깨운다.

관대(冠帶)

壬水가 戌月이 되면 관대에 들어가니 이때가 한로(寒露)인 양력 10월 08일 전후이다. 지상의 물은 마르고 고여 있는 물은 차가워지면서 부유물이 서서히 가라앉으며 흐름은 북방으로 향하고 있다. 癸水가 丑月이 되면 관대이다. 때는 대한(大寒)으로 양력 01월 20일을 전후해서 물이 얼기 시작한다. 즉 고체로 변화하면서 단단해지려고 한다. 자연은 물이 차고 맑아서 흐름이 빨라지며 낮은 맑고 밤은 더욱 어둡다.

건록(建祿)

壬水가 亥月이 되면 건록이다. 이때가 입동(立冬)인 양력 11월 07일 전후이다. 일시적으로 흐름을 늦추고 세력을 한곳에 집중한다. 자연은 이때부터 水를 가까이하지 않으려고 한다. 癸水가 子月이 되면 건록이니 동지(冬至)인 양력 12월 22일을 전후해서다. 낮에는 수분이 올라가고 밤이 되면 찬 이슬이 내려서 서리로 변화한다. 자연은 서리를 피하려고 잎을 완전히 떨어트리고 줄기마저 앙상하게 하여 동사(凍死)를 피한다.

제왕(齊王)

　壬水가 子月이 되면 제왕이다. 이때가 대설(大雪)인 양력 12월 07일을 전후하여 물은 차갑고 맑아서 접근하기 어렵고 흐름이 빠르다. 자연은 물속에 미세한 부유물이나 균(菌)을 정화(淨化)하기 시작한다. 癸水가 亥月이 제왕이다. 절기로 보면 소설(小雪)인 양력 11월 22일을 전후해서 눈이 내리기 시작하고 서리가 내린다. 자연은 수분을 멀리하기 시작하면서 서둘러 활동을 멈추고 얼지 않도록 준비하기 시작한다.

쇠(衰)

　壬水가 丑月이 되면 쇠지에 들어간다. 즉 소한(小寒)인 양력 01월 06일 전후하여 액체가 차가워지면서 고체로 변화하기 시작하고 흐름이 빠르다. 자연은 물을 여과(濾過)하기 시작한다. 癸水가 戌月이 되면 쇠지에 들어간다. 이때가 상강(霜降)으로 양력 10월 24일을 전후해서 낮에는 수분이 마르고 밤에는 이슬이 내린다. 자연은 水가 왕성하게 활동하려고 하기에 수분을 서서히 내리면서 수축하기 시작한다.

병(病)

　壬水가 寅月이 되면 병지이다. 이때가 입춘(立春)인 양력 02월 04일 전후이다. 어둠과 찬 기운의 기세가 약해지고 자연은 물의 흐름이 남쪽으로 향하고 있으면서 서서히 수온을 올릴 준비를 한다. 癸水가 酉月이 되면 병지이다. 추분(秋分)으로서 양력 9월 23일을 전후해서 수분이 가벼워지면서 일교차가 심하게 벌어진다. 자연은 낮에 볕으로 수분을 증발시켜 건조하기 시작하고 밤에 이슬이 되어 내리기 시작한다.

사(死)

　壬水가 卯月이 되면 사지이다. 이때가 경칩(驚蟄)이며 양력 3월 05일 전후이다. 수온이 오르면서 흐름은 조금씩 늦어진다. 자연은 이때부터 물을 많이 필요로 하기 시작하면서 서서히 혼탁해진다. 癸水가 申月이 되면 사지이며 처서(處暑)이다. 양력 8월 23일 전후이며, 바위틈 속으로 스며들었던 기체가 액체가 되어 흘러내린다. 자연은 머금고 있던 수분을 조금씩 내리기 시작하고 습도는 허공으로 사라지기 시작한다.

묘(墓)

　壬水가 辰月이 되면 묘지이다. 이는 청명(淸明)인 양력 4월 05일을 전후하여 수온이 오르기 시작하면서 水는 본성을 망각하게 된다. 하여 자연은 온기를 품은 물을 가장 필요로 하여 담수(潭水)하기 시작한다. 癸水는 未月을 만나면 묘지로서 이때가 대서(大暑)이다. 양력 7월 23일 전후하여 고온다습하고 수분이 열에 의하여 아지랑이로 변한다. 자연은 반환점을 돌아설 준비를 하고 수분이 열과 화합하여 심각한 변화를 일으킨다.

절(絶)

　壬水가 巳月이 되면 절지라고 하는데 이때가 입하(立夏)인 양력 5월 05일 전후이다. 수온이 올라가면서 물은 미생물이 살아나면서 혼탁함이 더해지고 본성을 상실한다. 하지만 자연은 이러한 물을 더욱 좋아한다. 癸水가 午月이 절지이다. 이때가 하지(夏至)로 양력 6월 21일 전후이다. 온도가 높이 오르면서 수분을 밀어내어 맑다. 자연은 수분을 가득 머금어 풍성하고 어둠은 짧고 낮이 길어지면서 水의 기세가 꺾어진다.

태(胎)

壬水가 午月이 태지로 망종(芒種)인 양력 6월 06일 전후가 된다. 수면 깊이 열이 스며들어 바닥이 뒤집힌다. 자연은 반환점을 돌아가려고 기후변화가 일어나면서 많은 비가 내리기 시작한다. 癸水가 巳月이 태지이다. 이때가 소만(小滿)인 양력 5월 21일을 전후하여 온도가 오르기 시작하고 이슬도 내린다. 자연은 물에 차가운 기운이 사라지므로 풍성하게 활용하고 수분은 찬 기운 틈으로 스며들기 시작한다.

양(養)

壬水가 未月이 되면 양지이며 소서(小暑)인 양력 7월 07일 전후이다. 보이지 않는 그림자가 나타나기 시작한다. 자연은 水의 정화가 필요하여 흐름을 북쪽으로 돌리기 시작하면서 강력한 충돌이 일어난다. 癸水는 辰月이 되면 양지이다. 이때가 곡우(穀雨)인 양력 4월 20일을 전후하여 물은 차고 대기의 온도는 오른다. 자연은 풍부한 수분을 이용하고 새벽에 안개가 피어오른다. 하여 맑은 물이 서서히 혼탁해지기 시작한다.

제14장

삼재(三災)

제14장
삼재(三災)

삼재는 수재(水災) 화재(火災) 풍재(風災)가 일어나서 피해를 보는 것이지 살(殺)은 아니다. 즉 휴식할 시기에 이를 무시하고 활동하다가 발생하는 사고이다. 12년 주기에서 9년은 활동하고 3년은 휴식기이다. 이를 무시하고 욕심을 내게 되면 다양한 사고가 일어날 수가 있는데 이것을 삼재로 표현하는 것이다. 삼재는 신(神)의 작용이 아닌 자연의 흐름을 따르지 않아서 발생하는 다양한 사건이나 사고이다.

삼합의 첫 글자와 충(沖)을 하는 첫해를 들 삼재, 두 번째 해는 눌 삼재, 마지막 나가는 세 번째 해를 날 삼재라고 한다. 다양한 사건 사고가 발생하며, 때로는 흉함이 복으로 바뀌어서 행운이 찾아드는 복(福) 삼재도 있다. 무속인이나 종교집단에서 대부분 정초(正初)에 삼재풀이를 한다. 이는 인연 된 조상이나 자연신(自然神)께 지극한 정성으로 음식을 준비하고 개개인의 표식으로 속옷이나 소장품을 소각하는 행위이다.

亥卯未生은 巳午未년이 삼재
寅午戌生은 申酉戌년이 삼재
巳酉丑生은 亥子丑년이 삼재
申子辰生은 寅卯辰년이 삼재

삼재는 띠를 중심으로 하여 비겁이면 시비와 다툼으로 금전 피해를 조심하고, 식상이면 언어와 질병 사고를 조심하면 된다. 여자는 자식 문제로 고통받을 수 있다. 재성이면 사업과 자금회전이 어렵고 처나 여자 문제를 조심하면 된다. 관성이면 직장변동이나 관재구설로 힘들고 남편이나 자녀로 고민할 것이다. 인성이면 사기나 문서로 고통을 받고 부모에게 문제가 발생할 수 있다. 하여 삼재에 해당할 때 항상 조심하면 피할 수 있다.

제15장

공망(空亡)

제15장
공망(空亡)

　공망이라고 하는 것은 천간에 없는 지지 두 글자를 이야기하는 것이다. 이를 때로는 천중살(天中殺)이라고도 한다. 공망이란 공치고 망한다고 하는 흉살로 이야기를 많이 하는데 때로는 공망을 필요로 할 경우도 있을 것이다. 대운이나 년에 공망을 만나면 망조가 들어 피해를 많이 보는 경우와 그러한 일들이 많이 발생하는 것은 사실이다. 하지만 비워야 채우듯이 공망도 비워야 채워지는 것이다.

　공망은 긍정보다 대부분 부정적인 생각과 해석을 많이 한다. 공망은 일주를 중심으로 하여 이야기를 하는데 방향(方向) 공망, 상호 공망, 길흉 공망, 절로 공망을 4대 공망이라고 하며 이외에도 다양하다고 한다. 공망을 계산할 경우 일반적으로 천간의 마지막 癸水 다음에 오는 지지가 공망이라고 생각하면 되는 것이다. 즉 일주나 년주가 癸亥라고 한다면 子丑이 공망에 해당하며 부여된 십신으로 이야기하는 것이다.

　년주가 공망이면 조상의 공덕이나 음덕이 약하고 초년 복이 미약하고 성장하는데 에고가 많을 것이며 학창시절에 원만하지 못하여 학업이 힘들 것이다.

월주가 공망이면 부모의 관심이 적고 형제 우애가 미약하며, 사회활동이나 직장생활이 원활하지 못하고 청년기에 고초를 받는 수가 많다.

일주가 공망이면 부부인연이 약하고 배우자의 복과 덕이 부족할 것이며 장년에 어려움을 경험할 수가 있다.

시주가 공망이면 자식 덕이 미약하고 노후가 불안할 것이며, 집안에 화합이 원만하게 이루어지기 어렵다.

십신에 따라서 다양한 해석이 가능하며 해당하는 인연과는 관계가 원활하지 못하다고 할 수가 있다.

비겁(比劫)이 공망이면 인간의 덕이 없다고 할 것이며, 특히 형제나 교우관계에 문제를 생각하여야 할 것이다. 인간 풍파를 당하는 경우가 많고 때로는 타인에게 이용당하는 경우가 많은데 그래도 미련을 버리지 못하고 정(情)을 주는 경우가 있다. 남자들은 부친과의 인연이 약하고 자식 고민도 할 수가 있다. 여자는 억척스럽고 자기주장이 강하여 친구나 지인들과 원활하게 소통이 이루어지지 않으며 원만한 가정을 이루기 어렵다.

식상(食傷)이 공망이면 의식주에 대한 고민이 많으며, 년주 식상이 공망이면 말이 늦고 자기표현이 부족하고 부끄럼이 많아서 활동력이 떨어진다. 남자는 처가의 덕이 없고 특히 장모와의 관계가 불편할 수 있다. 여자는 자식을 가지기 힘들 것이고 행여 자식이 있다고 하여도 자녀들의 덕을 보기 어려울 수가 있다. 남녀 모두가 이성에 집착하거나 성적인 부분에 관심을 많이 가지며, 그로 인하여 오해를 받을 수가 있다.

재성(財星)이 공망이면 재물로 고통을 받거나 유흥에 빠지는 경우가 있으며, 주변의 만류에도 불구하고 재물 탕진을 하는 경우가 있다. 이는 본인이 싫증이 날 때까지 하는 수가 있다. 남자는 생이별이나 이혼을 하고 여러 번 재혼 할 수가 있으며, 별거 또는 주말부부로 지내는 가정도 있다. 여자는 아버지의 사랑과 관심이 부족할 때가 있고 남자나 여자나 즉흥적 성향이 강하고 도박이나 투기, 한탕을 노리는 사람도 많다.

관성(官星)이 공망이면 여자는 배우자 인연이 부족하고 혼인이 늦어진다. 때로는 원하지 않는 혼사가 있으며, 배우자가 허약하거나 게을러서 생활력이 떨어지는 경우가 있다. 의견 충돌이나 애정 결핍으로 항상 불만을 많이 가질 수가 있다. 이와 반대로 배우자가 너무 억척스러워 힘들 때도 있다고 한다. 남자는 자식 인연이 약하고 때로는 없을 수도 있다. 관재구설이 많이 따르고 시비가 자주 발생할 수 있다.

인성(印星)이 공망이면 부모인연이 적다고 볼 수가 있고 한 부모 아래서 자라기도 하며, 양자로 입양되거나 남의 집에서 자라기도 한다. 눈칫밥을 먹는 일이 자주 있고 고아로 자라거나 이기적, 우울증, 자폐성이 강하고, 나약하며 게으른 면이 있고 학업을 중단할 수 있다. 반대로 학구열이 강하여 뜻을 이룰 수 있지만 대부분 중도 포기하는 이가 많다. 전공을 자주 바꾸거나 다양한 직업을 가지는 경우가 많다고 할 것이다.

국(局)으로 이루어지는 공망

寅卯가 공망이면 신경이 예민하고 자아의식이 강하여 구속되는 것을 싫어한다. 무모하고 저돌적이며 이상주의를 생각하고 정신적인 문제나 심리적인 문제로 영적인 세계로 빠져들기 쉽다고 할 것이다. 의리와 우정을 중시하며 사람에게 애착하는 마음이 강하여 배신을 당하는 경우가 있다. 신경성 소화불량이나 스트레스로 인한 간 질환, 우울증이 발생할 수가 있다. 심할 경우는 신경이 예민하여 공황장애나 어지럼증을 경험한다.

午未가 공망이면 개혁, 모험, 창의력, 상상력이 뛰어나며 자유분방하고 독립적인 것을 요구한다. 전문적 기질과 완벽주의 기질이 있으며, 자존심이 강하고 급한 성격 때문에 괴팍할 수 있다. 정신적인 고독감이나 성적인 호기심도 강하며 사람에게 관대할 수가 있다. 개성 야망 집념이 강하지만 뛰어난 감수성으로 인하여 의욕 상실이나 대인기피증으로 상실감에 빠지기 쉽다. 고혈압, 피부건조증, 심장질환을 조심하여야 할 것이다.

申酉가 공망이면 출세와 명예, 명분을 중요하게 생각할 것이며 권위적이고 고지식하다. 무사안일하기 쉽고 융통성이 부족하고 자기주장이 강할 것이며, 출세하기 위하여 수단 방법을 가리지 않아서 주변으로부터 욕을 듣는 경우도 많이 있다. 자신이 경험하지 않은 것은 믿으려고 하지 않으며 진정한 사랑이나 믿음이 부족하다. 폐 대장 변비 골다공증 또는 신경통으로 고생을 할 수가 있으며 치아가 약한 경우가 많다.

子丑이 공망이라면 부모나 윗사람과의 인연이나 관계가 좋지 못하여 의견 충돌과 마찰이 자주 일어난다. 헌신적인 봉사와 의무 도리 체면 고상함 또는 기대심리가 강하고 신분 상승을 바라는 생각이 강하다. 논리적이면서 고상한 척을 하는 경우가 있으며, 성격이 예민하고 엄숙하고 도전적이다. 식중독 신장 방광 등 비뇨기 계통이 약하고 빈혈과 불면증 우울증 자폐성을 조심하여야 할 것이다.

상생하는 공망(辰巳)은 소속에 얽매이기보다는 자유롭게 살고 싶고 이질적인 성격이 강할 수 있다. 부모인연이 약하고 이상과 미래에 대한 꿈과 희망이 없고 공상을 즐긴다. 물질적 풍요와 화려한 삶을 원한다. 즉흥적 감정 기복 변덕이 심하고, 환락 유흥과 도박 한탕을 꿈꾸며 재물에 애착이 강하고 냉정하다. 다수와 이성 관계를 동시에 하려는 성향이 강하고 위장 시력 현대병 갑상선 신경성 피부질환으로 고생할 수 있다.

상극하는 공망(戌亥)은 독립심이 강한데 개혁과 모험심이 부족하고 집요한 논리로 남을 질리게 한다. 인덕이 없고 변화에 약하고 고독하여 정신세계 종교 문학 예술 방향에 강한 기질이 있다. 명분과 주장 인내심이 강하지만 마음의 상처를 자주 받는다. 자신을 알아주면 좋아하고 관대하며 헌신적이지만 남의 일에 깊이 관여하려 한다. 갈등 눈치 괜한 걱정으로 마음에 고통을 자처하고 냉혹하다. 비만 피부질환 변비

비뇨기 빈혈 두통 대장이 약하다.

  이처럼 공망 작용력도 상당히 많은데 사주 구성에 따라서 다양하게 겪어 보는 경우가 있다. 이는 심리적인 사고(思考)로 육친에 대한 집착과 갈등에서 시작되는 수가 있고 운명이 꼭 정해진 것이 아니기에 단정하면 안 된다. 사람은 운대로 살아가는 것이 아니고 불확실한 환경이나 인연에 의하여 자신의 지식이나 경험 그리고 상식과 지혜로 살아가는 것이다. 하여 항상 준비하고 때를 기다리는 사람이 가장 유리하다고 할 수가 있다.

제16장

이사 방위(方位)

제16장
이사 방위(方位)

 일상에서 흔하게 이사를 하려고 하는 경우 피해야 하는 방향이 있다. 대장군(大將軍)이나 삼살(三殺) 방향과 손 없는 날이다. 하지만 지금 시대에 이러한 것을 믿는 사람이 드물다. 미신(迷信)으로 생각하기 때문이다. 하지만 이사하고 사고를 당하는 경우가 왕왕 있기에 무시할 수가 없다. 또 한 2km 이내로 이사하는 경우에 방향을 따지지 않는다. 현재 거주하고 있는 집에서 이사 가는 방향을 말하는 것이다.

 대장군이 가는 방향이라고 하여 이사나 건물을 신축(新築) 증축(增築) 개축(改築)하는 것을 꺼린다. 물론 개점도 하지 말라고 한다. 지략가들도 이 방향에서 전쟁을 피할 정도로 안 좋게 생각하기 때문이다. 이를 찾는 방법은 亥子丑년의 인성 金방향 서쪽이다. 寅卯辰년의 인성 水방향 북쪽이며, 巳午未년의 인성 木방향 동쪽다. 申酉戌년은 관성 火방향 남쪽이다. 이는 金은 火에 의하여 변화하기 때문이다.

 오귀(五鬼) 삼살(三殺)방 이라고 하여 재앙(災殃)의 신(神)이 활동하는 쪽을 가리키는 것이다. 하여 역시 이사 가는 것을 꺼리고 세살(歲煞)은 수해 냉해 지진 같은 자연재해로 천살에 해당한다. 겁살(劫煞)은 사람의 목숨과 재산을 앗아가는 큰 살(煞)이며, 재살(災殺)은 일명 수옥(囚獄)살 이라고 하여 관재구설 송사 등으로 감금되는 경우이다. 하여 불길한 방위라서 이사나 개업하지 않는 것이 좋다.

　삼살방(三殺方)은 이사 갈 방위 중에서 가장 흉한 방위를 이야기하는 것이다. 이는 시계 반대 방향으로 돌아가는데 삼합과 충(沖)을 하는 방향을 삼살방으로 정하고 있다. 즉 申子辰년은 合水가 되어 충을 하는 午火의 남쪽이고, 巳酉丑년은 合金이 되어 충을 하는 卯木의 동쪽이다. 그리고 寅午戌년은 合火가 충을 하는 子水의 북쪽이고, 亥卯未년은 合木이 충을 하는 酉金의 서쪽을 삼살 방위로 정하고 있다.

제17장

사주(四柱)와 팔자(八字)

제17장
사주(四柱)와 팔자(八字)

　좋은 사주 나쁜 사주가 정해진 것은 아니다. 사주는 이미 정해진 것이지만 환경과 인연 따라 팔자를 선택하면 운명이 결정된다. 아무리 운(運)이 좋다고 해도 준비되지 않으면 쓸모없고, 악운을 만난다고 하여도 준비된 자는 원만하게 극복한다. "사주는 자연 속에 지어진 집이고 팔자는 집안을 꾸미는 것이다." 그래서 인생을 지배하는 것이 사주가 아니고 환경과 인연과 선택이다. 사주는 변함없는데 팔자는 시간 따라 변화무상하다.

　내가 태어나면서 정해진 사주는 나를 나타내는 징표이다. 즉 사람으로 이야기하면 관상이다. 팔자는 이목구비에 해당하여 나름대로 기능을 달리한다. 하여 사람은 밖으로 관상을 드러내고 안으로 팔자를 감추고 있다. 그래서 관상은 생활이 윤택하면 바뀌고, 팔자는 흐름을 알고 선택하면 하늘이 운을 정해주는 것이다. 하여 사주는 오행의 생극제화이고, 팔자는 합과 형충파해 원진으로 엮어져 있어 풀어가기 나름이다.

사주팔자는 계절과 시간에 따라 흐름이 가장 원만한 오행을 중심으로 하여 살아가면 편안하다. 그래서 사주보다 팔자가 좋아야 한다고 하는 것이다. 즉 합을 하는지 형 충이나 파해 원진으로 적당한 제동을 잡아주고 있는지를 알고 인생의 항로를 설정하면 금상첨화(錦上添花)이다. 이를 모르고 약한 수레에 많은 짐을 싣거나 수레는 건실한데 실을 짐이 없거나 비록 짐은 실었다고 하지만 방향을 잡지 못한다면 낭패이다.

사주는 십신이라고 하는 10가지 언어가 있다. 하지만 팔자는 환경과 인연에 따라서 세상사 일체를 표현하고 있다. 십신은 팔방(八方)에 상하(上下)를 더하여 10방이 되기에 붙여진 이름일 뿐이다. 하여 천간 10개의 부호로 일체의 무형을 나타내고 12개의 지지부호로 유형을 표현하는 것은 자연수(自然數)가 12이기 때문이다. 십신은 부호와 자리에 따라서 뜻을 달리하며 합 형 충 파해 원진으로 강약과 변화를 조절한다.

사주풀이는 저마다 타고난 소질을 찾아서 큰 흐름에 비교하여 가장 적합한 오행과 십신을 선택하는 것이다. 아무리 좋다고 하여도 120년을 꽃으로 장식할 수가 없으며, 가는 길에 장애가 발생하면 피하는 방법과 방편을 찾는 것이 사주풀이의 묘책이다. 이는 신(神)의 한 수가 아니고 자연의 변화와 흐름을 알면 좋다. 하여 사주라는 공간에 팔자 설계도면(設計圖面)을 그려놓고 인간이 살아가는 것이다.

일반적으로 통변(通辯)이라고 하는 사주풀이는 십신을 이용한다. 예를 들어보면 비겁이 왕성하면 재물을 두고 경쟁을 하여야 한다. 하여 재성이 있으면 견디지 못하고 없으면 재성이 들어오는 운에 고통을 받는다고 한다. 하지만 부호를 계절과 시간 그리고 자연과 환경을 들어보면 같은 사주라고 하여도 엄청나게 다른 풀이가 나올 것이다. 즉 같은 사과라고 하여도 어디서 재배하였는가에 따라 맛이 다르다는 뜻이다.

자연은 격과 용신이 없고 모두가 평등하다. 자연은 평등에서 경쟁을 원하고 아쉬우면 스스로 찾는다. 그리고 능력이 뛰어나면 즐거움이 많고 욕망은 누군가가 인정할 때 이루어지는 것이다. 하여 인간은 자연에서 지혜를 터득하고 자연과 더불어 숨을 쉬고 있다. 자연은 태양의 흐름에 맞추어 성장하고 달의 기울기에 따라서 번식이 이루어진다. 본능적으로 흐름을 알고 있는데 십신으로 격을 정하여 용신을 찾는 것은 옳지 못하다.

예문) 나의 운은 언제 발복(發福)하고 언제 끝나요?(여자)
시 일 월 년
戊 己 癸 丁
辰 丑 丑 未
丙乙甲癸壬辛庚己 　대운)
子亥戌酉申未午巳
8 7 6 5 4 3 2 1

일주 己丑은 가장 추운 丑月 辰時에 태어났다. 癸水를 재물로 설정하고 있는데 꽁꽁 얼어서 사용할 수가 없다. 그러나 대운의 흐름에서 섣달에 그나마 따뜻하여 얼음이 녹을 때가 午未申대운이다. 그중 辛未대운 34살을 중심으로 하여 가장 포근하기에 癸水가 녹아서 흐르고 있을 때이다. 즉 이때가 인생에서 가장 호황기다. 그리고 49세 癸酉대운부터 癸水편재는 다시 얼기 시작하면서 흐름이 멈추기 시작한다.

일찍부터 土비겁이 丑未충을 하여 육형으로 진행한다. 이후 뒤에는 丑辰파하여 辰土자형으로 흩어져 버린다. 즉 시작은 丁未편인 비견이 癸丑편재 비견과 충을 하여 재물을 여기저기 투자한다. 이후 형으로 바뀌면서 재물이 늘어난다. 이때가 庚午대운 25세부터이다. 하여 재물을 戊辰겁재 水고장(庫藏)에 담아두었다가 49세 癸酉대운에 辰土겁재를 열어서 酉金식신 새로운 곳에 투자하였으나 癸水편재가 얼어버렸다.

1) 사주풀이 상식(常識)

우리가 알고 있는 사주팔자는 내가 태어날 때 가지고 온 징표(徵表)이다. 이것이 영원하지 않다. 특히 시간이 변화하는 경우가 간혹 있다. 사주에서 시간의 변화는 대운을 설정하는 기점이다. 태어날 때 시간은 두 시간 단위로 묶었는데 시간의 끝자락에서 태어난 사람과 시작점을 지나서 태어난 사람과의 삶의 차이는 상당히 많이 난다. 그래서 시간의 후반에 태어났다면 반드시 시간의 변화를 경험할 것이다.

하지만 시대의 흐름은 급류를 타고 가는데 지금의 사주풀이는 중국 황하(黃河)가 흐르듯 하고 있다. 하여 지식은 수입하였으나 이를 우리 것으로 만들지 못한다면 영원히 지식의 식민지에서 벗어나지 못한다. 전해오는 문자를 다시 자연으로 전환하여 사주를 풀이한다면 즐거움과 자연의 고마움을 알게 된다. 천간, 지지부호를 자연으로 바꾸어서 음률(音律)을 타듯이 다양하게 풀어낸다면 이보다 더 화려한 사주풀이는 없다.

만(萬)가지 자연을 22개의 부호로 표현하였는데 이를 다시금 연월일시로 배정하였다. 자연은 강자도 약자도 없다. 다만 강자는 밖으로 드러내고 약자는 피하면서 살아갈 뿐이다. 하여 필요에 따라서 합하고 때로는 살아남기 위하여 다양한 방법을 취하는데 이를 합 형 충 파해 원진으로 표현한 것이다. 자연에는 살(殺)이 없다. 즉 죽음에 대한 공포는 인간만이 가지고 있을 뿐이다. 그래서 항상 조심하고 경계만이 살아남는 방법이다.

사주풀이는 월주(月柱)부터 알고 다음 시주(時柱)를 보고 일주(日柱)가 무엇인가를 정한다. 년주(年柱)는 환경이나 배경이다. 또 일주가 군주(君主)인가 신하(臣下)인가 알아야 한다. 주어진 환경이 대운의 흐름에 비교하여 가장 유리한 오행을 선택하고 불리한 오행은 피하는 것이 상책이다. 강한 오행도 자연이 만든 대운의 흐름을 이기지 못하고, 약한 오행도 자연과 화합한다면 천하의 주인이 될 수가 있다.

사주팔자는 오행으로 만들어진 것이고 이를 대운의 흐름에서 유리함과 불리함을 따지는 것이다. 즉 계절과 어울리는 오행의 조화와 대운의 흐름에서 가장 안전한 오행을 선택하고 해당하는 부호에 적합한 직업을 택하여 살아가야 한다. 그러면 일생을 편안하고 무탈하게 살아갈 수 있으며 어떠한 고통을 받는다고 하여도 슬기롭게 헤쳐나간다. 그러하지 않으면 작은 위기를 견디지 못하고 고사(枯死)된다.

하여 대운을 잘 타고나야 좋다. 인간은 환경이 중요하듯이 사주는 대운의 흐름이 중요하다. 대운의 흐름을 알고 적합한 오행을 군주(君主)로 삼아 일주가 충실한 신하(臣下)로서 소임(所任)을 다하면 부귀가

더할 것이고, 빈천함은 쉽게 벗어난다. 힘들고 굴곡진 사주팔자라고 하여도 대운의 흐름이 군주를 이롭게 한다면 전화위복이 될 것이다. 일주는 시대에 적합한 지식과 능력을 발휘하여 군주와 화합을 하면 최고이다.

2) 년월일시
년주: 전생, 조상, 초년, 학창, 유학, 원행, 대문 밖, 넓은 공간, 미확인
월주: 현재, 부모형제, 인맥, 청년, 사회, 활동, 대문 안, 일상적 공간, 실체
일주: 지금, 나, 배우자, 중년, 지시, 전문, 부름, 거실, 나만의 공간, 확인
시주: 미래, 자식, 말년, 가르침, 고문, 휴식, 밀실, 서재, 분석

3) 재물

타고날 때 재물을 가지고 오는 것은 아니다. 동일 사주가 많은데 다르게 살아가는 것을 보면 충분히 알 수가 있다. 재물은 환경보다 인연을 바탕으로 이어진 능력이다. 즉 인맥으로 부유한 부모를 만나서 유산과 교육을 많이 받아 최고의 직업을 선택하면 된다. 하지만 시대에 따라서 다양한 직업군이 생겨나기에 이를 알아 가는데 상당히 어렵다. 현재는 생산자와 소비자를 연결하여 주는 중개업이 대세이다.

하지만 사주는 재물을 담을 수 있는 그릇에 따라서 달라진다. 하여 사주에 가장 많은 오행을 다스리는 직업군으로 살아가면 재물이 따른다. 그리고 대운의 흐름과 일치하는 오행을 직업으로 선택하여야 편안하고 부귀영화가 따라온다. 일간에서 드러난 재물은 타고난 것으로 수

입은 적어도 편안할 것이다. 월간중심에서 보이는 재물은 높은 수익인데 일주와 합하여 쌓여야 한다. 그래서 운을 타고 일주와 합하여 흐르면 좋다.

예문) 강한 재성을 살리고자 한다면 火에 관련된 직업을 선택하라.(남자)
시 일 월 년
癸 戊 癸 戊
巳 寅 亥 辰

辛庚己戊丁丙乙甲 (대운
丑子亥戌酉申未午
8 7 6 5 4 3 2 1

월주 癸亥재성이 戊癸合火정인이 되어 갑자기 재물을 받을 수 있다. 대운의 흐름은 火에서 시작되어 태어날 때는 집안이 부유하였으나 15세 乙未정관 겁재운부터 가세가 기울기 시작하였을 것이다. 그러나 24세 丙申대운에 申子辰合水편재가 발복하기 시작한다. 51세 己亥겁재 편재 운에 시련이 있어 잠시 고통을 받을 것이다. 이를 알고 투자 투기를 피하고 木의 직업으로 가면 노후까지 편안할 것이다.

재물이 戊癸合火정인으로 이루어지기 때문에 역마를 위한 정인를 찾아서 한다면 실패하지 않을 것이다. 즉 잠시 머물다가는 시대에 맞는 숙박업 또는 개업하여 잠시 운영하다가 이익을 남기고 넘겨주는 것이다. 때로는 죽음을 맞이한 사람들이 잠시 머물면서 준비하는 요양원 같은 것이다. 시대가 급속도로 변화하기 때문에 수명이 짧은 직종이 많다. 하여 戊癸合火의 지지에 역마를 이용하여 자신의 수준에 맞는 직업을 택하는 것이 좋다.

4) 직업

　인간이 살아가는데 가장 적합한 직업을 찾는다는 것이 쉽지 않다. 사주에서 용신을 직업으로 정하는 사람이 많은데 수 만 가지 직업을 용신으로 표현할 수도 없고, 격을 중심으로 하여 직업을 선택하는 것도 무리이다. 문제는 사주팔자에서 시대의 흐름을 예측하지 못하고 사라지거나 생겨나는 업종도 예측하지 못하는 것이다. 이는 사주팔자의 권한 밖이고 이를 알고자 한다면 많은 지식과 시대적 감각이 뛰어나야 한다.

　하여 직업을 관성으로 보는데 어디로 합을 하는지 아니면 형 충 파해나 원진 관계를 살펴보고 선택하여야 한다. 또 한 단일직종이 아니고 몇 개의 직업을 소화할 수 있도록 준비하는 것이 현명하다. 만약 천간에 관성이 있으면 정신적 직업을 바라고 지지에 따라서 다양하다. 관성이 지지에 있으면 활동적인 직업으로 현장에서 주어진 몫을 수행하는 것이다. 천간이 지지에 뿌리를 두고 있다면 그 일에 충실할 것이다.

　　　　　　　예문) 직업이 없다.(남자)
　　　　　　　　　　시 일 월 년
　　　　　　　　　　丁 甲 庚 辛
　　　　　　　　　　卯 子 子 酉
　　　　　　己庚辛壬癸甲乙丙 (대운
　　　　　　亥戌酉申未午巳辰
　　　　　　8 7 6 5 4 3 2 1

317

동짓달 새벽 추위에 떨고 있는 甲子는 년 월에 정 편관이 子酉파를 하여 깨져버린 것이다. 하여 辰巳午未대운으로 흐르지만 수정하지 못하고 水인성에 의지하여 살아야 한다. 申酉戌대운에 관성이 살아나도 甲子는 두려움이 앞서서 이를 잡기 어렵고 한겨울 신약한 木火비겁이나 식상을 기다리거나 관련된 직업을 선택하여야 한다. 하여 子酉파를 원만하게 하려면 辰土편재가 필요하니 이는 자유업이나 농사이다.

5) 건강

타고난 사주는 선천적인 건강을 나타내며 알고 치료하면 완치될 수가 있다. 하지만 팔자 때문에 후천적으로 건강이 나빠지는 것은 버릇이나 습관을 바로 잡으면 호전될 가능성이 있다. 그리고 집중력이 부족하여 사고를 당하거나 직업병은 흐르는 운(運)이 좌우하기에 조심하면 충분히 막을 수 있다. 사주팔자에서 같은 오행이 많을 경우가 심각하고, 상대적으로 약한 오행을 공격하기에 관련된 장기기능이 부담을 받는다.

오행이 고루 갖추어진 사주는 건강하게 타고났으며 형 충파가 없으면 무난하여 위험한 사고를 경험하지 않을 수가 있다. 해 원진은 약간의 병이나 잔병치레 정도이며, 사주를 알고 평소에 부족한 오행에 관련된 부분을 운동으로 보완하면 건강을 지킬 수가 있다. 건강한 사주라고 하여도 습관이나 직업적으로 발생하는 병은 피하기 어렵다. 하여 스트레스를 줄이고 버릇과 식습관을 바르게 하면 건강하다.

예문) 혈액 암으로 요절한 남자.
시 일 월 년

丁 甲 辛 癸
卯 午 酉 酉

己庚辛壬癸甲乙丙 (대운
亥戌酉申未午巳辰
8 7 6 5 4 3 2 1

酉月 木火기운이 식어가고 있다. 하지만 甲午는 많은 열매로 인하여 고통스럽다. 하여 막중한 스트레스가 쌓이고 있다. 이는 대운이 火운으로 흐르기에 왕성한 활동을 하는 것은 무리이다. 즉 열매와 자신을 동시에 유지하는 것은 무리이다. 하지만 酉月 癸未대운을 만나면 甲午 상관이 午未합하여 엄청난 기후변화로 甲午는 견디기 어려울 것이다. 즉 인생에 폭풍우가 지나가는 때이다. 하여 28살에 혈액암으로 요절하였다.

건강에서 火의 기운은 정신이나 심장 소장에 해당한다. 하여 편식으로 식습관이 나빠서 오거나 선천적으로 타고난 빈혈일 수도 있다. 그리고 30세 癸未 대운을 전후하여 건조한 火기운이 습한 火기운과 충돌하여 문제를 일으킬 수가 있다. 즉 혈압이나 혈관에 관련된 부분에 고통을 받는다. 특히 火기운은 정신력으로 인내심이 강하여 외상이나 오장육부나 말초신경계에서 보내는 위험한 신호를 정신력으로 견디는 경우 더 위험하다.

6) 인연

좋은 인연을 만나기가 참으로 어렵다. 하지만 사주가 바라는 인연을 찾는다면 행복할 것이다. 누구나 인물이 뛰어나고 능력과 재물이 많은 사람을 만나고 싶어 한다. 인연을 시각으로 선정하기 때문에 상당히 위험하며 사주가 원하는 것이 아니다. 사주는 다양한 구조를 원만하게 하려고 부족한 오행과 절실한 부호를 찾아서 인연이 맺어지기 원한다. 그래도 만법을 해결할 수 없으나 배우자 궁에 식신 정관 정재 정인이면 원만하다.

다만 배우자 궁과 형충파해 원진관계가 없고 인연 따라 들어오는데 자식으로 인하여 집안의 흥망(興亡)성쇠(盛衰)가 결정되기도 한다. 그래서 인간이 살아가는데 환경과 인연 관계에서 같은 사주라고 하여도 천차만별(千差萬別)이다. 환경은 풍수요 인연은 조상과 부모형제 그리고 후손과 스쳐 지나가는 다양한 지인까지이다. 하여 인복(人福)이 최고라고 하는데 지금은 재복(財福)을 최고로 하니 인간사상이 흐려지는 것이다.

예문) 배우자와 다툼이 많아도 참고 살아요.(여자)
시 일 월 년
丁 庚 壬 戊
丑 辰 戌 申

깊어가는 가을밤에 달빛을 등불 삼아 庚辰이 태어났다. 달이 차오르고 별이 하나 둘 반짝이며 밤하늘에 수를 놓고 있다. 하여 丁火정관을 만나서 壬水자식을 낳으니 재물이 늘어나기 시작한다. 일주 庚金은 丁火가 있으면 더욱 화려하게 보이는데 丑辰파를 하고 있으니 가정에 시비와 다툼으로 속이 타고 있다. 하여 庚辰은 丁丑과 이혼하려는 생각을 가지지만 마음뿐이다. 내 사주가 이렇게 만들어져 있으니 참고 살아야 한다.

7) 쌍둥이 사주풀이

　쌍둥이는 일란성과 이란성으로 닮은꼴과 그러하지 않은 경우가 있고 성(性)이 다른 경우이다. 이외에도 삼쌍둥이 이상도 태어나는 경우가 가끔 있다. 이들의 사주는 불과 몇 분 차이로 태어나는 경우가 많으며, 간혹 시간의 차이를 두고 태어나기도 한다. 이들의 사주팔자는 같거나 시간이 다를 수 있다. 하여 학자들이 만들어 놓은 다양한 방법이 많은데 정확성이 부족하고 어떤 경우는 완전히 다르다.

　이렇게 다르게 풀이하는 원인은 아직 쌍둥이 사주에 대한 이론 정립이 되어있지 않아서이다. 그리고 하나의 사주에서 일주를 정확하게 찾는 방법을 모르기 때문이다. 깊이 사주를 관찰하여보면 천간이 합을 하는 경우와 지지가 합을 하는 경우가 있다. 하여 천간합이 우선이고 다음은 지지 합으로 본다. 이러하지 못한 경우 부모와 합을 하고 있으면 쌍둥이로 보면 된다. 그리고 년주에 가까우면 형이 되고 시주에 가까이 있으면 동생이다.

　하여 일주가 정해지면 십신이 변화하기에 통변이 완전히 다르게 풀이된다. 흐르는 운도 일주가 다르기에 해석을 달리할 수밖에 없다. 이렇게 달라지는 원인은 시작은 같지만 성장하는 과정에서 환경과 인연이 서로 다르기에 살아가는 것이 다를 수밖에 없다. 쌍둥이는 어릴 때부터 인연이 틀어지면서 습관이 다르게 익히게 되고 만나는 인연도 다르다. 환경이 바뀌면서 버릇도 다르게 들여지고 사회활동도 달라지지만 때로는 같을 수도 있다.

예문) 일란성 삼쌍둥이(여자)
시 일 월 년
己 己 丙 丁
巳 丑 午 丑

　丙午月 己巳時에 태어난 쌍둥이다. 巳午未合과 巳酉丑合이 있다. 합의 원리에서 삼합이 더 강한 작용을 한다. 하여 시지의 巳火인성을 중심으로 하여 丁丑이 가장 먼저 나오고 다음은 己丑이다. 그리고 己巳가 마지막으로 나온 것이다. 월주 丙午의 부모에서 丁丑겁재 상관은 건강이 허약할 것이고, 둘째 己丑은 고집이 엄청날 것이다. 그리고 막둥이 己巳는 역마를 타고났기에 상당히 별나다고 할 수 있다.

예문) 이란성 쌍둥이의 남자와 여자
시 일 월 년
辛 己 壬 甲
未 亥 申 寅

　壬申月 辛未時에 태어난 이란성 쌍둥이다. 하여 甲己합에 의하여 甲寅이 누나이다. 己亥가 남동생으로 맏이이다. 甲木의 남편은 월지 壬申으로 부모처럼 의지하고 살아가고 싶은데 寅申충을 하여 편하지 못할 것이다. 이는 甲寅비견을 달고 있어서 고집이 세고 지장간에 丙火식신의 자식 둘을 낳고 사이가 멀어질 것이다. 甲寅은 亥水와 寅亥合木과 亥未合木하여 3명의 남동생을 두고 있음을 팔자에 들어내고 있다. 하지만 甲寅은 이들을 거둘 수 있는 능력이 부족하다.

남동생 己亥는 辛未와 합하여 팔자에 木정편관이 혼잡하니 일정한 직업을 가지기 어려울 것이다. 또 한 辛金식신은 뿌리가 되는 申金이 寅木과 충을 하니 엄청 불편할 것이다. 이는 己土가 壬水재성을 탐내고 있기에 벌어지는 사회적 결함이라고 할 수가 있다. 즉 申亥해와 寅亥합 파형으로 재성을 조심하지 않으면 형(刑)을 받을 수가 있다. 이처럼 누나와 동생이 서로 편안한 삶을 살아가지 못하는 것은 어쩌면 어릴 때 어려운 환경 탓일 수가 있다.

예문) 이란성 쌍둥이
시 일 월 년
壬 辛 乙 丙
辰 酉 未 子

　乙未月 壬辰時에 태어난 이란성 쌍둥이다. 하여 년주의 丙子가 형(兄)이 되고 일주 辛酉가 동생이다. 특징은 지지에 子酉파를 하고 있으니 이들은 분명 이란성이다. 그래서 형은 丙子를 중심으로 하여 풀어보면 시주의 壬辰과 合을 하여 관(官)을 바라보고 이를 이용하여 辛酉의 재물을 가질 수가 있다. 동생은 辛酉를 중심으로 풀어야 한다. 즉 동생은 일찍 직업을 찾아서 객지로 떠돌아다녀야 할 것이다.

예문) 일란성이지만 얼굴이 다르다.
시 일 월 년
己 癸 丙 己
未 卯 寅 巳

丙寅月 己未時에 태어난 일란성 쌍둥이다. 사주에서 亥卯未의 삼합의 구조를 가지고 월주 丙寅에 음신 己亥를 두고 합 파형을 이루고 있다. 하여 癸卯식신은 형(兄)으로 인심이 좋다. 하지만 己未편관은 동생으로 주장이 강하고 감정의 변화가 심하다. 하여 년주의 己巳와 합하여 寅巳해형을 하고 있으니 경찰공무원을 희망하고 있다. 이렇게 일란성이지만 얼굴과 성향이 다른 경우가 많으며 쌍둥이 사주는 섬세하게 판단하여야 한다.

제18장

동일한 사주가 다르게 살아가는 원인

제18장
동일한 사주가 다르게 살아가는 원인

1) 음덕(蔭德)

인간은 조상의 인연으로 태어난다고 할 수 있다. 하여 사주에 인연된 조상의 파동을 합 형 충 파해 원진으로 나타낸다. 즉 년주가 전생이며 조상의 인연을 전하고 있으며 인연 된 조상의 음택에서 전하는 파동까지 알 수가 있다. 그래서 어떠한 파동이 어느 인연으로 이어지는 가도 살펴볼 필요가 있고 조상의 음덕을 받지 못하면 자수성가하여야 한다. 그래서 환경과 인연이 비슷한 형제라도 그 파동이 다르게 미치는 것이다.

2) 환경(環境)

인간이 태어나면서 환경의 영향을 가장 많이 받으면서 인성이 발달하고 생각과 행동이 발달할 것이다. 그래서 시각을 통하여 다양한 꿈을 그리게 되고 감성과 예체능이 발달하면서 긍정과 부정을 정확하게 판단하게 된다. 이처럼 환경이 주는 영향은 엄청나기 때문에 현명한 부모는 좋은 환경에서 자식을 양육하려고 한다. 즉 환경은 좋은 인연을 맺도록 하는 밑거름이 되어 사주에 엄청난 영향력을 주게 된다.

3) 인연(因緣)

태어나서 부모형제와 친인척 그리고 이웃과 친구를 만나게 된다. 그리고 성장하면서 학연 지연 동료를 만나고 성장하여 배우자와 자식까지 인연이 된다. 하지만 전부 좋은 인연일 수가 없고 나쁜 인연도 아니다. 다만 일주와 관계에서 합하여 이로울 수도 있지만 때로는 형충파해 원진이 되어 앙숙으로 살아가는 인연도 있다. 하여 인연 복이 최고이며, 특히 부모형제 그리고 배우자와 자식 인연이 소중하다.

4) 선택(選擇)

사주에서 선택은 상당히 중요한 결정이며, 사주팔자는 사방팔방으로 통하는 인생길을 어디로 방향을 선택하는가에 승패가 결정된다. 시각에서 선택하는 것 보다 흐름에 적합한 선택을 하여야 무탈하게 완주할 수가 있다. 하여 사주의 생극제화를 보고 대운의 흐름과 일치하는 오행을 선택하고 이에 적합한 부호를 찾아서 따라가면 좋다. 잘못된 선택은 수정하기 어렵고 돌고 돌아야 하는 시간과 노력과 인내심을 투자하여야 한다.

5) 시간(時間)

태어난 시간이 소중하다. 이는 자연과 대운의 흐름을 결정하기 때문에 정확하게 알 필요가 있다. 흔히 시간이 설정되지 못한 상태나 정확하게 알지 못한데 풀이를 하는 오류를 범하고 있다. 즉 2시간으로 쪼개고 또 나누어서 1각을 15분으로 정하여야 옳은데 하나로 묶어 두었기에 같은 사주가 다르게 살아가는 것이다. 이는 시대를 반영하지 않고 지금까지 적용하고 있으니 오차가 많이 나고 오류로 인하여 정확성이 떨어지는 원인이다.

제 19장

동일한 십신 해석하기

제19장
동일한 십신 해석하기

　사주 원국에 같은 십신을 어떻게 이해를 하고 찾아가야 하는지 알아야 한다. 그래야 십신의 활용을 자유롭게 할 수 있다. 이를 알지 못하고 십신으로 격을 정하고 오행의 생극제화 또는 합 형 충 파해 원진이나 12운성을 통하여 신강 신약을 판단하여 용신을 설정하고, 운(運)에서 용신과 관계를 보고 풀이하는데 정확성이 떨어진다. 하지만 사주는 팔자의 이미지와 부호의 배정과 십신 그리고 지장간을 통하여 풀어야 한다.

　　　　예문) 비겁이 강한 남자 사주를 통하여 이해하여보자.
　　　　　　　　　시 일 월 년
　　　　　　　　　己 庚 辛 庚
　　　　　　　　　卯 辰 巳 申
　　　　　지장간 甲 乙 戊 戊
　　　　　　　　　　 癸 庚 壬
　　　　　　　　　乙 戊 丙 庚

1) 비겁(比劫)

　형제: 월 일 시주에 비겁이 형제이며 월주가 형(兄)이다. 월주 辛巳가 형이다. 음양이 다르니 누나라고 할 수 있다. 년주 庚申은 申子辰合水 식신으로 형제로 보지 않는다. 즉 巳火편관 지장간에 庚金이 辛金겁재의 뿌리가 되어 형제이며 辰巳지망(地網) 이라서 형제 우애가 돈독하지는 않을 것이다. 또 한 巳火편관은 필요 이상의 허세와 설치는 성향이 강하기에 庚辰은 누나를 가까이하는 것을 꺼린다.

　친구: 일주를 중심으로 하여 년 월주에 비겁이 있으면 친구로서 년주에 비겁이 합을 하면 어릴 때 친한 친구이다. 즉 申子辰合水식신으로 어릴 때 친구이며 아주 절친한 사이라고 할 수가 있다. 사주에 이렇게 원국에 드러내서 합을 하고 식신이 되어야 순수한 관계이므로 어릴 때 친구가 되는 것이다. 그리고 지장간에 庚金이 여기저기 있다고 하여도 친한 사이가 아니고 일반적으로 알고 지내는 정도이다.

　동료: 비겁이 월주에 있으면 직장동료이다. 이는 월주가 사회 궁으로 巳火편관과 연결되어 있으므로 직장동료라고 하는 것이다. 巳申合水는 사회생활을 하면서 모임이나 동호회원에서 잠시 만나서 봉사를 하거나 어떠한 목적이 끝나면 헤어지는 관계이다. 월주 巳火편관의 지장간에 丙火편관이 월간 辛金겁재와 合水상관은 근무하는 회사의 대표를 대신하여 권한을 행사한다는 뜻이다. 즉 바지사장 같은 관계이다.

　지인: 년주 비겁이 있으면 밖에서 알고 지내는 지인이다. 앞에서는 어릴 때 친한 친구라고 하고 여기서는 알고 지내는 지인이라고 하는 것은 巳申合水식신이기 때문이다. 즉 申子辰合水식신은 어릴 때 친구

이지만 巳火편관이 가로막고 있으면서 역마이기에 멀리 떨어져 있다. 하여 자주 만나지 못한다는 의미이며, 이를 사회 지인으로 풀이하면 잠시 만났다가 헤어지는 관계이다. 이는 친구와 지인의 차이를 생각하고 해석하면 된다.

2) 식상(食傷)

처가(妻家): 남자 사주에서 식상은 처(妻)와 연관되어야 한다. 하여 위 사주에서 식상은 申金비견과 辰土편인이 合水하여 식신이다. 월주 辛金겁재가 巳火편관의 지장간에 丙火와 合水상관이다. 여기서 처가를 알고자 한다면 상관은 처가가 아니고 식신이 처가이다. 원인은 재성이 관성과 이어져 있어야 하기에 辰土의 지장간에 乙木정재가 년주 庚申의 지장간에 庚金과 합하고 申金비견이 월지 巳火편관과 合水를 하기 때문이다.

건강: 년주에 土식상이 있으면 어릴 때 건강이 좋지 못할 수가 있고, 비견은 건강하고 겁재는 문제아로 볼 수가 있지만 타 주와 합 형 충 파 해 원진으로 살펴야 한다. 그리고 시주에 식상은 노후 건강이나 생활 또는 가정이 안정적이라고 할 수 있다. 그리고 일지에 식신을 두고 있으면 활동성이 강하여 건강한데 타 주에서 형 충 파해를 하지 않아야 한다. 배우자도 미식가로서 건강하다고 할 수 있다.

노력: 식상이 일주와 이어져 있어야 하는데 년주는 학업 월주는 직장 일지는 활동성 시주는 연구나 개발이다. 무엇보다 일주가 식상을 어떻게 활용하는가는 학문의 받침이 있어야 좋으며, 그러하지 못하면 부지런하다. 식상이 재성과 이어지면 상업적 능력을 발휘하고 관성과

이어지면 직업에 충실하고 인성과 이어지면 창작에 관심이 많다. 하지만 비겁과 이어져 있다면 부단한 노력을 하여야 성공한다.

활동성: 년 월주에 식상이 있으면 다양한 봉사나 취미 또는 긍정적인 활동을 자발적으로 참여하려고 한다. 하여 식상이 천간에 있으면 창조적인 생각을 많이 하여 개발로 이어지는데 지지에 있으며 근면 성실로 이해하여야 한다. 월주 재성과 이어지면 상업적 성공을 꿈꾸고, 관성과 이어지면 단체를 결성하여 사회활동을 도모할 수가 있다. 즉 식상이 합을 하여 무엇으로 변화하는가에 따라서 다양한 뜻을 둘 것이다.

3) 재성(財星)

부친: 년 월주가 일주와 합을 하거나 지장간으로 이어져 있어야 한다. 하여 시주에 卯木정재는 아버지가 안 된다. 여기서는 辰土의 지장간에 乙木이 년주 庚金비견과 합을 하여 아버지다. 그래서 년주와 申子辰合水식신이 되어 잔소리가 많다. 庚金비견 아버지가 할아버지처럼 평소에 이런저런 잔소리를 하니 일주는 듣기 싫다. 하여 일주 庚辰은 지장간에 乙木정재를 보면 새처럼 戊癸合火편관으로 잠깐 나갔다 온다고 하면서 자리를 피해버린다.

처: 월지 巳火편관이 자식이고 지장간에 庚金비견이 辰土의 지장간에 乙木정재와 합한다. 하여 乙木은 많은 金관성과 합을 하고 있는데 인연은 년주 庚申비견이다. 즉 아버지나 아주 친한 친구의 소개로 만나게 되어있다. 하지만 乙木이 살아남기 위하여 水를 필요로 하는데 월간 辛金겁재가 巳火의 지장간 丙火와 合水하여 갈증을 해소하지 못하고, 辰土에 고여 있는 水를 바라보고 살아가기에 재성으로 보는 것이다.

재물: 관성이나 식상으로 이어져 있어야 한다. 하여 재물은 월주 辛巳 관성에서 생산되기에 巳火의 지장간 庚金비견이 시지 卯木정재의 지장간에 乙木과 합하여 재성이다. 하여 수익이 생기면 辛金겁재가 되어 투자나 丙辛合水상관으로 사행심(射倖心) 게임을 하거나 위험한 곳에 투자할 수가 있다. 그래서 열심히 일하여 큰 재물을 가질 수는 없고 년주 庚金비견 아버지 재물은 己卯정재로서 흩어져 있는 부동산 상속이다.

능력: 월주 관성을 중심으로 하여 뿌리를 어디에 두고 있는가에 의하여 판단한다. 하여 월주 辛巳겁재 편관을 능력으로 보는 것이다. 이는 巳중 丙火가 辛金겁재와 合水상관으로 잡기(雜技)에 뛰어나고 丙火편관 대표와 합을 하여 인정받고 대표 대리로 활동가능하다. 辛巳는 그렇게 큰 회사는 아니고 중소기업 정도이지만 丙火편관에서 보면 庚金편재가 사방으로 포진(鋪陳)하여 두었기에 내실이 알차다고 할 수 있다.

4) 관성(官星)

자식: 남자의 사주에 관성은 자식이므로 재성인 처와 이어져 있어야 한다. 위 사주에서 자식은 巳火편관이며 지장간에 庚金이 시지 卯木재성의 지장간에 乙木과 합을 하기 때문이다. 하나의 관성에 다양한 십신과 이어져 있다면 상황에 맞게 풀이하면 된다. 또 한 관성이 연월일시 어느 곳에 있는 가는 자식의 성향을 나타내는 것으로 여기서 巳火는 월지 모친 자리에서 乙庚合金겁재가 되어 사사건건 간섭을 할 것이다.

직업: 일주를 중심으로 하여 관성이 천간에 있으면 내근직 또는 사무나 행정직이며, 지지는 현장이나 외근 또는 실무직으로 판단한다. 이

는 월주가 직업 궁이므로 어떤 부호에 십신이 무엇인가에 따라서 직업을 생각하며, 팔자로 수만 가지 직업을 예측하기 어렵다. 하여 巳火편관이 지지에 있고 지장간 丙火가 천간 辛金겁재와 合水상관이 된 것이다. 즉 현장 실무자로서 때로는 위탁받은 사무까지 담당한다는 것이다.

명예: 관성이 천간에 존재하는데 단 하나의 편관이면 좋다. 년에 있으면 일찍 유명세를 타고 월주는 청년기 때이고, 시주에 편관이 힘을 받고 있다면 최고의 별이다. 위 사주에서 火관성이 힘을 발휘하지 못하므로 명예욕을 내지 않으며, 그래도 명예를 찾는다면 辰土편인의 지장간에 戊癸合火정관이다. 이는 누구나 가질 수 있는 명예인데 巳火편관은 辰巳지망(地網) 이라서 직장에서 바라보는 계급에 해당할 뿐이다.

계급: 월간이나 시상의 편관에 기운이 몰려 있거나 일주와 합하여 생극제화를 조화롭게 이루고 있으면 명예와 권력을 동시에 가질 수가 있다. 또 한 甲의 부호를 십신에 따라서 판단할 수도 있고, 어떠한 분야에 명성을 가지려면 편인과 합하면 좋다. 위 사주에 월지 巳火편관이 계급에 해당하는데 형식적일 뿐이다. 이는 지장간에 丙火가 월간 辛金과 合水상관으로 대표로부터 권력을 위임받거나 현장 실무자 계급이다.

5) 인성(印星)

모친: 재성과 비겁이 이어져 있어야 한다. 나의 어머니는 아버지와 형제들이 이어져 있어야 한다. 만약 그러하지 못하다면 인연이 약하거나 관계가 원만하지 못하여 다툼이 많거나 떨어져 살아갈 수 있다. 위 팔자의 시간에 己土인성은 가정교육이나 학업 문서로 보아야 한다. 그래서 일지 辰土편인이 어머니이다. 辰土지장간에 乙木정재가 년주 庚

申비견 아버지와 합을 하고 巳火편관의 지장간에 庚金비견 형제와 합을 하고 있기 때문이다.

 학업: 인성으로서 년주와 이어져 있거나 시주에 인성으로 보면 좋다. 월주는 사회 궁으로 행정이나 업무이며 일지 인성은 문서에 일반적인 글과 관련된 것이다. 하여 위 팔자에 시주 己卯정인 정재가 학업에 해당하며, 卯木의 지장간 乙木이 년주 庚申과 合金겁재가 되어 학업에 관심이 높지 않았다고 볼 수가 있다. 또 한 시주 己土정인은 방과 후 공부에 해당하며 卯중 甲木과 合土정인은 부모가 자식을 위한 과외 수업으로 볼 수가 있다.

 문서: 문서의 종류는 다양하다. 하여 년주에서 시작되어 일주로 이어지는 인성은 상속(相續)으로 본다. 월주에서 발원하는 인성은 업무나 행정 관련 문서이고 일지 인성은 나의 취미나 일반적인 글과 관련된 것이다. 시주의 인성은 자손으로 이어지는 문서이거나 년 월에서 이어지면 유산(遺産)으로 보면 된다. 위 팔자에서 시주에 己土정인이 이러한 문서에 해당하는 것이다. 만약 인성이 형 충 파해를 당하면 인연이 없거나 약하다.

 수행능력: 일을 하는데 필요한 능력이 직무수행능력인데 이는 인성이 관성과 이어져 있거나 식상으로 이어져 있어야 한다. 위 사주에서 巳火편관이 인성으로 이어지지 않고 년주의 申金비견과 合水식신이 되어 엄청난 능력을 요구하는 것이 아니고 순간적인 재치를 발휘하여 처리하는 능력은 뛰어나다. 巳火와 申金 지장간에 戊土편인은 학문은 깊지 않아도 경험과 현장학습을 통하여 뛰어난 수행능력을 발휘하는 것이다.

제20장

사주풀이 하는 방법

제 20장
사주풀이 하는 방법

1) 년주(年柱)

사주의 뿌리이며 공간이다. 그리고 일주에서 가장 먼 곳에 있다. 사주의 배경이 될 수가 있는 가장 큰 공간으로서 태어나서부터 사회 초년 때까지 인연을 알 수 있고, 교육과 성장 그리고 전생과 조상의 인연을 알 수 있다. 성인이 되면 직업이 아닌 외부활동을 나타내고 멀리는 해외나 일찍 집을 떠나는 것까지 기록하였다. 하여 년주가 일주에 이로움을 주고 있다면 조상 음덕이나 일찍 객지에서 성공할 팔자라고 한다.

시 일 월 년
辛 壬 甲 癸
丑 午 子 丑

癸丑年 甲子月 실개천이 얼어서 나가면 들어오기 어렵고 들어오면 다시 나가기 어렵다. 위험한 癸丑의 골짜기에 눈과 서리가 쌓이면서 무척 추운 새벽에 壬午가 태어났다. 하여 년주와 원진이라서 조상의

음덕이 많지 않다. 하지만 부모는 壬午를 가르치려고 객지로 유학을 보냈지만 子午충과 丑午원진으로 뜻을 이루지 못하였을 것이다. 이후 사회활동이나 대인관계가 원활하지 못하고 가정에 마음을 두지 못하고 밖으로 서성거린다.

2) 월주(月柱)

월주는 사주의 줄기이다. 하여 가장 강한 힘을 가지고 있다. 그래서 사주 전체의 중심 역할을 하면서 강력한 에너지를 발산하고 있다. 태어나면서 가장 영향을 받는 부모형제 인연이다. 살기 위하여 가져야 하는 직업과 역할 그리고 인맥까지 월주의 영향을 받는다. 즉 월주는 자연이 흐르는 계절에 해당하기에 쉽게 변하지 않는 곳이다. 월주와 일주는 상생하는 관계를 벗어나면 의지할 곳이 없어져 외롭고 힘들 것이다.

시 일 월 년
辛 壬 甲 癸
丑 午 子 丑

甲子月에 한 집안의 장남으로 태어났다. 하지만 겨울 甲木식신은 추워서 고충이 심하다. 이는 월주가 부모 궁이라서 태어날 당시에 부모님은 생활이 궁핍하였다는 의미이다. 하여 子午충하여 부모님의 권유로 癸水겁재가 모여 있는 곳으로 일찍 나가게 된 것이다. 이는 부모님이 공부를 시키려고 기숙사나 하숙을 시킨 것으로 생각한다. 사회로 나가면 子午충하여 바쁘게 다니는데 丑午원진이라 직업상 수익이 약하지만 火운이 오면 좋다.

3) 일주(日柱)

일주는 사주팔자의 주인으로서 줄기 끝에 피어난 꽃이다. 하지만 열매를 맺기 전까지는 년 월의 지극한 도움이 필요하다. 그런데 년 월과 합을 하지 못하고 형 충 파해 원진으로 인연이 미약하다면 자수성가하여야 한다. 그리고 배우자 인연과 성향을 기록하였으며 중년의 위치에 자신의 모습을 알 수가 있다. 사주는 일주를 중심으로 하여 과하면 잡아주고 약하면 도와주는 상생상극의 관계가 이루어져 있어야 좋다.

시 일 월 년
辛 壬 甲 癸
丑 午 子 丑

추위에 따뜻한 壬午의 차를 한잔 가운데 두고 甲子와 辛丑이 이야기하고 있다. 壬午는 甲子와 충을 하여 새로운 직업을 밤새도록 고민하고 있다. 한겨울이라 甲木에 설화(雪花)가 피어 가지가 꺾어져도 보기는 좋다. 하여 따스한 봄이 오면 반드시 꽃이 피고 수정하여 열매를 맺으려고 할 것이다. 하여 중년을 넘어가면서 子午충하여 무척 바쁘지만 丑午원진이라서 부단한 노력은 하지만 재물이 모이지 않고 흩어진다.

4) 시주(時柱)

시주는 사주의 열매다. 그리고 사주의 가장 깊은 자리이며 매우 음밀(陰密)한 장소이다. 이는 하루가 12등분으로 나누어져 있기 때문이다. 하여 노후의 건강과 집안의 안방과도 같으므로 자신의 비밀스러운 공간으로 생각하면 된다. 마지막에 나타내는 곳이라서 결과를 알아보는 곳이며, 자식 궁으로 자녀들 성향과 성공 여부 또는 일주와 관계를 나타낸다. 일주와 관계가 원만하지 못하다면 자녀나 부부 관계가 원만하지 못함이다.

시 일 월 년
辛 壬 甲 癸
丑 午 子 丑

　동짓달 子丑合土하여 서리가 지면을 덮어버렸다. 하여 丑午원진 관계로 책상에 앉아서 공부는 안 되고 부모님 눈속임할 궁리만 하고 있으니 학업에 관심이 없는듯하다. 午火정재가 충과 원진관계라서 특별한 능력은 없지만 부지런하여 재물을 모으나 내 것이 안 되고 투자하는 성향도 약하다. 말년 가까이 가면 몸 쓰는 것을 꺼리고, 午火정재와 子丑合土정관이 충과 원진관계로 처자식과 인연이 약하여 불안 불안하다.

예문) 나를 사랑하는 남자는 어디에 있나요.(여자)

시 일 월 년
甲 己 丁 甲
戌 未 丑 寅

　丁丑月 甲戌時에 丑未戌삼형으로 엉성하여 무너질 것 같은 작은집에 희미한 등불을 밝혀두고 己未가 태어났다. 집 앞에는 아름드리 푸른 소나무가 무성하고 집 뒤에는 마른 장작을 쌓아두고 기나긴 겨울을 겨우 넘긴 것 같다. 일찍 甲寅정관과 합하여 결혼하고 丑土비견의 지장간 辛金식신을 낳으면 헤어져야 한다. 이는 甲寅정관 입장으로 보면 甲己

습土로 변화하여 비겁이 많은데 丑土 지장간에 癸水하나를 두고 모여 앉자 있다.

　寅木정관의 지장간戊土겁재가 丑土비견의 지장간癸水편재와 합火편인으로 서로 눈치를 보고 있으니 투기나 도박이다. 하여 가정을 돌보지 않으니 헤어질 수밖에 없다. 이후 시주 甲戌정관 겁재와 합을 하려고 일지 未土비견이 申金의 성향으로 변화를 하면서 申(未)酉(음신)戌 습金식신으로 재혼하고 戌土의 지장간에 辛金식신의 자식을 또 낳아보지만 戌未파형하여 힘겹게 살아간다. 하여 甲戌정관 겁재가 남편이라고 할 수가 있다.

나의 직업은... (남자)
시 일 월 년
庚 辛 乙 庚
寅 卯 酉 申

　동이 트기 전에 乙酉의 대추나무에 열매가 조롱조롱하다. 이렇게 비겁이 강한데 辛卯가 또 태어나서 강력한 경쟁을 하여야 성공할 수가 있다. 그런데 월주乙酉와 천충 지충하고 있으니 능력발휘가 어렵다. 하여 일주 辛卯는 시주 庚寅겁재 정재의 지장간丙火정관과 합水식신으로 살아가야 한다. 즉 단체를 조직하거나 만들어서 운영하여야 하는데 丙辛합水는 완전하지 못하니 단체장은 어렵고 조직원이다.

　하지만 기회가 오면 반드시 庚寅의 위치에 올라가려고 할 것이다. 43세를 지나면서 흐르는 운에서 辰土정인을 만나면 비겁과 재성을 화합하게 되어 지도자가 될 수 있다. 사주팔자에 金비겁이 왕성하고 寅申 충을 하고 있으니 기초적인 물품을 생산하는 곳의 강성단체이므로 노동조합일 수가 있다. 또는 초중학교 체육코치나 감독 같은 직업이 좋다. 그러하지 못하면 강성단체를 관리하는 직업이 적당하다.

나의 몸주 신(神)은...(여자)
시 일 월 년
丁 丁 辛 己
未 亥 未 卯

무더운 여름날 오후에 안방에 두 개의 초에 불을 밝히고 약 향기 그윽한 차를 하얀 도자기에 담아 올려두고 있다. 하여 양쪽에 두 분 친가 할머니의 보호를 받으면서 태어났다. 몸 주는 글 읽고 계시는 대감이시고 큰할머니는 불사 세존을 모시고, 작은할머니는 약명 칠성 세존을 모시고 있다. 하여 丁亥를 두고 두 분 할머니가 공부하여 辛金편재를 받고 未土식신으로 이런저런 이야기를 하라고 주문하는데 허사로다.

인간사로 보면 辛未의 부모는 자식을 공부시켜 성공을 기대하는데 자식은 이를 거부하고 있다. 시주 丁未비견 식신은 동생으로서 이들 형제는 년주 己卯식신 편인에 관심이 많다. 즉 밖으로 나가서 몸을 장식하는 소품이나 장난감 또는 게임에 관심을 가질 뿐이다. 부모가 이를 막지 못하고 오히려 자식의 기를 살려주니 언제 공부를 할 것인가. 이러할 경우 未土식신 할머니를 해원(解冤)을 해드리면 학업에 많은 도움이 된다.

조상묘지(墓地) 영향을…(남자)

시 일 월 년
戊 己 甲 癸
辰 丑 子 丑

　子水편재 아버지 산소에 물이 차는 것 같다. 그리고 甲木정관의 그림자로 인하여 볕을 가리고 있으니 영가가 음지에서 벗어나고자 한다. 즉 子水편재가 양쪽에 丑土비견과 습土하여 토질(土質)에 수분이 많고, 시주의 戊辰과 합하여 水로 이루어지고 있다. 이는 아버지 묘터가 물이 모이는 곳에 자리를 잡은 것으로 甲木은 물을 제거하지 못하고 오히려 햇볕을 막고 있다. 하여 더욱 음습하고 춥다.

　하여 甲子정관 편재 아버지가 己丑아들에게 丑辰파하여 주었으면 하고 파동을 보냈지만 甲己合土하여 맏이와 장남은 이를 모른 척하고 있다. 하여 영혼이 화가 나서 己丑과 합하는 子水편재 처(妻)를 辰土겁재로 합하여 이혼하도록 할 것이다. 장남은 이를 체험하고도 미련스럽게 戊癸合火인성 어머니가 돌아가시면 그때 丑辰파를 하려고 기다릴 것이다. 이렇게 영가가 파동을 보내도 인간의 고집을 꺾지 못하고 있으니 미련하다고 할 수밖에 없다.

나의 전생은….(남자)

시 일 월 년
辛 癸 庚 己
酉 亥 午 未

庚午月 늦은 오후에 구름(午未合火)을 벗어나는 달(庚午)은 살며시 그 모습을 드러내고, 기다림에 지친 안개(癸亥)는 서서히 구름(己未) 따라 오르고 있다. 즉 일주 癸亥와 월주 庚午가 자형이 되어 己未를 두고 서로 앞서거니 뒤서거니 하면서 이생에서 어머니와 아들로 만난 것이다. 이들은 전생에 己未편관 직장에서 庚午는 巳午未合火편재 주인 남자이고, 癸亥는 亥卯未合木식신의 순진한 여자 종업원으로 인연을 맺은 것이다.

하지만 이들 부모가 亥水와 午火의 만남을 반대하였을 것이다. 하여 庚金이 午火 욕지(浴地)에서 살아남지 못하고 생(生)을 마감하고 이승에 태어난 것이다. 이후 癸亥겁재의 지장간 戊土정관과 결혼하여 오래 살지 못하고 죽어 이생에서 庚午의 아들로 태어나 다시 만난 것이다. 즉 원앙이 되어 찾아온 것이다. 하지만 庚午의 입장에서 癸亥아들이 결혼하면서 전생의 인연 관계가 다시 시작되어 癸亥가 먼저 생을 마감할 것이다.

제 21 장

대운(大運)

제21장
대운(大運)

흐름)

　대운은 환경을 다스리는 힘을 가지고 있으며, 살아있는 모든 것은 환경의 지배를 받고 있다. 하여 사람은 환경이 바뀌면 영육(靈肉)이 변화할 수밖에 없으니 생각과 육신이 변화하는 것은 당연하다. 현재까지 사용하는 대운은 월주 중심으로 지금 시대의 흐름에 적합하지 못하다. 하여 시간을 다투는 시대로 접어들었기 때문에 대운 설정은 시간을 중심으로 하여야 한다. 이는 환경변화에 대한 공차를 최대한 줄이기 위함이다.

시간)

　자연과 시간은 거꾸로 되돌아가지 않는다. 다만 인간의 생각은 과거 현재 미래가 동시에 존재하면서 공간을 유리하게 사용하려고 24등분으로 나누어 시간으로 정하였다. 하여 천간은 이상적이고 지지는 현실적이기에 대운을 설정할 때 천간은 역행이 가능하지만 지지는 역행할 수 없다. 그래서 천간은 사주의 년간에 따라서 순행과 역행이 정해진다. 하지만 지지는 남녀를 막론하고 같은 방향으로 흐르고 있기에 역행은 있을 수가 없다.

계절)

 자연이 계절을 만드는 것이지 시간이 계절을 만들어가는 것은 아니다. 하여 이상 기후로 계절을 무시하고 시간을 무력화하는 것이 자연이고, 또한 온도변화에 따라가는 것이 자연일 뿐이다. 시시각각으로 변화하는 온도와 인간의 생각은 같으나 이미 만들어진 자연은 되돌릴 수 없듯이 사람도 지나온 것은 절대 되돌릴 수가 없다. 하여 대운 설정은 시지에서 조건 없이 순행하는 것이 옳다. 다만 천간 설정은 역행할 수도 있다.

설정)

 시주에서 남녀 구분하지 않고 지지는 그대로 순행하고 천간은 년간에 따라 순행과 역행을 설정한다. 즉 시간(時干)을 중심으로 하여 남자 양간, 여자 음간이면 순행하고, 남자 음간, 여자 양간이면 역행한다. 지금처럼 운(運)이라는 저울추를 믿는다는 것은 참으로 어리석고 어두운 밤길을 걸어가는 것과 같다. 지금은 물건을 알고 추를 선택하는 복잡한 시대이므로 운을 따지기 전에 진로선택에 따라서 운의 지배도 다르게 받는다.

예문) 재물의 흐름을 살펴보자.
시 일 월 년(여)
癸 乙 癸 己
未 卯 酉 酉

壬辛庚己戊丁丙乙甲　대운)
辰卯寅丑子亥戌酉申
9 8 7 6 5 4 3 2 1

　가을 오후 자갈밭에 감자를 수확할 준비를 하고 있는데 심을 때 흙을 두껍게 덮지 않아서 밖으로 튀어나온 것 같다. 년주 己酉편재 편관은 20세 丙戌상관 정재 대운부터 火기운이 묘지에 들어가면서 재물인연은 끝이 난 것이다. 하여 새로운 삶을 찾아서 卯戌合火하여 떠난 길을 다시는 돌아오지 못할 것이다. 이후 대운의 흐름은 亥子丑의 혹한으로 흘러가니 乙木은 추위로 고사 직전까지 몰린 것이다.

　50세 己丑편재 대운을 만나면서 갑자기 돈벼락을 맞을 것이다. 하지만 癸未편인 편재의 인과관계가 있는 사람과 丑未충을 하면서 엄청난 회오리가 몰아치고 재물 다툼이 벌어질 수가 있다. 즉 작은 온실에 卯未合木비견이 앞을 다투어 영역싸움이 벌어지기 때문이다. 연약한 乙卯가 살아남기 위하여 흐르는 해운에 木을 만난다면 좋은데 63세 庚寅대운을 만나면서 하고 싶은 것을 하며 노후를 편히 즐길 것이다.

　자연으로 보면 乙卯는 亥子丑운에 추위를 피하여 따뜻한 곳으로 떠나갈 때가 子卯형을 하는 41세 戊子대운이다. 이때 己酉편재 편관과 子酉파하여 재물 고통으로 에고를 많이 당하였을 것이다. 하여 어쩔 수 없이 춥고 배고픈 곳으로 돌아와 힘들지만 모든 권한을 가지게 되고 집안 살림을 맡으면서 인생에 최고의 기회를 잡을 것이다. 이처럼 대운을 알고 있으면 가파른 고개를 만나도 쉽게 오를 수가 있을 것이다.

제 22 장

세운(歲運)

제22장
세운(歲運)

　세운은 대운의 가지이며 매년 새롭게 시작하는 해로서 대운과 충돌하면 난감하다. 즉 대운은 일주를 이롭게 하는데 세운이 방해하는 경우이면 적합한 방법을 찾아서 슬기롭게 넘겨야 한다. 이를 분석하고 방편을 찾아 피해를 줄이는 이로운 학문이 사주명리 학(學)이다. 세운은 긴 시간이 아니므로 과거 현재 미래의 세운을 같이 생각하여 자연의 변화를 대비하여야 한다. 어떠한 계획을 실행하는데 대운과 세운을 생각하여 결정하면 좋다.

　대운과 세운의 흐름에서 합하는 경우와 형 충 파해 원진으로 장애가 발생하는 경우가 있으며, 이럴 때 방법은 관계에서 가장 합리적인 부호를 선택하여 이를 이용하는 것이다. 이를 모르고 지나가면 불미스러운 일이 생겨나고 흐름이 순탄하지 못하여 눈물을 흘려야 할 수도 있다. 명리는 흐름에 적합한 것을 알고 준비하는 학문이지 운을 알고 기회만 노리는 학문으로 알고 있다면 가장 어리석은 실패자이다.

예문) 일주를 중심으로 하여 풀이하라.(戊戌年)
　　　　시 일 월 년 (여자)
　　　　癸 乙 癸 己
　　　　未 卯 酉 酉

壬辛庚己戊丁丙乙甲　대운)
辰卯寅丑子亥戌酉申
9 8 7 6 5 4 3 2 1

전 년도 운)

　대운이 오기 앞전 세운은 丁酉식신 편관 운으로 오래전부터 끌어오던 재개발 보상 문제로 분주하다. 乙卯는 卯酉충을 하여 주변의 시세나 정보를 다양하게 알아보지 않고 오로지 자기 생각과 주장에 빠져있게 된다. 다방면으로 법적 지식과 보상에 대한 충분한 정보를 공유하지 않았기에 상대방의 교란에 넘어간 것이다. 이는 丁火식신은 오로지 한 곳만 생각한 것이라고 할 수 있으며, 酉金편관이 자형이며 좁은 소견으로 결정한 것이다.

현재 년도 운)

　戊戌년 50세 늦은 여름에 己丑대운부터 그동안 합의하지 못한 재개발 보상금이 공탁되어 卯戌合火 편인으로 거액을 찾게 되었다. 하지만 시주 癸未편인 편재와 삼형(三刑)을 일으키면서 주변과 형평성에 맞지 않아 소송을 시작하면 卯戌合火식신으로 지인들 말만 듣고 본인은 법의 상식이나 다양한 정보를 취할 생각을 하지 않았기에 책임을 다하지 않은 변호사를 선임하여 적절한 보상을 또 받지 못한 것이다.

다음 해 운)

　51세 己亥년에 편재 정인으로 추가보상을 받고 이사하여 수억을 들여서 수리하여 입주하였다. 이때 필자는 들어가면 나오지 못하고 나가면 들어갈 수 없는 곳으로 이사하라고 주문하였다. 이를 무시하니 52세 庚子정관 편인이 子卯형을 하여 재산 시비가 발생하고, 53세 辛丑년 후반에 부분 승소판결이 났지만, 상대가 항소하였다. 분쟁이 54세 壬寅년 후반에 종결될 것 같지만 寅酉원진으로 완벽한 판결이 아니고 부분 승소로 판결이 날 것 같다.

　일생 최대의 대운에 재복이 터졌지만 결국 흐르는 세운과 조화를 이루지 못하고 현명한 처세를 하지 못한 결과이다. 이처럼 대운과 세운이 충돌하여 다양한 변화를 알고 방편을 전하였지만 이를 무시하므로 수년 동안 분쟁하여도 끝이 나지 않는다. 하여 乙卯는 정신적인 고통을 극심하게 받기 시작하면서 방편을 알려주기를 바라기에 이렇게 주문하였다. "이 사건 판결이 나면 건물 처분하여 아무도 모르는 곳에서 살면 시비가 없을 것이다."

제23장

사주팔자와 군주(君主)

제23장
사주팔자와 군주(君主)

　사주팔자는 같으나 세상이 변화하고 자연이 변화하고 주변 환경도 변화하고 있다. 그런데 사주를 풀이하는 방법만큼은 변화하지 못하고 있다. 이는 사주 상담을 직업으로 하는 이가 시대의 감각과 흐름을 따라가지 못하기 때문이다. 과거는 개인의 능력 위주로 살아가기에 일간 중심이었다. 지금은 개인의 능력이 아무리 뛰어나도 무리에서 벗어나면 외면을 당하기 때문에 월주의 사회 중심으로 살아가는 시대이다.

　자연은 주인도 중심도 없지만, 약육강식은 분명하다. 하여 모두가 주인이고 중심이 되고자 하여 무리를 지어 힘을 모아야 살아남는다. 철저하게 독립적인 것은 천하무적이라고 하여도 무리를 이루지 못하면 자연의 보호를 받을 수가 없다. 사주는 변함이 없어도 팔자는 항상 무리를 기다리고 있으며, 잠시도 멈추지 않고 변화와 진화를 거듭하고 있다. 사람도 환경 따라 성형하고 성격도 종교나 수련으로 바꾸고 생산도 자동화로 바꾸고 있다.

하여 사주풀이는 사회의 흐름을 알고 팔자를 나타내는 부호와 십신 그리고 계절과 시간과 대운의 흐름에 가장 적합한 부호를 선택하는 것이다. 부호 따라 타고난 저마다의 적성과 소질을 찾아야 그릇만큼 성공할 수가 있고 그러하지 못하면 욕망이 앞서서 실패가 많다. 선택된 부호를 군주(君主)라고 하며 사주팔자 전체를 이끌어가는 것이다. 지금의 격과 용신은 일간 중심으로 하는데 시대에 어긋나는 방법이다.

지금은 무리 속에서 주어진 분야에 대한 책임을 지고 함께 살아가는 때이며, 이를 수행하지 못하면 살아가지 못한다. 사회는 공동체를 이루면서 철저하게 개인정보를 숨기고 빠르게 변하는 환경과 정보를 예측하기 어렵다. 개인의 사주보다 급변하는 사회흐름에 가장 빠르게 변화하는 사람이 잘사는 시대이다. 시대를 무시하고 사주풀이를 고집한다면 미래예측이라고 할 수가 없을 뿐만 아니라 정확성이 떨어진다.

사주와 팔자는 다르다. 숙명(宿命)처럼 변할 수 없게 세워진 것이 사주이지만 팔자는 선택에 따라 다양한 변화를 할 수가 있으니 운명(運命)의 중심을 어디에 두는가에 따라 군신(君臣)이 결정된다. 이는 환경과 인연에 따라 선택을 달리하며, 이에 적합한 학문을 닦고 직업으로 선택하는 것이다. 군주는 나라이며 신하는 군주를 믿고 따르는 백성이다. 하여 사주속에 군주를 선택하고 이를 따라서 살아가면 신하가 된다.

군주는 학문이 높고 낮음에 따라서 직업도 다양하고 지식에 적합한 능력을 개발하면 사주가 정해준 그릇을 채우고도 남을 것이다. 하지만 이를 무시하고 욕심을 부린다면 그릇은 깨지고 사주는 팔자를 다스리지 못하여 고통의 길을 걸어가게 될 것이다. 하여 사주가 정해진 그릇을 늘리는 방법은 가득 채우기 전에 비워준다면 자연스럽게 그릇이 늘어난다. 이를 명심하고 선업(善業)을 찾아서 실행하면 좋다.

예) 군주 선택은...(남자)
시 일 월 년
壬 丙 庚 戊
辰 辰 申 申

辛庚己戊丁丙乙甲癸 (대운
丑子亥戌酉申未午巳
9 8 7 6 5 4 3 2 1

庚申月 壬辰時
저수조(壬辰)에 거품이 넘치고 있을 무렵에 丙辰이 태어났다.
즉,
서둘러 설익은 과일을(庚申)
발효하려고 저장(辰辰)하고 있다.(丙辰)
하지만
과즙(子)과 당(糖)분이 부족하여(戊)
발효하기 전에(申辰合水)
악취가 나고(丙辰식신의 지장간 乙癸戊)
　(乙정인 = 악취 癸정관 = 발효 戊식신 = 저장 合火겁재 = 썩는다.)
거품이 넘친다.(壬辰편관 식신의 지장간 乙癸戊)
　(乙상관 = 바람처럼 가벼운 癸겁재 = 거품처럼 부풀어 오름 戊편관 = 저장고 合火정재 = 서서히 넘친다.)
하여 성급하게 서둘러서 일을 그르치고 말았다.

군주)

　대운의 흐름이 火金으로 흘러가고 있기에 일간 丙火가 군주(君主)이다. 군주를 지원하는 木인성이 없고 대운에도 없고 火운으로 흐르기 때문에 경쟁이 심하고 고집과 주장이 강하여 남의 말을 듣기 싫어한다. 이후 34세 乙未정인 상관 대운부터 金火교역(交易)으로 金재성 기운을 드러내고자 재물을 탐내기 시작한다. 하지만 丙火는 庚申(열매)이 완전하지 못하여 때를 맞추지 못하고 운의 도움을 받지 못한다.

결혼관)

　乙未정인 상관 대운에 戊申식신 편재를 만나서 결혼을 하였을 것이다. 하지만 丙火군주가 약하고 申金편재가 辰土식신과 合水편관이 되어 재물과 여자로 인하여 고통을 많이 받을 것이다. 丁酉대운에 丁壬合木정인으로 다시 庚申의 여자를 만나서 재혼을 하지만 순탄한 가정을 꾸리기 어렵다. 원인은 일정한 직업이 없고 일반 단순직이기에 수익이 약하고 장래가 불투명하다. 그래서 여자는 불안하여 다툼이 많아지기 때문이다.

직업선택)

　배움이 빈약한데 욕심과 조급한 성격으로 꾸준하지 못하니 단순한 기능인으로 살아갈 팔자이다. 하여 무엇을 하여도 지식과 노력이 부족하고 매사에 조건적이라 습득력도 부족하다. 월주 庚申편재가 직업이며, 壬辰편관 식신이 지지에 뿌리를 두고 있으니 지배받기 싫고, 자영이나 할당제에 강하다. 戊土식신이 庚申金편재에 포위되어 생각이 짧고 게으르며, 식신이 많아서 생색과 변덕을 부린다. 하여 丙火가 군주이기에 할당제 수로관 용접(鎔接)이 적합하다.

제24장

신살(神殺) 영가(靈駕) 장애

제24장
신살(神殺) 영가(靈駕) 장애

    지금까지 명리(命理)에서 전하는 신살(神殺)은 인간이 만든 것이다. 하지만 전생에 이어서 현생에까지 끊어지지 않는 인연이나 살아가면서 찾아오는 인연과 조상의 산소와 관련된 흉한 파동으로 원하지 않는 고통을 당한다. 사주팔자에 비밀스럽게 기록하고 파동으로 우리에게 전해오지만 이를 알지 못한다. 이러한 비밀을 찾아서 부적이나 천도재 굿과 같은 행위로 풀어주면 좋은 삶이나 좋은 인연이 맺어진다.

    여기서 밝히는 신살은 인간이 전생을 이어서 지금까지 살아오면서 발생하는 다양한 파동을 찾아 이를 원만하게 타협하는 방법을 전하고자 한다. 즉 영혼이 보내는 파동을 인연 된 후손이 알 수 있도록 하는 것이 목적이다. 이를 알고 방법을 취한다면 분명히 인연 된 조상의 음덕을 볼 수 있다. 특히 원진살이나 낙태 백호살은 전생의 악연을 피하지 못하고 이루어진 악연이며, 원앙살은 전생에 맺지 못한 인연을 찾아온 것이다.

원인은 전생에 탐욕으로 지인을 속이거나 화(禍)를 참지 못하여 무력을 행사하였거나 어리석음으로 피해를 준 업보(業報)를 가지고 이생으로 온 것이다. 이러한 인연이 조상과 후손의 관계로 이루어지면서 다양한 방법으로 파동을 받으니 후손은 파묘(破墓)하여 시신을 훼손한다. 사주는 이러한 비밀을 기록하였으며, 피할 수 없는 인연은 조상이나 부모 형제 배우자 자식 등으로 이생에서 만나게 된다.

공간 속에 흐르는 자연적인 파동이 시간과 조화를 이루지 못하여 발생할 수도 있다. 나는 "사주 속의 신명(神明)과 풍수(風水) 그리고 음신(陰神)"을 연구하면서 전생의 다양한 인연이 사주팔자 속에 숨어서 장애가 일어나는 것을 알았다. 이러한 것을 무속인을 통하여 알 수가 있었는데 사주를 통하여 더 정확하게 알 수가 있다. 잘못된 인연으로 인생을 고통받는다면 이는 분명히 "영가장애"이다.

1) 전생(前生) 영가장애
원앙살(鴛鴦殺)
원앙살은 전생에 부부나 형제 등으로 맺어진 인연을 정리하지 못하고 이생까지 따라왔다. 하여 혼인을 방해하는 기운이다. 원앙살이 사주 속에 있으면 남녀를 막론하고 혼인할 때 뜻밖의 문제로 장애가 발생하고 혼인하여도 파혼되는 경우가 많다. 전생의 인연에 이끌려서 안으로 정(情)을 붙이지 못하고 밖으로 방황하는 경우가 흔하다. 원앙살은 대부분이 가족이나 가까운 친인척이 많고 때로는 원진(怨嗔)으로 작용할 수 있다.

원앙살이 사주에 있으면 혼인을 치르기 전에 풀어주는 것이 좋다.

전생의 인연 파동에 이끌려 이생까지 왔으나 서로 모르고 지내지만, 파동이 일치하여 자신도 모르게 기운이 발동하게 된다. 이러한 기운은 흩트리고 새로운 기운이 채워지게 한다면 좋은 인연을 찾아갈 것이다. 일주와 타 주와의 합으로 판단하는데 비겁은 형제, 식상은 자식이나 조모, 재성은 아버지 삼촌 고모, 관성은 자식 인성은 어머니와 원앙이다.

특히 년 월주에서 원앙살이 있으면 혼인 장애가 발생한다. 일주가 년월 시에 합하여 나타내는 십신으로 원앙살을 찾고 이를 풀어주어야 좋다. 일주에서 바라보면 남자는 재성 여자는 관성이 배우자이므로 사주 원국에서 합을 하고 있거나 지장간을 통하여 합하고 있는 경우이다. 다양한 관계에서 원앙살이 작용하지만 가장 괴로운 것은 혼사가 늦어지거나 이루어지지 않는다. 이를 알고 해원한다면 좋은 배우자를 만날 것이다.

예문) 음신으로 未土의 원앙살이 작용하여 결혼하지 못한 총각
시 일 월 년
辛 乙 乙 乙
巳 亥 酉 卯

乙酉월 辛巳시에 태어난 乙亥는 년주 乙卯와 합하여 전생에 맺지 못한 인연 辛未의 아들로 태어난 것이다. 이는 전생부터 亥卯未合木비견으로 항상 함께하겠다고 未土가 음신작용을 하고 있다. 배우자 궁에 亥水정인이 巳亥충을 하는 것처럼 보이지만 깊이 들여다보면 巳酉丑合金편관이 되어 아무리 힘들어도 잡고 있겠다는 丑土가 음신으로 작용한다. 즉 전생에 어머니와 원앙 관계이므로 결혼하는데 큰 장애가 있을

것이다. (음신(陰神) 이론은 "사주속 음신작용과 풍수이야기"편 참조)

　여기서 未土는 亥卯未合木을 하기 위하여 년주 이전에 辛未편관 편재로 들어와서 "맺지 못한 인연"이라고 해석한다. 丑土는 일과 시지 사이에 충을 막고 합으로 이어가려는 징검다리 역할을 하는 것이다. 하여 巳酉丑合金편관으로 "몰래 고통과 이루지 못함을 감추어 가며"라고 해석한다. 지금도 47세 乙卯생은 결혼을 하지 않고 어머니와 돈독하게 지내고 있다.

원진살(怨嗔殺)

　원진살은 전생에 물질적이나 정신적인 피해를 주거나 속여서 생겨난 악연이기에 믿음이 부족하고 소통이 안 된다. 대부분 내부에서 일어나기에 드러내지 않고 작용하여 상당히 고통스럽다. 이러한 인연을 정리하지 못한 관계로 이생에서 재성과 관성 관계로 만나거나 인성과 식신 관계로 맺어져 안 보면 그립고 의심을 하는데 보면 원망스럽다. 하여 좋게는 근심 걱정하는 원앙이고 나쁘면 의심과 원망과 갈등이다.

　원진 관계를 이루고 있는 부호가 합을 하여 세력이 강하게 되었을 때 상대부호와 충 형을 하게 되면 원진살이 되는 것이다. 이는 단순하게 작용하는 것이 아니고 전생의 악연을 갚기 위하여 세력을 뭉쳐서 공격하는 것이다. 어쩌다 이런 경우가 발생하면 가족이지만 난감하고 서로 으르렁거리며 사사건건 시비와 다툼으로 같은 공간에서 생활하기 어렵다. 하여 일찍부터 떨어지려고 하는데 이를 알지 못하면 분명 약자는 당한다.

예문) 전생에 앙숙이던 사람이 아버지다.
　　　　시 일 월 년
　　　　丁 戊 辛 己
　　　　巳 子 未 卯

　전생에 기묘한 사연으로 이생에 태어났는데 앙숙을 만난 것이다. 하여 어릴 적부터 子卯형으로 이어지니 아버지의 괴롭힘이 가능할 것이다. 하여 월주에 辛未를 두고 子未원진 살(殺)이 되었다. 즉 원진이 형으로 이어지면서 원진살로 변한 것이다. 하지만 부자(父子)가 떨어져 있으면 서로 걱정하게 되지만 같은 공간 안에 있으면 서로 원망하면서 다투기 시작한다. 未土겁재가 戊子와 원진을 이루고 있는 것은 형제간의 시기(猜忌)일 뿐이다.

백호살(白虎殺)

　전생에 화(禍)를 참지 못하여 발생한 다툼과 시비를 풀지 못하거나 이루지 못한 뜻을 가지고 태어나면 백호살이 된다. 즉 배고픈 호랑이는 사냥할 때 대상을 가리지 않는데 자신을 낳아준 어미와 함께 자란 남매(男妹)는 공격하지 않는다. 그래서 인성과 겁재 백호는 없으며, 쉬운 상대를 공격하는 습성을 가지고 있다. 백호는 자신보다 강하면 피하려고 하고 뛰어난 집중력을 발휘하여 순간적으로 공격한다.

　백호살은 甲辰 乙未는 편재, 丙戌 丁丑은 식신, 戊辰은 비견, 壬戌 癸丑은 관성 백호이다. 그리고 양간 음간 백호로 나누어지는데 양간이 더 강하게 작용한다. 희귀한 병으로 고통을 받거나 사고로 생명에 위협당하여 죽거나 금전적 손실을 입게 된다. 백호는 첫째 대상, 둘째 년

월 일시의 자리, 셋째는 해당하는 십신, 넷째는 물질이다. 이를 해결하려면 부적과 기도를 오랫동안 하여야 하고 인연 된 사람은 상당한 피해를 받게 된다.

예문) 집안 구석에 丙戌백호가 웅크리고 있다.
시 일 월 년
丙 乙 壬 戊
戌 丑 戌 戌

높은 산(戊戌) 깊고 숲이 앙상한 골짜기를(乙丑) 경계로 하여 壬戌편관 백호는 먹이를 찾고 丙戌식신 백호는 영역을 지키고 있다. 이렇게 양쪽에서 백호가 으르렁거리면 乙丑은 기세에 억눌리게 된다. 힘이 강한 壬戌백호의 표적은 부모나 처 또는 삼촌을 공격 대상으로 노리며, 웅크리고 있는 丙戌백호의 표적은 처와 자식이며 처가까지 노리고 있다. 일주를 옹호하는 백호살은 고집이 세고 집중력이 강하다.

수자령(낙태(落胎)) 장애

여자는 식상, 남자는 관성이 형 충 파 해를 당하면 낙태로 본다. 그리고 원진(怨嗔)이면 원하지 않은 임신이나 자연 유산(流産)이다. 즉 형충은 외부의 충격에 의한 낙태로 볼 수 있고 파는 계획적인 낙태이며, 해는 어쩔 수 없어서 낙태한 것이다. 어렵게 찾아온 인연을 유산시켜 버리면 그 영혼은 원한을 가지게 된다. 즉 부모나 형제 또는 파동이 일치하는 인연을 찾아서 피해를 주거나 장애를 일으킨다.

또 한 자궁에 잉태하였지만 태어나지 못하고 낙태나 유산이 되어버린 경우이다. 하여 水오행이 식상이나 관성이고 일주와 형 충 파 해 원진관계로 작용하면 수자령이며 이들 영가가 다양한 파동으로 장애를 주고 있다. 이를 알고 수자령을 천도해주고 위로한다면 어린 영가의 원한이 풀어질 것이다. 이를 무시한다면 부모형제 중에 파동이 일치하는 인연을 괴롭히고 그물 같은 장애로 영가의 억울함을 풀고자 할 것이다.

예문) 酉金상관을 낙태하고 이혼까지
시 일 월 년
甲 戊 辛 癸
子 辰 酉 卯

戊辰일주는 월주 辛酉상관을 癸卯정재 정관의 뜻에 따라 卯酉충으로 낙태한 것이다. 이는 일찍 戊辰은 평소에 癸卯정재 정관과 戊癸合火정인으로 적절하지 못한 관계에서 卯辰해가 되어 원하지 않은 임신을 하였다. 하지만 어쩔 수 없이 卯酉충으로 낙태하고 戊辰은 甲子편관 정재와 결혼하여 자식을 낳으니 辛酉상관 수자령이 원한을 품고 子酉파 하여 이혼으로 이끌고 간 것이다. 어쩌다 인연 된 자식을 낙태하고 받은 벌이다.

예문) 부모가 낙태하니 형(兄)한테 학업 방해를...(남자)
시 일 월 년
甲 丙 辛 庚
午 子 巳 午

辛巳月 丙子가 甲午時에 태어나면서 甲午동생을 子午충을 하여 태어나지 못하게 하였다. 원한이 쌓인 수자령은 형(兄)의 학업을 방해하고 친구와 어울려서 탈선하도록 유도하였다. 하여 丙子는 정상적인 학업을 마치지 못하고 방황하다가 대안학교를 통하여 졸업하고 대학 진학을 하였지만 모진 악연은 계속 이어지고 결국 학업을 중단하고 취업하게 되었다. 또 한 일찍 여러 여자와 동거를 하면서 많은 낙태를 하게 하였다.

2) 현생(現生) 영가장애
공줄(세존탈)

　　사주에 未土는 공줄을 나타내는 부호이다. 그리고 십신에 해당하는 조상이 바위나 당산나무 우물 같은 곳에 맑은 물을 올리고 향 초를 피워 주변을 맑게 하고 지극한 정성으로 빌면서 뜻을 이루고자 기운을 모았다. 때로는 음식과 술을 차려놓고 가정 성불과 부귀영화를 빌고 빌었을 것이다. 이러한 기운이 인연된 후손이 대물림하기를 원하는 것이다. 즉 신(神)의 영역에 가까이 접근할 사람이라고 할 수 있다.

　　하여 무속인 사주에 未土가 많이 드러나고 있다. 이를 세존 또는 성주 단지라고 하여 집안이나 사업장에 모셔두고 정성을 올린다. 물론 일반인도 많이 모시고 있으며 이는 윗대에서부터 전해오는 공줄 이라서 훼손하거나 무시하면 화(禍)를 당한다. 하여 무속인이라도 원리는 모르고 모시는 이가 많다. 사주에 이를 기록하여 십신에 따라서 친가와 외가를 쉽게 알고 인연과 해원하는 방법까지 감추어두고 있다.

예문) 未土가 쌍으로 앉으신 세존단지.
시 일 월 년
癸 壬 丁 丁
卯 午 未 未

丁未月 새벽 당산나무 아래 정한수 올리고 초 켜놓고 자손의 출세를 간절히 기도 올리시던 외할머니시다. 년월의 丁未정재 정관이 丁壬合木하여 자신의 공줄을 이어가라고 하신다. 일주 壬午는 오로지 午未합火정재생각 뿐인데 未土정관은 정성껏 모시고 기운을 한곳에 모아야 재물벼락을 내리지 그러하지 않으면 모든 재물과 건강을 빼앗아 간다고 한다. 이처럼 신(神)과 타협하지 못하면 엄청난 영가 장애의 고통을 감당하여야 한다.

예문) 음신으로 보면 어머니가 칠성 세존을 모셨을 것이다.
시 일 월 년
辛 丙 丙 甲
卯 午 寅 辰

丙寅月 서리가 녹기도 전에 丙寅비견 편인과 丙辛合水정관으로 어머니는 자식의 취업과 혼사를 부처님께 빌었으며, 丙午는 남편인 辛金정재와 午卯파를 하고 있어 부부의 다툼이 항상 발생할 것이다. 하여 丙午는 辛卯사이에 음신 丁未겁재 상관의 칠성 세존을 모시고 가정 성불을 빌었을 것이다. 즉 남편을 만나 자식을 낳으면 辛卯남편은 월주丙寅여자와 합하기에 가정 성불을 바라는 간절한 마음으로 어머니 인연에서 이어지는 외줄의 칠성 세존을 모신 것이다.

한(恨)

　사주에서 조상의 한은 丑土로 표현한다. 조상이 살아생전에 애착이나 욕망에 대한 미련을 버리지 못하고 죽으면서 한(恨)을 남기는 것이다. 또는 억울한 죽음으로 영혼(靈魂)이 떠나지 못하고 후손에게 파동을 줄기차게 보내는 경우이다. 조상의 한이 사주에 드러내고 있으면서 일주와 다양한 방법으로 인연이 되면 상당히 괴롭다. 이는 인연 된 후손을 통하여 한을 풀어내고자 하는 것으로 이를 알아차리고 풀어주면 보답을 받는다.

　丑土가 일주와 인연이 되어 형 충을 한다면 심각하다. 파 해는 한을 풀어주기를 바라지만 원진은 한을 풀어주지 않으니 원한이 쌓여 원진살로 진행하는 것이다. 丑土의 파동이 일주와 합하여 나타내는 십신에 따라서 다양한 고통이나 괴로움을 만난다. 때로는 건강이 급성으로 나빠져서 생명의 위협을 주며 사주에 이러한 파동을 드러내거나 음신으로 전하는 경우가 많다. 또는 지장간을 통하여 전하기도 한다.

　　　　　예문) 이놈아 내 돈을 찾아주라.
　　　　　　　시 일 월 년
　　　　　　　丙 癸 己 乙
　　　　　　　辰 亥 卯 丑

　己卯月 丙辰時에 숲속 작은 웅덩이에 수초가 자란다. 머잖아 따뜻한 여름이 되면 己土편관 습지에 수초와 해충(害蟲)들이 생길 것이다. 즉 춥고 습한 음지에 모셔진 乙丑할머니의 묘지를 부모님의 뜻에 따라 亥卯未合木식신으로 파묘하여 丙辰의 양지바른 공원묘지로 이장하였다.

하지만 乙丑할머니의 영혼은 가지 않고 일주 癸亥에 亥子丑合水편인으로 할머니가 남기고 간 재물을 돌려주라고 한을 품고 있다.

예문) 子卯형을 방해하고 있다.
시 일 월 년
乙 甲 丁 癸
亥 子 巳 卯

정 편인이 혼잡하여 조상의 할머니가 두 분이다. 그리고 癸卯 큰할머니와 乙亥작은 할머니 산소를 숲이 우거져 빛이 들지 않는 어두운 계곡에 모셔 놓았다. 하여 습한 기운과 풀뿌리가 파고들어 시신을 괴롭히고 있으니 영혼이 괴로워 한을 품고 있다. 이는 亥水를 중심으로 하여 亥卯未合木과 亥子丑合水하고 있기 때문이다. 하여 癸卯할머니는 甲子를 형으로 다스리고 乙亥할머니는 丁巳를 충하여 파탄시켜 버릴 것이다.

친가(親家) 할머니 두 분

친가는 아버지 집안으로 대를 잇기 위하거나 어떠한 사유로 윗대 어느 할아버지께서 부인을 둘이나 두고 살았다. 이는 사주 속에서 식상이나, 정 편인 혼잡으로 표현하고 있다. 이러한 관계가 일주와 인연 되어 다양한 장애가 발생할 수 있다. 하여 인연 된 할머니를 해원(解冤)하거나 알아주고 공을 들이면 반드시 할머니는 후손에게 좋은 파동으로 보답한다. 이를 알지 못하고 무시한다면 나쁜 파동을 보내어 영가 장애를 일으킨다.

자식을 낳지 못하여 새로운 할머니가 들어오시는 경우가 많으며 때로는 첩으로 들어와서 자식을 두지 않은 경우가 많다. 하여 두 할머니는 앙숙으로 지내거나 인연 된 후손을 두고 다툼이 벌어진다. 이러한 인연 된 할머니가 일주와 형충파해 원진 관계를 이루고 있다면 상당히 힘들 것이다. 다행히 좋은 파동으로 합을 한다면 할머니 공덕으로 일신이 편안할 수 있으며, 두 할머니가 합을 하여 일주를 도와주면 이는 복이다.

예문) 친가 할머니가 두 분
시 일 월 년
己 丁 乙 癸
酉 未 卯 未

乙卯月 해가 서산으로 넘어갈 무렵에 하얀 작은 그릇에 물을 받아 장독대에 올려놓고 재물이 일어나기를 두 손 모아 공들이고 있다. 이는 년주 癸未할머니는 자손을 빌었으며, 시주 己酉의 친가 할머니는 가난에서 벗어나려고 빌었을 것이다. 하지만 시주의 己酉할머니는 乙卯편인을 충하여 학업 장애와 신경계 불안으로 건강을 해치고 있다. 癸未의 큰할머니는 도와주려고 하는데 己酉의 작은 할머니는 卯木편인보다 酉金편재를 더 갈망하고 있는 듯하다.

예문) 친가 두 분 할머니가 양쪽에서 보호
시 일 월 년
丙 庚 戊 己
戌 申 辰 亥

戊辰月 기암절벽 아래 웅크리고 앉아 계시는 할머니가 두 분이다. 일주 庚申은 양쪽으로 합을 하여 할머니의 보호를 받는다. 하지만 태어나면서 己亥정인 식신이 원진이라서 원만하게 모유(母乳)를 공급받지 못하여 할머니의 도움이 있었을 것이다. 두 분 할머니께서 강력한 파동으로 손자를 보호하고 뜻을 펼칠 수 있도록 보살펴주고 있다. 즉 새로운 학문을 찾아서 세상에 알리고 명예를 얻기를 바라는 것이다.

외가(外家) 할머니 두 분

외가는 어머니 집안이다. 우리나라는 부계(父系) 사상이라서 외가와 인연이 없다고 하는 사람이 많은데 이는 잘못된 생각이다. 인간은 부모의 영향을 벗어날 수가 없으며 외가 인연으로 영가 장애가 흔하게 있다. 즉 무속인들을 예를 들어보면 외가에서 모시던 신(神)이 어머니를 통하여 자신에게로 이어지는 경우가 많다. 여자들은 시집의 영가와도 파동을 맞추는 경우가 많은데 이는 남편인연에 의하여 이루어지는 파동이다.

사주 속에서 정 편관이 혼잡하면 외할머니가 둘일 경우가 많다. 그리고 土가 정 편관으로 일주와 합 형 충 파해와 원진 관계일 때는 영가 장애가 다르다. 만약 丑未土가 정 편관으로 일주와 합을 한다면 외가의 원한이나 공줄로 이어져 영향을 미치는 것이다. 이러한 인연으로 성공한다면 이는 외줄에서 보내는 좋은 파동의 힘이고 공덕이다. 하여 후손은 충분한 보답을 하는 것이 좋으며 이를 무시하면 인연이 돌아설 때 위험하다.

예문) 친 외조모는 어디에...
시 일 월 년
壬 癸 丁 己
戌 丑 丑 酉

丁丑月 깊어가는 밤에 자그마한 암자에 촛불을 밝히고 기도를 하는지 원망을 하는지 알 수가 없다. 己酉편관 편인과 壬戌겁재 정관 외할머니가 두 분으로 酉戌해로 이루어져서 어떠한 목적으로 동석(同席)이 가능할 뿐이다. 그리고 壬戌은 癸丑에게 무조건 파묘하여 이장해 주기를 원한다. 이를 무시하면 巳火재성이 음신으로 일시 사이에 작용하여 己酉의 자손과 원진 관계로 재물을 빼앗거나 노중 객사로 유인한다.

3) 조상 묘지(墓地)장애
산(山) 바람
산바람은 년 주에 식신 상관이 있으면 성립된다. 특히 土식상이면 확실하며 일주와 형 충 파해 원진 관계이면 흉하다. 이는 부모나 조상이 선산(先山)에 모셔진 산소를 훼손하거나 풍수(風水)적으로 위배(違背)되면 발생하는 흉한 영가 파동이다. 하여 태어나서 건강이 좋지 않아 죽을 고비를 경험하고 살아가는데 풍파가 많다. 산바람은 알고 정리하면 덕을 받지만 무시하면 건강 학업 재물 등의 고통을 받는다. 심하면 정신장애까지 경험할 수 있다.

土식신보다 土상관이 더 고통스럽고 힘이 든다. 년주에 土가 아닌 식상이라도 영향을 받는 경우가 많다. 산바람은 태어나기 이전에 이미 흉한 파동과 인연이 있으며 서서히 발생할 수도 있고 갑자기 몰아쳐서 견디기 어려운 경우도 흔하다. 그리고 태어나서 자신의 기운에 의하여 조상의 묘지를 파묘하는 경우가 있으며 이는 사주에 다양한 방법으로 표시해두고 있다. 다행히 이를 미리 알고 방편을 쓴다거나 천도하면 무탈하고 전화위복(轉禍爲福)된다.

예문) 산바람으로 어릴 때 죽을 고비를 넘기다.

시 일 월 년

丁 丁 辛 戊

未 丑 酉 辰

태어나면서 조상묘지를 丑辰파하는 운명이다. 하여 辛酉가 어떠한 목적으로 戊辰을 파묘하여 이장하였을 것이고 이로 인하여 丁丑은 산바람으로 호되게 당할 것이다. 이는 辛酉편재 부모님 형제 중에 누군가가 사심을 가지고 조상의 산소를 파묘하였다. 이후 영가의 흉(凶)한 파동은 丁丑과 일치하여 어릴 때 사선(死線)을 넘나들었을 것이다. 다행히 부모가 많은 재물을 들여서 자식의 병을 치료한 것이다.

수맥(水脈)

땅속으로 물이 흘러가면서 발생하는 파동으로 영가가 편안하지 못하고 고통을 받으면 인연 된 사람에게 파동으로 호소한다. 이를 모르거나 무시하면 다양한 고통을 주거나 건강을 위협한다. 그리고 묘지 안에 물이 들어가면 시신이 잠수(潛水)되어 자연분해가 되지 못하고 영가는 추위와 고통을 그대로 후손에게 보낸다. 이때 보내는 흉한 파동과 일치하는 후손의 가정은 음산하고 찬 기운이 감돌면서 이상한 냄새나 질병으로 고통을 받는다.

특히 음택이 수몰되었거나 유실되었다면 반드시 시신과 넋을 수습하여 천도하여야 후환(後患)이 없다. 수맥은 水오행으로 찾아야 하며 일주에 형 충을 한다면 끊임없는 사건 사고로 고통받는다. 파해는 도로 가까운 곳에 있는 주거지처럼 일상이 편하지 못하거나 가정에 사소한 다툼이 자주 발생한다. 원진은 고요할 때 속삭이듯이 들려오는 파동으로 음산하고 예민해진다. 사주에 亥子辰申丑 같은 부호가 물을 나타내는 것이다.

예문) 후손에게 재물 주고 부탁을 하였는데...
시 일 월 년
丙 戊 戊 己
辰 子 辰 亥

지지에 크고 작은 호수로 이루어져 있다. 이런 사주는 물 저장에 관련된 직업을 하면 좋을 것 같다. 년주 己亥겁재 편재의 할아버지 산소가 간신히 물에 유실되는 것을 피하였지만 수맥을 피하지 못한 것이다. 하여 戊子에게 많은 재물을 주고 양지바른 丙辰으로 이장을 부탁하였지만 이를 무시하여 50세 중반부터 엄청난 고통을 받을 것이다. 즉 亥子丑에 丑土겁재의 한을 품고 음신으로 스며들어 丑辰파 해버린 것이다.

나무뿌리 침범
음택에 모신 조상이나 선친의 시신에 나무나 풀뿌리가 침범하여 시신을 휘감고 있으면 영혼은 묶여있는 것과 같이 상당히 괴롭다. 하여 감긴 부분에 해당하는 오행의 파동을 인연 된 후손에게 보내게 되면 이를 감응한 후손도 그 부위에 고통을 느낀다. 시신의 머리에 침범당하면 인연 된 후손은 정신질환이나 뇌장애가 발병하여 고통을 받는다. 그래서 묘지 주변에 풀이나 큰 나무를 베어내고 볕과 통풍이 잘되게 하는 것이다.

예문) 아버지 산소가 춥고 물과 풀뿌리가 침범하였다.
시 일 월 년
戊 己 甲 癸
辰 丑 子 丑

甲子月 己丑이 태어나면서 甲子아버지가 癸丑으로 밖으로 나가신 것이다. 하여 일주는 가슴에 항상 아버지의 정을 그리워하지만 癸丑아버지는 戊辰겁재와 戊癸合火편인의 파동을 보내면서 丑辰파를 원하고 있다. 즉 丑土의 추위와 수맥에서 벗어나고자 한다. 丑土비견 항상 춥고 그늘이 되는 甲木을 원망하고 있다. 이는 낮은 야산이나 좁은 밭 축축한 곳에 아버지 산소가 있고 甲木의 뿌리가 子水를 따라서 묘지 속으로 침범한다.

관(棺)속에 미물(微物)

음택에 작은 짐승이나 미물(微物)이 들어가 집을 짓는 경우가 많다. 이들은 시신을 놀이터 삼아 타고 돌아다니기에 인연 된 후손의 몸도 이유 없이 근지러울 것이다. 그리고 깊은 수면에 들지 못하고 항상 꿈자리가 어지럽다. 만약 유골의 머리 안에서 미물이 집을 짓고 살아간다면 인연 된 후손은 그 부위에 악질(惡疾)이 생길 수가 있다. 속히 파묘하던가 좋은 음택을 찾아서 이장하면 고통을 면하고 충분한 대가를 받을 것이다.

예문) 뱀 쥐 또는 미물로 자손이 피해를 본다.
시 일 월 년
癸 戊 乙 庚
亥 申 酉 子

乙酉月 癸亥時에 태어나서 재성과 인연이 짧다. 하여 亥子丑합을 하려고 년주 앞에 음신으로 辛丑이 들어서게 된다. 즉 어릴 때 아버지와 인연이 끊어지고 작은 계곡물 흐르는 소리가 들리는 辛丑에 터를 잡고 모시게 된 것이다. 이후 세월이 흐르면서 월주 乙酉가 辛丑에 합하면서 묘지 속에 乙木정관이 살아나기 시작하여 자리를 잡는다. 하여 영가는 물소리에 고통스럽고 시신의 머리 부분에 미물들이 자리를 잡아서 戊申은 뇌수막염으로 힘들어한다.

4) 후천적 영가장애
파묘(破墓)와 이장(移葬)
　파묘는 사주에 辰戌丑未로 표현한다. 후손이 어떠한 목적으로 묘지를 훼손하는 것이다. 辰土자형은 수맥(水脈) 침수(浸水) 수몰(水沒)이고, 戌土는 개발되는 경우로 이장 또는 화장(火葬)을 많이 한다. 未土는 관리나 풍수관계로 매장하지 못하고 화장하는 경우이며, 丑土는 우환이 많아서 파묘하여 납골당에 모시는 경우가 많다. 辰戌丑未가 어떻게 형성되었는가에 따라 변화가 많으며, 일주와 형충파해 원진이 되면 힘이 든다.

이장은 파묘를 하여 다른 곳으로 옮겨 매장하는 경우이다. 조상의 묘지와 시신을 이유 없이 건드리면 후손이 험한 꼴을 당하는 경우가 많으니 예를 갖추고 시신과 영혼을 함께 옮겨야 한다. 丑戌형은 조건이 없기에 개발이나 자연소멸 하는 경우가 많고 丑未충형은 무력에 의한 파묘가 많다. 戌未파형은 개발이나 타(他)에 의하여 이장되거나 화장하는 경우이며, 丑辰파는 수맥과 관련되어 이장하는 경우가 많다.

예문) 이미 아버지가 형제우애를 깬다.
시 일 월 년
庚 丁 癸 辛
戌 卯 巳 丑

癸巳月 어둠이 시작되니 丁卯는 등불을 밝히고, 丁癸충하여 아버지를 잃어버린다. 즉 아버지께서 丑戌형으로 갑자기 돌아가신 것이다. 하여 辛丑에 묘 터를 잡고 모셨다. 이후 맏형인 巳火겁재와 卯戌合火비견 동생들이 원진이 되어 丁癸충하여 재산분쟁으로 형제간 우애를 저버리게 하였다. 이는 辛丑의 찬 냉기가 흐르는 곳에서 아버지의 시신이 고통으로 한(恨)이 쌓여가는 것을 모르기 때문에 흉한 파동을 일으킨다.

노중(路中)

노중은 밖에서 죽은 영혼이 보내는 좋지 못한 파동이다. 사주에 巳火가 노중이며 십신으로 관계를 알 수 있다. 노중이 일주에 형 충 파해 나 원진으로 있다면 영가 장애이다. 때로는 우연히 밖에서 파동이 일치하면 인연이 없어도 영향을 받거나 감응(感應)되어 사고로 목숨까지 위태로울 수가 있다. 이를 알아주고 타협하면 사고를 사전에 예감하여 피해가도록 도와준다. 때로는 노중에서 죽어 그곳을 떠나지 않고 넋이 되어있다.

다행히 巳火노중이 일주와 합을 하여 좋은 오행으로 바뀌어 일간을 도와준다면 노중에게 공을 들여주면 좋다. 그러하지 못하고 장애를 일으킨다면 넋을 위로하고 천도를 해드리면 좋다. 이를 무시하고 사건 사고가 발생한 뒤에 도움을 청하는 행위는 어리석은 짓이다. 노중은 자신도 모르게 밖으로 유인되거나 본인의 의지와 상관없는 행동을 한다. 하여 노중이 있는 곳에서 넋을 위로하고 좋은 곳으로 천도하면 많은 도움을 받는다.

예문) 辛巳노중 도령이 어른처럼 한다.
시 일 월 년
戊 丙 辛 庚
戌 午 巳 戌

巳月 戌時에 丙午는 앞이 깜깜하다. 하여 辛金정재 巳火비견 노중과 丙辛合水하여 정관 남자를 따라 어두운 곳으로 가게 된다. 辛巳노중은 부모궁에 있기에 아버지 형제 중에 밖에서 객사하여 넋을 달래지 못하여 파동이 일치하는 인연을 불러내는 것이다. 하여 아버지도 밖으로 나가서 노중이 될 수가 있고 丙午도 辛巳노중에서 벗어나지 못하고 丁未겁재 상관으로 살아가다 戌未파 형을 당할 수 있으니 이를 알고 노중을 풀어주면 벗어날 것이다.

넋

　넋이란 물에 빠지거나 갑자기 사고사를 당하면 시신만 수습하니 영혼은 그 자리를 떠나지 못하고 넋이 되어 머물고 있다. 하여 인연 된 후손에게 강한 파동으로 넋을 달래주기를 바란다. 하지만 이를 알지 못하는 후손은 다양한 영가 장애로 어려움을 겪는다. 또 한 이장을 할 때 대부분은 시신만 수습하여 옮기는 경우 그 넋이 따라오지 못하고 그곳에 머물게 된다. 영혼은 파괴된 음택에서 육신을 기다리며 원망의 파동을 인연 되는 후손에게 보낸다.

　이러한 파동을 받는 후손의 사주에 辰土로 표현하고 있으며 십신으로 영혼을 판단한다. 水의 묘지인 辰土는 넓고 방대하여 찾지 못하고 헤맨다는 의미로 가야 할 곳을 알지 못한다. 육신이 없어서 가지 못하는 영혼은 공포와 추위에 떨면서 인연 되는 사람에게 줄기차게 파동을 보낸다. 이를 알지 못하는 인연은 건강과 금전 인간관계가 무너지고 영가 장애로 고통을 받을 것이다. 하여 알고 천도를 해주면 영가는 반드시 보답한다.

　　　　예문) 넋을 달래드려도 공덕은 다른 데로 간다.
　　　　　　　시 일 월 년
　　　　　　　甲 庚 庚 丙
　　　　　　　申 申 子 午

　甲申돛단배는 辰土편인에 의지하여 돈을 벌어보려고 좁은 강을 따라 보이지 않는 망망대해로 사라졌다. 즉 甲申은 庚申과 庚子와 합하여 丙辰해가 뜨는 곳으로 함께 간다. 庚申의 큰할머니 丙辰편관 편인이 丙

午비견과 바다건너 돈을 찾아 떠났다. 하지만 辰午자형(自刑)이라 각자 헤어져 일하다가 丙辰은 申子辰合水가 되어 물에 빠져 넋이 된 것이다. 하여 인연 된 庚申에게 파동을 보내고 甲木편재 재물은 庚子에게 준다.

예문) 작은 할머니 戊辰의 넋이다.
시 일 월 년
癸 丙 戊 己
巳 辰 辰 未

일주 丙辰은 己未상관 큰할머니가 일찍 돌아가시고 뒤에 戊辰작은 할머니가 들어오신 것이다. 己未할머니는 화장(火葬)을 하여 양지바른 곳에 뿌려주었는데 戊辰할머니는 선산이나 공원묘지 같은데 산소를 쓴 것이다. 辰土는 물이 모이는 곳으로 시신과 영혼이 물에 빠져 허우적거리며, 巳火비견의 지장간에 庚金식신 후손에게 파동을 보내지만 戊癸合火에 辰巳지망으로 알아듣지 못한다. 하여 戊辰할머니가 丙辰의 건강을 치고 들어가 고통을 준다.

수살고(水殺苦)

어떠한 원인으로 인하여 시신은 수습하여가고 영혼은 그 자리에 두고 가버린다. 때로는 영혼이 시신을 따라갈 수도 있는데 대부분은 그 자리에 머물고 있으므로 영혼은 물속에서 추위와 공포에 떨고 있다. 그리고 물에 빠져 죽으면 수색하여 시신만 장례를 지내주고 영혼은 보이지 않고 파동이 전해와도 이를 알지 못하기에 무시하는 경우가 대부분이다. 이런 경우 영가는 어둡고 차가운 물에서 벗어나지도 못하고 알아주는 이도 없으니 한이 쌓여간다.

대부분의 수살고는 合水하여 丑土로 표현하거나 음신으로 나타낸다. 이는 합하여 水가 되면 물과 만남이 되고 丑土는 좁고 어두워 보이지 않는다. 하여 구조가 힘들거나 들어가면 나오지 못하는 경우로 해석하여 성립되는 것이다. 연월일시에 어느 곳에 음신이 들어오는가에 따라서 시대적인 인물을 추론하여야 하며 낙태일 경우 수자령의 원한으로 볼 수가 있다. 이를 알고 수중고혼을 건져주고 천도해드리면 복을 받는다.

예문) 삼촌이 丑土에 빠져서 수살고이다.
시 일 월 년
戊 乙 辛 丁
寅 巳 亥 酉

辛亥月 아직 동이 트기 전이다. 월동준비가 한창이며 겨울 양식을 준비하려고 방앗간이 새벽부터 분주하게 돌아간다. 乙巳와 辛亥가 충을 한다. 그리고 巳酉丑合을 하려고 丑土가 巳亥충 사이에 음신으로 들어온다. 즉 乙巳가 태어나면서 辛丑의 부모형제가 亥子丑合水하여 물이 들어오거나 돌아가는 곳에 빠져 수살고가 되어 乙巳를 힘들게 하고 있다. 즉 물레방아가 돌아가는 곳에 빠져서 나오지 못하였다.

제 25장

예문

제25장
예문

사주와 팔자를 자연으로 접근하여 다양한 방향으로 비교하여 이해하기 쉽게 풀이하고자 노력하였다. 그리고 월주 기준의 대운을 과감하게 버리고 시간을 기준으로 설정한 대운을 처음으로 공개한다. 격과 용신 그리고 십신 위주의 통변을 여기서는 부호에 적합한 십신으로 사주를 풀이한다. 하여 격과 용신을 빼고 대운의 흐름에 가장 적합한 부호를 군주로 선택하여 시대의 흐름에 맞는 직업을 선택하는 방법을 이야기 형식으로 풀이하였다.

1) 남편은 어디에서 찾나요.(여자)

시 일 월 년
戊 戊 戊 丁
午 申 申 巳

丁丙乙甲癸壬辛庚己 (대운
卯寅丑子亥戌酉申未
9 8 7 6 5 4 3 2 1

아지랑이 아롱거리는(丁巳)
해석) 申月 정오 땡볕이라서 戊申식신의 지장간에 壬水가 년간의 丁火 정인과 습木정관 이라서 피어오르는 표현을 한 것이다.

높고 높은 초가을(戊申戊申)
해석) 申月의 戊土는 높고 넓다는 의미로서 비견이니 편안하고 오랫동안 그러하다.

한낮에(戊午)
꿈 많은 순둥이가(申金식신) 태어났다.
해석) 申金식신은 환경이 맞으며 의식주에 만족하고 편안하기 때문이다.

일찍부터 어머니의 정이 그리워서 울고 떼를 써봐도(巳申합파)
젖먹을 때 뿐이고(巳申合水편재)
해석) 巳火는 내용이 없는 것이며 편인은 형식적으로 해석하며, 申金식신은 먹거리다. 하여 巳申合은 순간의 만남이 파로 이어져서 울고 보채보아도 형을 하기에 매정하게 돌아선다.

항상 형제와 친구들과 끼리끼리 어울려 지낸다.(戊申戊申戊午)
午火자형에 申金은 조건적이라서 끼리끼리이다.

申金식신이 巳火편인과 合水편재로 화(化)하여 찰나에 이루어진 인연이 자식을 낳고 보니 파형으로 이어져 이별의 아픔을 남겨두고 헤어질 것이다.

해석) 이는 첫 번째 남자와의 인연은 월주 戊申에서 申金의 지장간에 壬水와 丁火가 합하여 관성으로 들어오지만 오래가지 못하고 두 번째도 그러할 것이다. 하지만 壬戌 대운에서 정상적인 인연을 만날 수 있다.

30대 초반 壬戌대운에 남자를 만나 결혼하여 戊申의 자식을 두지만...
해석) 원국에서 시주 戊午와 일주 戊申의 사이에 음신 壬戌이 년주 丁巳와 丁壬合木하여 가정을 이루고 자식을 낳아도 巳戌이 원진이 되어서 시비가 자주 일어나고 오래가지 못할 것이다.

46세 癸亥대운에 다시 戊申식신 남자를 만난다면 천생연분으로 살아 갈 것이다. 하여 진정한 인연은 46세 이후 만나는 남자일 것이다.
해석) 癸亥대운에 연하의 남자를 만나면 인연이 약하고 연상의 남자를 만나면 인연이 길게 갈 것이다.

　여자로 태어나서 군주가 申金식신인데 巳火편인과 합하여 자식을 귀하게 여기기에 보육이나 요식에 관련된 것을 배우면 좋다. 조건이 맞지 않으면 하기 싫어하고 천간 土비견은 의지하려는 생각이 강하고 독립심이 약하다. 火인성이 강하여 군주인 申金식신이 자력을 상실하기 쉽다. 하여 가정주부라고 하여도 자기 생각을 실천하기 어렵고 巳申合水 편재가 파형으로 진행하기에 간섭이나 지시받는 것을 싫어한다.

2) 영업인으로 성공할까? (남자)

시 일 월 년
辛 壬 甲 癸

　　　　　　　　丑 午 子 丑
壬癸甲乙丙丁戊己庚　(대운
戌酉申未午巳辰卯寅
9 8 7 6 5 4 3 2 1

동짓달(子月) 깊은 밤(辛丑)에
초라한 시골(癸丑)에
하염없이 내린 눈(壬癸水)의 무게를 견디지 못하고
甲子가 꺾어지고(子午沖)
13세 卯木 대운에 일찍 부모의 권유로 유학(癸丑)을 떠나지만
쌓여가는 눈으로 길을(子丑合) 찾을 수가 없다.
눈이 내리는 추운 겨울
집에서 공부하고 싶은데(甲子辛丑合) 부모가 반대한다.
좁은 공간에 여러 학생이 모여 생활하니(甲子癸丑合)
학업은 뒷전이고 음식은 입에 맞지 않아
건강이 좋지 못하다.(甲子壬午沖)

대운의 흐름으로 보아서 군주가 午火정재이다. 하여 영업이나 관리인으로의 丑土정관을 따라가면 좋다. 즉 午火가 재성으로 丑土정관을 직업으로 선택하면 원만할 것이다. 하여 37세 丁巳대운부터 서서히 발복하면서 午火정재가 군주이다. 하지만 子水겁재가 충을 하고 있으니 일주 壬午는 대운이 바뀌는 50세에 午火가 극에 달하여 甲子부모님의 충고를 듣지 않고 子午충하여 군주를 배신하니 배우자와 인연이 끝날 수 있다.

32세 丁巳대운부터 서서히 영업에 관심을 가지기 시작하여 37세를 지나면서 독립을 꿈꾼다. 42세 丙午대운에 군주가 자리를 잡으면서 자신의 영역을 확보하여 본격적으로 사업을 시작하며, 나름대로 재물을 모아(午火)두기 시작한다. 하지만 55세 乙未대운을 만나게 되면 군주는 午未合火의 태풍(颱風)을 만나게 될 수 있으며 이때 중심을 잡지 못하고 흔들리게 되면 힘들게 쌓아 올린 탑이 무너지게 된다.

　　일주 壬午가 37세 丁巳대운에 丁壬合木상관이 정관을 정면으로 대항하여 순간의 생각 잘못으로 실수가 있으니 조심하여야 한다. 즉 정관은 직업이나 위법을 자행할 수가 있다. 때로는 사고(事故)로 몸에 상처를 남기게 된다. 그리고 55세 乙未대운에 년주 癸丑겁재 정관과 충을 하여 전업하려고 한다. 시주 辛丑은 壬寅時의 영향을 받으면서 여자와 동업할 수 있다. 이는 군주 午火가 寅木식신과 合火편재이기 때문이고 실패로 끝날 수 있다.

　　　　3) 남자 인연과 장래직업과 재복이 있나요? (여자)
　　　　　　　　시 일 월 년
　　　　　　　　戊 戊 壬 己
　　　　　　　　午 戌 申 卯
　　　丁丙乙甲癸壬辛庚己　(대운
　　　卯寅丑子亥戌酉申未
　　　9 8 7 6 5 4 3 2 1

壬申月 한낮에
해석) 戊午時에 戊土가 높은 하늘이며 戊土는 높다는 의미이다.

먹구름이 몰려오려나(卯申)

해석) 己土의 구름이 卯木 위에 있으니 움직이고 있다. 壬水는 검은색(色)으로 申金장생에 있다. 卯申이 원진 관계로 서서히 변화하고 卯戌合火로 먹구름이 다가온다.

비는 내리지 않고(己卯壬申)

해석) 지지에 水가 없으니 비는 내리지 않고 있다.

비탈진 척박한 밭에(戊戌)

해석) 戌土는 높고 己土는 좁고 낮으니 작은 비탈진 텃밭으로 표현한다.

싱싱한 고구마 덩굴이 엉켜(己卯)

온 밭을 뒤덮는데(卯戌合火)

해석) 卯戌合은 끊어지지 않고 이어진 것이며, 合火는 사방으로 뻗어나가는 고구마 줄기처럼 보인다. 그리고 申月에 申酉戌合에서 酉金이 戌土속에 묻혀있으니 뿌리 열매이다.

볕이 따가운 귀퉁이에(戊午)

줄기는 이미 마르고 있다.(午卯破)

해석) 戊午와 戊戌이 일과 시주에서 午戌合火하니 따가운 볕에 한 귀퉁이는 바싹 마른 땅이라서 午卯파로 줄기가 절반 이상 말라가고 있다.

학업)

壬申月 戊午時에 戊戌이 태어났다. 이 사주에서 가장 불리한 己卯는

어린 시절이며, 학창시절이다. 시주 戊午비견 정인이 년주 己卯겁재 정관과 파를 하니 이는 집중이 안 되어 밖으로 나가도 불편하다. 또 한 어릴 때 교우 관계가 원만하지 못함이다. 14세 己未 대운에서 나름 공부하여 보지만 성적은 별로이다. 戊午비견 정인의 어머니가 午戌合火 하여 기초가 부족 하여도 애정으로 부단한 노력을 하였을 것이다.

인연)

　년주 己卯겁재 정관이 남자 인연이지만 戊戌이 생각하는 이성에 대한 기대감은 그렇게 높지 않고(己卯) 만나면 집착(卯申)을 심하게 한다. 또 한 사소한 잔정(卯戌)에 쉽게 넘어간다. 하여 30세 壬戌대운 이전에 남자의 인연을 만나도 이루어지기 어렵고 이후에 좋은 인연을 만날 수가 있다. 戊戌의 남자는 戊土비견의 지장간에 丁火가 월간 편재와 합하여 木정관이 되므로 壬申이 남자라고 할 수가 있다.

직업)

　정관이 년주에 있으니 타향으로 나가든가 일찍부터 유학이나 직업을 가져야 한다. 24세 辛酉상관 대운부터 직업변화를 하려고 할 것이다. 이 사주의 군주는 子水정재이므로 이에 관련된 직업을 가진다면 노후가 아름다울 것이다. 문제는 군주가 子午충과 子卯형을 당하고 있으니 반란이 자주 일어날 것이다. 즉 변화 변동에 신중하고 인내심을 가졌으면 하는 바람이다. 전공을 선택한다면 午火정인이 戊土비견과 合火에 관련된 것이다.

　조건적(壬申)으로 유학을 다녀오면 己土겁재가 卯木정관의 지장간 甲木편관과 합하여 교수로 살아간다면 더없이 좋다. 다시 이야기하면

午戌火의 내면적인 심리와 卯戌火의 말초신경과 관계되는 학문연구이다. 즉 火인성은 형체가 없으니 심리학이나 속기나 영상 같은 기록에 관련된 쪽으로 전공하면 좋겠다. 己卯겁재 정관은 일찍 남자를 만나도 짝이 되지 못하는 것이고, 직업은 戌戌이 己卯와 合火정인의 작은 회사에 근무할 것이다.

재물)

　재물이 장생지(壬申)에 있으니 좋을 것 같지만 이는 己卯 때문에 진로 방향을 잡지 못하면 수준 이하의 직업을 선택할 수도 있다. 즉 土기운이 강하기에 부동산으로 볼 수가 있다. 하지만 명예직이나 별정직으로 살아간다면 재물 걱정은 하지 않아도 된다. 흐르는 운으로 보면 癸亥편재가 46세 이후부터 水재성 방향으로 들어가기에 노후가 안정적이다. 하지만 壬水재물이 己卯겁재 정관으로 가는 것을 조심하라.

4) 내 인생에 장애가 무엇일까? (여자)

시 일 월 년
壬 戌 辛 辛
戌 戌 丑 亥

辛庚己戊丁丙乙甲癸　(대운
未午巳辰卯寅丑子亥
9 8 7 6 5 4 3 2 1

자연)

　섣달 엄동설한 밤은 깊어가는데(壬戌)
　계속 눈이 쌓이고(辛亥)

393

눈으로 인하여 길이 보이지 않는다.(辛丑)

해석) 亥水의 의미는 제자리 역마로서 편재이기에 진행형으로 해석한다. 하여 모든 기준은 본인의 시야로 세상을 좁게 바라보는 것이다.

하여 넓은 세상이 보이지 않으나(戊戌)

해석) 壬戌時의 어둠 때문에 戊戌의 높은 것도 보이지 않는다고 표현을 한다.

50세를 넘어가면서 얼었던 산천에 눈이 녹아 내리고(水재물)
길이 보이기 시작한다.

해석) 비록 섣달이라고 하여도 양지바른 곳은 戊辰대운을 月로 전환하여 생각하여보면 이때쯤에 눈이 녹으니 재물이 조금씩 흐르기 시작할 것이다.

62세 己巳대운에 바위처럼 단단하게 얼었던 辛丑의 빙산 조각이 녹으면서 물이 되어 흐른다.

해석) 子水의 세운을 만나면 亥子丑合水정재가 되므로 물길이 완전히 열리기에 재물의 아쉬움은 느끼지 않을 것이다.

　辛丑月 壬戌時에 태어났다. 자연의 모든 것이 얼어버린 사주이다. 그래도 대운의 흐름으로 보아서 가장 유리한 오행은 木관성이다. 어릴 때부터 학업에 충실하여 관리계통으로 직업을 선택하였다면 38세 전후로 좋은 직업인으로 살아갈 수 있었을 것이다. 즉 년간의 辛金상관이 亥水편재를 달고 있으니 가정형편이 힘들거나 부친의 건강이 좋지

못하여 학업을 이어가기 어렵고 자수성가를 원하고 있다.

　가장 불리한 오행은 월간의 辛金상관으로 丑戌刑으로 깨지고 다음은 년간의 辛金상관으로 어릴 때는 가정형편이 좋지 못함이요. 일상에서 보면 밖으로 나가면 활동력이 떨어지는데 38세 이후부터 흐르는 대운에서 寅亥合木하여 관성이 합을 하니 밖으로 활동할 수가 있다. 물론 亥水편재는 인성을 이용하여 새로운 곳에서 수익을 취하고자 하는 것이다. 이는 48세 丁卯대운부터 辛亥에 한 줄기 햇살이 들어 녹기 시작하여 밖으로 나간다.

　이 사주의 장애는 겨울에 태어났기에 시작은 木오행이 가장 불리하지만 38세 이후부터 서서히 봄기운이 시작되면서 꽃을 피운다. 辛金상관은 고정관념으로 과감한 변화를 할 수만 있다면 좋고 50세를 지나면서 추위에서 완전히 벗어난다고 할 수 있다. 하지만 辛金상관은 이미 깨어진 상태이기에 복원하기 어렵다. 여기서 상관은 자식으로 보면 辛丑은 丑戌刑으로 조건 없이 복원되지만, 辛亥는 본인의 노력에 의한 후천적 복원이다.

5) 재물보다 명예를 선택하면 좋다. (남자)

　　　　　　시 일 월 년
　　　　　　丙 庚 戊 己
　　　　　　戌 申 辰 亥

丁戊己庚辛壬癸甲乙　(대운
未午巳辰卯寅丑子亥
9 8 7 6 5 4 3 2 1

우람한 산세(戊辰)

戊辰은 넓고 높다.

솟아오른 바위(庚申)에서 발원한 맑은 물이

해석) 申子辰合水에서 子水가 보이지 않으니 흐르는 줄기가 바위틈에 가리거나 스며들어 보이지 않는 것이다.

물이 풍족한(辰申戌合) 작은 마을에 한줄기 소낙비가 내린다.(己亥)

해석) 己土의 구름과 亥水가 자형이기에 작은 마을과 소낙비로 표현한다.

달은 빛을 감추고 있을 때(丙戌)

해석) 丙火가 戌土묘지에 들어있으므로 빛을 잃었다고 표현한다.

조상의(己亥) 인연으로 옹골찬(庚申) 아이가 태어나면서 부모는 힘이 들었다.

해석) 申亥의 관계에서 해(害)를 이루고 있으니 亥水식신이 어릴 때의 표현은 어미젖이라고 할 수가 있으며 이것이 충분하지 못하다는 것이다.

높고 넓은 밤하늘(辰戌)

해석) 戌時이기에 밤으로 표현하며,

저 멀리 검은 먹구름이 머물고(己亥) 있으니

어릴 때 건강이 원만하지 못하였을 것이다.

해석) 년주는 어릴 때 己亥정인 식신은 어미 젖이 부족하여 건강이 좋지 못하였다.

辰亥가 원진이라서 어머니로부터 젖을 먹지 못하였으니
할머니(戊辰편인)의 도움으로 살아났을 것이다.
해석) 庚申을 두고 辰土와 戌土편인이 양쪽에서 생(生)하여 주기에 그렇게 표현한다.

　辰月 하늘은 높고 맑은데(戊辰) 둥근달(庚申)이 빛이 없다(丙戌). 작은 먹구름(己亥)이 다가와서 달을 삼켜버리니 일찍부터 학문에 뜻을 두지 못하고 늦게 관심을 가질 수도 있다. 물이 밖으로 흐르고 있으니(申辰合水식신) 일찍 집을 떠날 팔자이다(己亥). 48세 辛卯대운에 바람이 불어 己亥의 먹구름이 물러나고 庚申의 둥근달이 서서히 변화하기 시작한다. 庚申은 丙火로 제련(製鍊)하여 辰土로 담금질 되니 새로운 물건이 만들어지기 시작한다.

　팔자에 丙火편관을 군주로 섬기고 살아가야 할 것이다. 하여 대운의 흐름이 어두운 밤으로 이어지고 33세까지는 별 볼 일 없을 것이다. 그러나 38세 壬寅대운을 지나면서 새로운 길을 선택하여야 한다. 43세 辛卯대운에 밖으로 나가서 50세 庚辰대운에서 파종하고 62세 己巳대운에 꽃피고 수정이 시작되면서 새로운 여정이 시작된다. 이때를 놓치면 수정을 하여도 결실을 보지 못하고 낙화(落花)되고 말 것이다.

　이명조에서 가장 약한 것은 亥水식신이다 이는 土에 포위되어 움직이지 못하고 있으니 활동력이 떨어지고 건강에 문제가 있을 수 있다. 그래서 인성과 식신이 섞이면서 뜻을 이루지 못하고, 시작은 하지만 결과를 장담하지 못할 것이다. 辰月 丙火가 55세 庚寅대운부터 위력을 발휘할 것이며 이후 火운으로 흐르면서 말년에 군주의 위상이 드러난다. 이는 늦게 이름이나 직업 운이 열린다고 할 수 있다.

6) 아궁이에 불 지피는 사주 (남자)

시 일 월 년
戊 辛 癸 癸
戌 巳 亥 卯

己庚辛壬癸甲乙丙丁 (대운
未午巳辰卯寅丑子亥
9 8 7 6 5 4 3 2 1

해설)

癸亥月 戊戌時에 卯木이 초겨울 비를 맞고 힘들어하고 있다.

하지만 흐르는 대운이 木火로 가기에 군주가 庚金이 아니고 辛金이다.

하여 자신의 왕국을 세우고 싶어 할 것이다.

봄에 새싹이 돋고 여름에 꽃피고 수정하여 가을에 열매를 수확할 수 있다.

이를 알고 살아간다면 좋다.

꽃을 피우는 방법을 알면 대운의 흐름에 火木을 기다리지 않아도 될 것이다.

운을 기다리는 것보다 방법을 찾아서 이용하면 능력을 마음껏 발휘할 수 있다.

흐르는 운을 모르면 인생의 쪽배를 띄우는 수밖에 없다.

어리석은 이는 운(運)을 기다리고 지혜로운 사람은 방법(方法)을 찾는다.

자연)

시월달(癸亥)
음력 10월이면 기온이 떨어지면서 춥다.

늦은 밤에(戊戌)
이맘때의 戌時는 어둡다. 戊癸合火하여 높은 곳에서 불꽃이 날아오르니 굴뚝이라고 할 수 있다.

큰방 아궁이에(巳戌)
巳戌이 원진으로 필요할 때만 찾고 평소에는 무관심한 것이 아궁이다.

군불을 지피는데(巳亥)
亥月 癸卯는 마른 잔가지나 장작이라고 할 수 있다.

굴뚝에 불꽃이 날아서 사라진다.(戊癸合火)
여기서 戊癸合火의 이론은 "순식간에"라고 할 수 있다.

부호에 따라 십신을 해석)

癸水식신은 신규 또는 새로운… (알 수 없는 다수로…)
戊土정인은 많은 문서로
戊癸合火편관은 속전속결로 처리하는데
일주辛金은

巳火정관의 지장간 丙火와 合水식신이 되어 신규가 늘어나지 않는다. 즉 癸卯식신 편재가 戊戌정인으로 合火하여 처음 잠깐은 잘되었으나 癸亥식신 상관으로 변화하면서 힘들어진다.

지지)

卯木편재는 재물관리... 장작(卯木의 이미지는 잔뿌리 같은 것)
亥水상관은 타고난 감각이... 제자리에서 회전(예전부터 한 곳으로)
巳火정관은 출구... 아궁이... 행위(외형은 화려한데 속은 비어 있다.)
戌土정인은 문서가 쌓여가는데... 안방(무리한 도전)
卯亥合木 편재 상관 合木편재(卯木마른장작, 亥水오래전부터)
巳亥沖은 정관 상관(巳火깊이 보지 못하고, 亥水구형 방식으로)
巳戌원진 정관 정인(巳火욕망이 앞서, 戌土한 곳에 집중)
卯戌合火 편재와 정인이 合火편관 (卯木여러 곳에서, 戌土쌓이고)

풀어보기)

재물을 여기저기 연결하는 직업이 좋다. 38살까지 甲寅의 생나무를 辛巳의 아궁이에 넣어 보지만 화력은 약하고 연기는 많이 난다. 43세를 전후하여 卯戌合火편관이 되어 힘들게 사업을 시작하지만 50세까지 辰巳지망으로 장애가 많아서 1보 전진하면 2보 후퇴하는 꼴이니 이익이 아주 적을 것이다. 살아남으려면 卯戌合火편관 지속적인 투자유치를 하여야 한다. 방법은 戊癸合火의 방법 즉 단타(短打)가 좋다.

戊土정인과 癸水식신이 合을 하여 火편관이다. 이는 많은 문서를 가지고 다수의 재물을 관리하는 직업이다. 년월지의 卯亥合木은 장작이 아니고 잔가지에 해당하며, 일주 巳火는 아궁이에 亥水가 충을 하여 불을 지피지만 辛金은 巳중 丙火정관과 合하여 水식신이 되니 화력이 약하고 연기만 난다. 즉 노력은 하지만 성과가 낮다. 하여 보기는 좋은데 화력이 약하니 장부(帳簿)는 남았는데 돈이 없다.

투자유치방법)

년월의 癸卯와 癸亥가 합하려고 하는데 未土편인이 보이지 않으니 이는 금액의 많고 적음에 관계없이 받아들이는 것이다. 유치한 자금은 戊癸合火로 반드시 증서를 발급하여주고 신용을 높이는 것이 좋은 방법이다. 그리고 癸水식신은 다수의 사람으로 이들을 알고자 하지 말라는 것이다. 시주戊戌과 년주癸卯의 合火편관은 오랫동안 전국적으로 투자자를 모집하는 것이다. 火편관은 항상 위기와 함께 하고 있음이다.

대운적용)

水에서 火로 흐르는 운이다. 하여 37세까지 亥子丑으로 겨울 木이 말라서 불이 잘 타니 관운이 좋다. 38세 이후부터 寅卯辰으로 흐르니 나무에 물이 오르고 새싹이 돋아나니 본의 아니게 재물 욕심을 내어서 독립하여 보지만 꽃이 늦게 피어나고 힘겹게 수정은 하였으나 수확을 보기 어렵다. 원인은 겨울나무이기에 그러하다. 다행히 꽃을 피우는 방법을 알고 있다면 운의 흐름을 걱정하지 않아도 될 것이다.

7) 비견이 모여드는 사주 (남자)

시 일 월 년
壬 丙 丙 己
辰 申 子 丑

癸甲乙丙丁戊己庚辛 (대운

　　　　　丑子亥戌酉申未午巳
　　　　　9 8 7 6 5 4 3 2 1

丙子月 壬辰時는 아침이다.
해가 뜨는 아침이라서 등대(丙申) 앞에
고장난 부표(丙子)가
보이지 않는 암초(己丑)를 지키고 있다.(子丑合土상관)
작은 어선들이(己丑)
방파제 안으로 들어와(丙申)
위기를 넘기고 서로의 정보를 나누고 있다.(壬辰)

작다(己丑)

년주 己丑은 작아서 보이지 않는다. 즉 어린 시절이 초라하다는 의미이다.

부표(丙子)

丙子가 己丑合하니 고정되어 있고 丙火가 子水의 태지(胎地)에 있어서 보이기는 하나 볼품없고 작은 부표이다.

항구(壬辰)

입구는 좁고 안으로 들어오니 넓다(丑辰破). 월일시가 水편관으로 이루어져 있으니 항구이다.

등대(丙申)

火가 조건(申)에 의하여 역마 위에 앉아 있고 申子에 子丑으로 이어지니 양쪽에 있다고 할 수 있다.

등대에 불은 언제 들어올까?
어두운 밤이 되어야 등대는 자신의 할 일을 찾는 것이다. 동짓달에 태어나 추위에 노출되어 30대 중반까지 엄청나게 떨었을 거다. 동짓달은 酉時부터 어둠이 시작되므로 44세쯤에 등대에 불이 켜지니 金의 재물이 이를 바라보고 들어온다. 61살 乙亥대운부터 亥子丑 관(官)이 살아나면서 명성이 날 것이다. 이때 丙子들이 몰려들 것이고 또한 재물도 따라서 넘치게 된다. 하지만 이 관을 정치나 권력으로 이용하기 어렵다.

이 등대는 조건 없이 길을 안내하니 종교나 교육자로 명성을 가질 수는 있어도 주권을 잡는 즉 최고의 자리에 오르기에는 부족한 사주이다. 어두운 밤바다에서 가장 소중한 것은 길을 잡아주는 나침판이나 등대이다. 등대가 울려주는 소리와 불빛은 소중하여도 등대는 그리 소중하게 생각하지 않는다. 丙申의 빛과 소리에 집중하는 것이지 등대를 보지 않는다. 丙子 丙申 壬辰이 모여서 合水편관을 이루는 것은 권력이 아니고 명예일 뿐이다.

동짓달 아침에 태양이 떠오르고 있는데 구름이 곁에서 더욱 돋보이게 하는 것이다. 하여 군주는 己土상관이므로 식솔(食率)이라고 할 수 있다. 즉 보이지 않는 수분이 모여서 구름을 이루고 일주 丙申을 더욱 아름답게 하기 때문이다. 하여 구름이 높고 가벼워지는 가을부터 좋아진다. 하지만 76세에 甲子운을 만나면서 구름은 눈이 되어 내리면서 군주가 서서히 사라지고 丙申은 외롭고 쓸쓸히 상관의 기억에서 지워진다.

403

8) 숯 굽는 처녀 (여자)

```
시 일 월 년
乙 辛 戊 庚
未 酉 寅 戌
```

丁戊己庚辛壬癸甲 (대운
卯寅丑子亥戌酉申
8 7 6 5 4 3 2 1

寅월 이른 오후에 태어난 여자다.

월과 년주에서 戊寅과 庚戌이 합하여 숲이 우거진 깊은 산중이다. 하지만 午火의 왕지가 없다고 합으로 보면 안 된다는 생각을 하지 말자. 왕이 보이지 않는 것은 그럴만한 이유가 있을 것이다. 이를 살펴보자. 午火는 편관으로서 매우 약하다. 하여 여기서 보호를 받기 위하여 그 모습을 드러내지 않고 있을 뿐이다. 이 사주에서 寅月 午火는 자연으로 보면 색(色)이고 물상으로 보면 가두어진 열(熱)이라고 할 것이다.

시주와 일주에서 乙未와 辛酉사이에 壬申이 보이는데 이는 백탄(白炭)이 되는 것이다. 이는 乙未가 마른 것이고 辛酉는 단단한 것이다. 이를 결합하면 숯이다. 또 한 未土를 申金으로 변화시켜 풀이하는 이유는 지장간을 살펴보면 알 수가 있을 것이다. 다시 이야기를 한다면 완전하지 않아도 모양을 갖춘 것이기 때문이다. 자연에서 未月이 되면 열매가 밖으로 모습을 드러내고 있다. 하지만 완전한 열매의 모양을 갖추고 있는 것은 사실이다.

산중(庚戌)에
가마터(戊寅)를 만들어놓고
숯(辛酉)을 굽고자 가마에 불을 넣고 있다.(寅戌合火)
하지만 불 조절(午火)을 제대로 하지 못하여
좋은 숯을 구하는데 실수(寅酉원진)를 많이 한다.
언제쯤 제대로 숯을 만들 수가 있을까?

　대운의 흐름이 원만하지 못하다. 어린 나이에 숯을 만들어본 기억으로 다시 시작하지만 난감할 뿐이다. 이 사주에서 숯이란 관성을 두고 하는 말이다. 즉 년지의 정인戌土가 월지 寅木정재와 합하여 정관으로 일찍 관을 위하여 희생하지만 이루어지지 않는다. 이는 가까이는 원진(怨嗔)이고 밖으로 나가면 해(害)로 이루어지기 때문이다. 하여 부단한 노력을 하여도 관성과 인연이 없기에 답답할 것이다.

　여기서 火관성은 숯을 만들기 위한 불을 제대로 조절하지 못한다는 의미이다. 그리고 가치성이 떨어지는 乙木을 가지고 숯을 만들고자 하는 발상을 바꾸어야 한다. 그러하지 않으면 좋은 숯을 만나기 어려울 것이다. 재료가 좋고 화력 조절을 잘하여야 고품질의 숯이 생산되는데 강력한 午火가 乙未편재 편인에 합하여 마음을 내어도 실천력이 떨어지고 항상 庚戌에 의지하다가 파형 당하는 경우가 허다할 것이다.

　63세 戊寅 대운에 좋은 인연을 만나지만 때가 늦어서 덕(德)을 볼 수가 없을 것이다. 하여 지금의 인연을 군주로 선택하여 보필하면서 따라가야 하는가를 알아야 한다. 이를 모르고 마냥 좋은 운을 기다린다면 이는 실패로 끝이 난다. 사주는 팔자를 선택하여 준비하고 방법을 찾아서 이끌어 간다면 운을 만나기 전에 승패가 결정된다. 하여 일주 辛酉는 팔자에서 어떠한 인연을 만나고 방법을 알아야 뜻을 이룬다.

9) 친구를 따라가면 안 되요. (여자)

```
시 일 월 년
甲 甲 庚 己
戌 申 午 亥
```

壬辛庚己戊丁丙乙 (대운
午巳辰卯寅丑子亥
8 7 6 5 4 3 2 1

庚午月 甲戌時에
(己亥)소나기 구름에서
(庚午)벗어난 초승달은 빛이 연약한데
(甲申)성급하게 맺은 열매는 떨어지고
(甲戌)곁에 친구의 열매는 실하게 수확하니
(申酉戌合金정관)어쩔 수 없이 친구에게 의지하여 살아가야 하는데
(寅午戌合火식신)보기는 좋으나 어려움이 많다.

대운의 흐름이 겨울에서 여름으로 흘러간다. 즉 午月 甲申은 庚午편관 상관을 버리고 甲戌비견 편재에 합하여 식신의 새로운 무엇인가를 하려고 서두르고 있다. 이는 寅木비견이 보이지 않기 때문에 그러하다. 또 한 비견의 도움을 받지 못하고 있기에 성급함이 일을 그르치게 하였을 것이다. 하여 甲申의 고목 나무에 꽃은 피고 질 수가 있어도 열매를 맺기 위한 수정할 시기를 놓친 것이 아쉬울 뿐이다.

하여 巳火를 군주로 하여 살아가야 하는데 대운의 흐름이 62세를 지나면서 꽃인 巳火식신이 피어나기 시작하여 67세를 전후하여 수정이 이루어지기 때문에 늦둥이가 된다. 즉 인생의 경륜을 바탕으로 하여 살아가야 하는데 지금까지의 경험을 바탕으로 하여 巳火의 이미지대로 살아간다면 원만할 것이다. 이를 알지 못하고 갈팡질팡한다면 허송세월이다. 하여 자신의 전공에서 巳火에 적합한 직업을 찾아야 한다.

여기서 巳火의 이미지는 내용보다는 포장에 집중하여야 하기에 알찬 내용보다 보여주는 화려함을 중요하게 생각하여야 한다. 33세 寅木대운에서 포장하는 업종이나 상담하는 업종을 시작하였으면 48세 卯木대운부터 상당히 인기를 누리고 살아갈 수 있었을 것이다. 사주는 바꿀 수 없지만 팔자는 선택사항이기에 방향선택이 중요하다. 庚金편관이 午火상관 위에 있으니 좋은 직업은 아니다. 하지만 출발은 좋았을 것이다.

월주의 庚金편관이 남편으로 午火상관의 자식과 이어져 있기 때문이다. 하지만 상관은 건강에 문제가 있을 것이다. 즉 남편의 건강에 문제가 있음을 드러내는 것이다. 일지 申金편관은 남편의 성향(性向)이지만 남편은 아니고 戌土편재로 이어져 있으니 동업하는 관계라고 할 수가 있다. 재물은 巳火식신이 재물인데 戌土를 선택한다면 실패이다. 즉 이익을 위한 매도나 매수가 아니고 위탁받아 처리하여 이익을 남기는 것이다.

10) 내 인생은 어디로 흘러가나요? (여자)

```
시 일 월 년
丙 戊 癸 丁
辰 寅 丑 未
```

乙甲癸壬辛庚己戊丁 (대운
丑子亥戌酉申未午巳
9 8 7 6 5 4 3 2 1

癸丑月 丙辰時에 태어난 戊寅은 땅속에 따스한 기운을 머금고 힘차게 얼어붙은 대지를 뚫고 솟아오르고 있다. 하지만 밤을 새워 내린 서리가 아직 녹지 않고 있으니 태어날 무렵에 가정형편이 그리 좋은 편은 아니었을 것이다. 하지만 부모님의 헌신적인 노력으로 학업을 진행하였으나 년주에 丁未정인 겁재로 인하여 20세 이후 학업을 이어가지 못하고 취업을 하였을 것이다. 이는 시주 丙辰편인 비견을 위한 희생이라고 할 수가 있다.

팔자에 많은 土비겁을 흩어놓고 있으니 경쟁이 심한 곳에서 자신의 능력을 드러내어야 한다. 이러한 곳은 寅木편관의 직업이 가장 이상적이다. 하여 스포츠계통이나 직업군인이 가장 이상적이라고 할 수가 있다. 하지만 이러한 기회가 오지 않으면 일반인이 무리를 이루고 살아가는 종교집단이나 교도(矯導)나 선도(善導)하는 직업을 선택하여도 원만하다. 대운의 흐름이 火金水운으로 흐르기 때문에 寅木편관의 선택에 따라서 꽃피고 결실을 맺는 팔자이다.

팔자에 水재성이 서리처럼 한곳에 쌓이지 못하기에 이를 바라보면 재복(財福)이 없다. 하지만 土비겁을 재성으로 선택한다면 아쉬움 없이 살아갈 팔자이다. 하여 이 사주에서 土겁재가 군주행세를 하므로 인하여 무리 속에 들어가서 생활하거나 무리를 다스리는 직업이 가장 이상적이다. 즉 戊癸合火정인은 순간의 선택이나 결정을 포기하지 말고 추진하여야 한다. 그러하지 않으면 丑辰파에서 벗어나지 못한다.

팔자에 木관성의 기운이 약하게 태어나서 결혼관이나 직업선택을 신중하게 하여야 할 것이며 金식상이 보이지 않으니 자녀 덕(德)을 기대하지 말아야 한다. 하지만 활동성이나 노력은 丑土겁재의 지장간에 辛金이 흐르는 운에서 변화하기에 상당히 노력하는 편이다. 하지만 한겨울 寅木편관에 꽃이 너무 일찍 피어나므로 자신에게 선택할 권한이 부족하고 癸水정재와 합을 하기에 부모의 이야기를 거절하지 못하는 것이 단점이다.

11) 이 사람 성격을 알고 싶어요. (남자)
```
시 일 월 년
戊 甲 戊 癸
辰 午 午 亥
```
己庚辛壬癸甲乙丙丁 (대운
丑子亥戌酉申未午巳
9 8 7 6 5 4 3 2 1

戊午月 戊辰時에 甲午는 갈증을 해결할 방법으로 년주의 癸亥를 애타게 기다리고 있지만 오지 않는다. 또 한 대운의 흐름이 巳午未火방향으로 시작하기 때문에 일주 甲午는 시원한 그늘진 곳으로 찾아가야 한

다. 하여 戊辰편재를 이용하여 가지 말아야 할 癸水정인을 스스로 찾아가서 갈망하는 것을 해소하는 것이다. 戊午양인이 식어가는 때가 癸酉대운을 만나야 가능할 것이며 이때가 49세이다.

배우자와의 관계)

일간 甲木은 일지 午火상관의 지장간에 己土정재가 배우자이다. 즉 결혼관을 이야기한다면 인물 위주로 배우자를 선택하기에 이혼녀라고 하여도 인물이 좋으면 결혼하려고 할 것이다. 하여 34세 甲申대운에 친구처럼 만난 戊辰편재와 合水편인으로 결혼하지만 오래가지 못할 것이다. 이는 戊辰배우자는 년주의 癸亥를 원하는데 일주의 능력으로 이를 충당하지 못하기에 戊辰편재는 亥중 甲木편관을 찾아가기에 이혼을 할 것이다.

성격)

午月 甲木은 년주 癸亥정편인을 이용하여야 인생을 편안하게 살 수가 있는데 월주 戊午편재 상관 양인이 막고 있다. 하여 일주 甲木은 午月 火상관이 강하여 바짝 마른 목재이다. 이는 나무를 잘 다스리는 목수(木手)를 만나서 재활할 수밖에 없는데 戊午편재 상관 양인으로 인하여 뒤틀어지고 있기에 난감하다. 하여 午火상관의 뒤틀림 현상이 44세 癸酉대운을 만나면서 서서히 멈추어질 것이다.

일주 甲午는 상관이 강하게 작용하여 일상적인 생활은 원만하게 할 것이다. 하지만 사주팔자와 대운이 火방향으로 흐르기에 뜨겁고, 지지에 자형으로 이루어져 성급하다. 그리고 누군가가 하였던 말을 깊이 새겨두고 있으며, 특히 己土배우자와 시비가 벌어지면 예전에 하였던 행위나 말을 곱씹으면서 자신이 원하는 방향으로 끝까지 따지므로 배우자는 상당히 고통스러울 것이다. 하여 서로 참지 못하고 이혼까지 가는 경우가 많다.

12) 우리 형제의 인생이 난감해요. (쌍둥이 남자)
```
시 일 월 년
己 甲 丁 丁
巳 戌 未 未
```
庚辛壬癸甲乙丙丁戊 (대운
寅丑子亥戌酉申未午
9 8 7 6 5 4 3 2 1

丁未月 己巳時에 쌍둥이로 태어났다. 甲戌을 형(兄)으로 하고 己巳를 동생으로 하여 사주를 풀어야 한다. 이는 천간에 甲木과 己土가 합하고 있기 때문이다. 무더운 여름날 극심한 가뭄으로 땅속 깊이 뿌리를 두고 있는 고목 나무 甲戌도 힘겨워하고, 丁未의 농작물은 말라버리고 己巳의 밭은 푸석하고 논은 바싹 말라서 갈라지기 시작한다. 하여 하늘을 원망하면서 한줄기 소낙비를 애타게 기다리고 있다.

하여 대운의 흐름에서 51세 癸亥 대운부터 비가 내리기 시작하여 갈증을 해소할 수가 있으니 이번 농사는 엉망이 되어버린 것이다. 하여 형제는 가정을 이루지 못하고 형은 丁未상관 정재의 여러 여자와 동거를 하여 보지만 뜻을 이루지 못하고 戌土의 지장간에 辛金정관 자식 있는 과부와 살아갈 것이다. 하지만 동생 己巳는 戌土겁재의 지장간에 辛金식신이 巳火의 지장간에 丙火정인과 합水편재 여자가 되어도 원진이라 인연이 안 된다.

　재물 운은 형보다 동생이 대운의 흐름에서 늦게 재운이 들어오니 좋다. 즉 甲戌형은 24세 丙申식신 편관 대운에 꽃이 만개하여 일찍 결혼하여 가정을 이루어 보지만 성격 탓으로 오래가지 못하고 이혼할 것이다. 하지만 己巳동생은 51세 癸亥편재 정재 대운부터 재물이 몰려들면서 서서히 돈과 인연은 있어도 여자와의 인연은 없다. 하여 형보다 동생이 늦게 재물 복을 만나는 운이라고 할 수 있다.

　직업을 살펴보면 형 甲戌은 戊土편재의 지장간에 辛金정관을 직업으로 살아갈 것이다. 즉 土재성이 강하여 학업에 뜻이 없었을 것이고 하여 정밀도가 높은 직업이 아닌 누구나 할 수 있는 직업이다. 즉 丁火상관의 단순 기능직이다. 己巳동생은 비겁이 강하여 돈 욕심을 많이 낼 것이다. 하여 丁未편인 비견이 직업이며, 파형을 하고 있으니 어쩌면 도심이 발동할 수가 있다. 즉 고물 수집이나 철거 같은 업종이면 좋다.

13) 사업일까? 직장인일까? (남자)

```
시 일 월 년
庚 乙 戊 庚
辰 亥 寅 申
```

己戊丁丙乙甲癸壬辛 (대운
丑子亥戌酉申未午巳
9 8 7 6 5 4 3 2 1

　戊寅月 庚辰時에 물가 척박한 곳에서 수초(水草)가 피어나고 있다.

멀리 저물어가는 둥근달은 많은 사람들이 바라는 보지만 빛을 내지 못하니 때를 잘못 만난 것이다. 하여 좁은 곳에서 모범적인 학생이라고 하여도 넓은 곳으로 나오면 경쟁력이 떨어진다고 할 수가 있다. 전공을 선택한다면 군주인 庚金을 따르는 것이 좋으며, 특히 지지에 水기운이 강하므로 물과 연관성이 있는 庚金정관이 가장 이상적인 직업이라고 할 수가 있다.

또 한 戊土정재가 역마 위에 있으니 움직이는 것을 조심하고, 년 월에 寅木겁재와 申金정관이 충을 하니 젊은 시절에 낙하물이나 움직이는 기계에 의한 사고를 경험하였을 것이다. 하여 매사에 조심하는 것이 좋으며 寅亥合破刑으로 이루어지기에 생명을 담보로 할 수가 있다. 사업을 하려고 한다면 戊土정재가 寅木겁재 위에 있으니 성공할 확률이 낮다고 할 수 있다. 그리고 辰土정재는 亥水정인과 원진이 되어 사업은 아니다.

하여 무엇인가가 움직이는 것을 관리하는 책임자로 살아간다면 재물이 넉넉할 것이다. 대운의 흐름에서 34세 甲申대운 전까지는 좋으나 이후부터 50세 丙戌대운 이전까지 자신의 명의로 무엇을 한다면 금전적인 고통을 감수하여야 할 것이다. 이는 巳午未대운에서 庚金이 수정하고 열매를 드러내고자 하는데 막상 밖으로 모습을 드러내면 비겁들이 사냥을 하듯이 庚金군주를 괴롭힐 것이다. 심하면 열매가 상하여 떨어진다.

申酉戌대운에서 왕성한 비겁들이 연약한 乙木위에 庚金을 마음대로 조정하여 떨어트리게 된다. 즉 乙木은 庚金군주를 지키지 못하고 빼앗기고 말 것이다. 이를 인간사로 이야기한다면 주변 사람들의 꾐에 乙亥가 가지고 있는 土재성을 몽땅 내놓게 되는 것이다. 여하한 경우라고 하여도 사업을 하고자 하는 생각을 접어두고 행여 사업을 하게 된다면 반드시 대리(代理) 사장을 앞세우고 본인은 일선에서 활동하면 좋다.

부 록

계절(季節)과 오행(五行)의 흐름

부록
계절(季節)과 오행(五行)의 흐름

계절(季節)과 오행(五行)의 흐름
子月은 수온이 차고 맑으면서 눈이 내리지만 가볍다.

木 활동은 멈추고 깊은 수면에 든다.
火 열과 빛이 미약하다.
土 공간이 줄어든다.
金 보존을 위해 차고 건조한 곳을 찾는다.
水 차고 깨끗하여 얼음으로 변해간다.

丑月은 물이 얼고 자연은 새로운 시작을 준비한다.

木 표면은 얼어도 내면이 깨어난다.
火 열과 색이 사라져 느끼지 못한다.
土 공간 속에 수분도 없고 좁다.
金 보존에서 탄생으로 변화하려고 한다.
水 고체로 변화한다.

寅月은 새싹이 튼다.

木 생존과 번식을 위하여 뿌리를 내리기 시작한다.
火 형체를 드러낸다.
土 공간이 늘어나면서 수분이 생겨난다.
金 단단함이 부드러움으로 변화한다.
水 녹아서 남쪽으로 흐르기 시작한다.

卯月에 영역 확장을 시작한다.

木 줄기에서 가지가 나오기 시작한다.
火 열이 오르고 색이 살아난다.
土 공간이 넓어지며 수분으로 온도 차가 난다.
金 부드러움 속에 유연함을 가진다.
水 차가운 기운이 사라지려고 한다.

辰月은 흩어지기 시작한다.

木 영역 확장이 시작된다.
火 늘어나고 색이 빛나기 시작한다.
土 풍족한 공간에 수분이 충분하다.
金 유연함에서 단단하게 변화를 시작한다.
水 흐름이 느려진다.

巳月은 꽃피고 수정이 시작된다.

木 경쟁과 번식을 하려고 준비한다.
火 열이 오르고 색은 화려하다.
土 수분 증발로 공간이 맑아진다.
金 단단한 공간을 준비한다.
水 수온이 오르고 부피가 늘어난다.

午月에 열은 아래로 수분은 위로 올라간다.

木 왕성함을 억제할 수 없다.
火 열이 깊이 파고들며 빛이 강렬해진다.
土 공간이 터질듯하다.
金 드러낼 준비를 한다.
水 미생물이 떠오른다.

未月은 열과 수분이 충돌한다.

木 성장보다 번식에 집중한다.
火 건기(乾期)와 습기(濕氣)가 충돌한다.
土 공간 변화가 심하다.
金 단단하지 않아도 드러낸다.
水 수온이 오르고 혼탁하다.

申月은 목적을 위하여 조절하기 시작한다.

木 서서히 물을 내리기 시작한다.
火 열은 식어가고 빛은 변화하려고 한다.
土 공간과 수분이 줄어든다.
金 연하지만 보전을 준비한다.
水 수온이 떨어지며 북쪽으로 향한다.

酉月은 저절로 터진다.

木 줄기를 포기하고 뿌리에 집중한다.
火 열은 부드럽고 볕이 따갑다.
土 수분이 마르면서 공간이 깨끗하다.
金 보전하면서 보존을 준비한다.
水 수면이 맑게 변화한다.

戌月은 볕이 따갑고 수분은 위로 오른다.

木 줄기가 마르기 시작한다.
火 열은 약하고 볕은 수분을 증발시킨다.
土 공간이 좁고 높아지면서 수분은 올라간다.
金 보존을 위하여 수분을 줄인다.
水 줄어들기 시작하면서 차갑다.

亥月에 활동을 줄이기 시작한다.

木 수분을 뿌리로 내리고 활동을 줄인다.

火 서서히 열과 색이 사라진다.
土 줄어든 공간에 수분이 사라진다.
金 최적의 수분으로 최고의 보존을 약속한다.
水 흐름을 멈추고 부유물이 가라앉는다.

자연으로 생각하여보는 60甲子

甲子: 천간은 비행물체, 지지는 돛단배
甲寅: 천간은 여명, 지지는 큰 나무
甲辰: 천간은 화산구름, 지지는 울창한 숲
甲午: 천간은 번개, 지지는 마른 가지
甲申: 천간은 열매, 지지는 목재(木材)
甲戌: 천간은 천둥, 지지는 장작더미

乙丑: 천간은 저기압, 지지는 골짜기 바람
乙卯: 천간은 바람, 지지는 초원(草原)
乙巳: 천간은 조류(鳥類), 지지는 들꽃
乙未: 천간은 먼지 바람, 지지는 들녘
乙酉: 천간은 새 둥지, 지지는 씨앗
乙亥: 천간은 가랑비, 지지는 수초

丙子: 천간은 거품, 지지는 화학(化學)
丙寅: 천간은 여명, 지지는 송진(松津), 꽃
丙辰: 천간은 해오름, 지지는 화산
丙午: 천간은 태양, 지지는 폭탄, 화재
丙申: 천간은 운석 송전(送電)탑, 지지는 석탄
丙戌: 천간은 석양, 지지는 가마터

丁丑: 천간은 은하수, 지지는 조명
丁卯: 천간은 꽃, 지지는 새싹
丁巳: 천간은 불꽃, 지지는 용암, 복사열
丁未: 천간은 향(香), 지지는 그림

丁酉: 천간은 별, 지지는 착색(着色), 조각
丁亥: 천간은 무지개, 지지는 등대

戊子: 천간은 암흑, 지지는 계곡
戊寅: 천간은 투명물체, 지지는 푸른 산
戊辰: 천간은 넓은 하늘, 지지는 광장(廣場)
戊午: 천간은 발광(發光), 지지는 발전소
戊申: 천간은 운석(隕石), 지지는 바위
戊戌: 천간은 황혼(黃昏), 지지는 전망대, 탄광

己丑; 천간은 구름, 지지는 동굴, 협곡
己卯: 천간은 회오리, 지지는 곤충
己巳: 천간은 뭉게 구름, 지지는 오솔길
己未: 천간은 먼지, 지지는 언덕
己酉: 천간은 메아리, 지지는 조약돌
己亥: 천간은 먹구름, 지지는 저수지

庚子: 천간은 달무리, 지지는 지하수
庚寅: 천간은 꽃가루, 지지는 마차(馬車)
庚辰: 천간은 뜨는 달, 지지는 용소(龍沼)
庚午: 천간은 반딧불이, 지지는 화로
庚申: 천간은 보름달, 지지는 바위
庚戌: 천간은 저무는 달, 지지는 저장탑

辛丑: 천간은 유성(遊星), 지지는 웅덩이, 금고
辛卯: 천간은 날아다니는 무리, 지지는 가시나무
辛巳: 천간은 신기루, 지지는 불씨
辛未: 천간은 전파, 지지는 고철
辛酉: 천간은 별, 지지는 보석
辛亥: 천간은 싸락눈, 지지는 부표(浮標)

壬子: 천간은 폭우, 지지는 강줄기

壬寅: 천간은 폭포, 지지는 뗏목
壬辰: 천간은 장마, 지지는 댐
壬午: 천간은 수증기, 지지는 온천
壬申: 천간은 소나기, 지지는 샘터
壬戌: 천간은 용오름, 지지는 물 탑

癸丑: 천간은 서리, 지지는 얼음, 고드름
癸卯: 천간은 눈(雪), 지지는 분수
癸巳: 천간은 오로라, 지지는 물보라
癸未: 천간은 안개, 지지는 아지랑이
癸酉: 천간은 우박, 지지는 물방울
癸亥: 천간은 비(雨), 지지는 담수(湛水)

다양한 합(合)의 비교

木

丁壬合: 끊임없이 木을 생산한다.
亥卯未合: 과거에 이어서 영원히 이어가려고 한다.
寅卯辰合: 번식과 영생(永生)을 위하여 스스로 확장을 하기 시작한다.
寅亥合: 살아남기 위함이다.

火

戊癸合: 열을 색(色)으로 나타낸다.
寅午戌合: 현재 열이 왕성하면 빛으로 사라진다.
巳午未合: 열과 빛으로 부피를 늘였다가 스스로 줄이고자 한다.
卯戌合: 영원불멸을 바란다.
午未合: 열은 건식과 습식이 있다.

土

甲己合: 존재는 공간과 하나다.
子丑合: 변화가 싫어 숨는다.

金

乙庚合: 윤회하는 과정이다.
巳酉丑合: 지금 합하는 것이 가장 소중하다.
申酉戌合: 보전 보존을 위하여 스스로 압축하려고 한다.
辰酉合: 목적을 위한 수단(手段)이다.

水

丙辛合: 열을 이용한 물의 변화
申子辰合: 다음을 위하여 합을 한다.
亥子丑合: 스스로 차고 맑게 하려고 흐름을 조절한다.
巳申合: 순간을 위한 합이다.

삼합(三合)의 물상

수(水)

甲申 甲子 甲辰 合水: 양조장(釀造場)
열매의 과즙을 통에 담아두는 곳

丙申 丙子 丙辰 合水: 유류(油類)저장
화기를 한곳에 보관하는 곳

戊申 戊子 戊辰 合水: 호수
골짜기에서 물이 한곳에 모이는 곳
庚申 庚子 庚辰 合水: 지하수
바위 아래로 흐르는 물

壬申 壬子 壬辰 合水: 바다
샘물이 강을 따라 모이는 곳

화(火)

甲寅 甲午 甲戌 合火: 단풍
나무가 붉은색으로 변화함

丙寅 丙午 丙戌 合火: 화약(火藥)
살아있는 열을 가득 품고 있음

戊寅 戊午 戊戌 合火: 화산(火山)
땅속에서 열이 폭발하여 솟아오름

庚寅 庚午 庚戌 合火: 화석(火石)
자연스럽게 그림이 남아있다.

壬寅 壬午 壬戌 合火: 유전(油田)
열 기운을 가진 물이 모인 곳

목(木)

乙亥 乙卯 乙未 合木: 번식(繁殖)
동면에서 깨어나면 다시 번식한다.

丁亥 丁卯 丁未 合木: 향기 소리 냄새
본래의 색이나 다양한 표현을 한다.

己亥 己卯 己未 合木; 농토(農土)
오래전부터 뿌리를 땅속에 두고 있다.

辛亥 辛卯 辛未 合木: 보존, 줄기 열매
씨앗이 자라서 다시 열매가 된다.

癸亥 癸卯 癸未 合木: 안개
물이 다양한 변화로 오르고 내린다.

금(金)

乙巳 乙酉 乙丑 合金; 보전, 뿌리 열매
열이 모여서 바위로 변화한다.

丁巳 丁酉 丁丑 合金: 조명 극광(極光)
찬란한 빛이 나고 사라진다.

己巳 己酉 己丑 合金: 탄광(炭鑛)
흙 속에 광물을 캐기 위해 파고든다.

辛巳 辛酉 辛丑 合金: 제련(製鍊)
열을 이용하여 가공한다.

癸巳 癸酉 癸丑 合金: 우박(雨雹)
물이 돌처럼 변화한다.

자연에서 자형(自刑)역할

辰: 辰月에 木의 성장을 위하여 巳月에 꽃이 만개한다.
午: 午月에 팽창하려고 火를 가두어 未月에 충돌한다
酉: 酉月에 환경에 맞게 金을 조절하여 戌月에 마무리 한다.
亥: 亥月에 흐름을 늦추어 水를 정화하여 子月에 빠르게 흐르게 한다.

　　본문에서 이론과 다양한 예문을 글로 표현하기 어려워 영상으로 제작하여 홈페이지 "다물사주"에 올려두었습니다. 사주를 자연으로 깊이 있게 공부하여 보세요.